GESUALDO MAFFIA

PASOLINI CRÍTICO MILITANTE.
DE *PASSIONE E IDEOLOGIA* A
EMPIRISMO ERETICO

Tradução Francisco Degani

estudos italianos | série teses e dissertações

A Julian
aos seus medos
aos seus sonhos

AGRADECIMENTOS

Quero agradecer minha família pela confiança em mim no difícil caminho dos estudos que, mesmo de longe, nunca faltou e minha esposa Erica, pelo apoio e a paciência. Agradeço também Lucia Wataghin, minha orientadora no doutorado, para ter valorizado o meu trabalho que hoje se torna um livro. Espero que seja um trabalho útil para quem se aproxime à vida e à arte de Pier Paolo Pasolini procurando nele inspiração e conforto nesta época atormentada.

SUMÁRIO

APRESENTAÇÃO
As cinzas de Pasolini 11

INTRODUÇÃO 19

CAPÍTULO I
A CRÍTICA MILITANTE NA ITÁLIA NOS TEMPOS DE PASOLINI . 33

1. A CRÍTICA ITALIANA DOS ANOS 1950 35

1.1. A crítica hermética e a experiência de Luciano Anceschi 35

1.2. A crítica estilística, Contini e o ensinamento de Roberto Longhi 38

1.3. A crítica marxista: o modelo de Gramsci 43

2. A RUPTURA DO MILAGRE ECONÔMICO: NASCE A ITÁLIA INDUSTRIAL, NASCE O ITALIANO? 47

3. LITERATOS, INTELECTUAIS, CIENTISTAS: FAZER MILITÂNCIA COM A LITERATURA ENTRE RAZÕES ESTÉTICAS, IDEOLÓGICAS E CIENTÍFICAS NOS ANOS DA TRANSFORMAÇÃO 51

3.1. Crise e resistência da crítica marxista 52

3.2. Euforias neovanguardistas 56

3.3. A crítica como Ciência: o triunfo do estruturalismo 58

3.4. Tradição e inovação: a herança de Debenedetti 60

CAPÍTULO II
"INTELECTUAL E PURO LITERATO": OS ESTUDOS E AS REFLEXÕES DE PASSIONE E IDEOLOGIA 62

1. A POESIA DIALETAL E POPULAR COMO CONTRAPARTE DA LITERATURA ITALIANA 63

1.1. O primeiro panorama: A poesia dialetal do século XX 67

1.2. Reame napolitano: classicismo atenuado e realismo popular 69

1.3. Sicília: um realismo de segunda mão 77

1.4. A Sardenha, ilha na ilha. A Calábria
e a Apúlia: ocasiões perdidas 80

1.5. Molise e Abruzzo: mito antigo e genuínos pascolianos 83

1.6. Dois pináculos poéticos: Roma e Milão..........................85

1.7. As Regiões do Norte..94

1.8. Poesia, paixão política, romantismo dialetal: a Emília-Romanha de Antonio Guerra e o Vêneto de Giacomo Noventa.....................96

1.9. Uma glória de Trieste e a experiência friulana: Giotti e Pasolini.....103

2. NÃO SÓ DIALETO: UMA INTRODUÇÃO À POESIA POPULAR ITALIANA.. 106

2.1. Um século de estudos sobre a poesia popular.....................107

2.2. Poesia popular como ato poético................................116

3. DE PASCOLI AOS NEO-EXPERIMENTALISTAS..................124

3.1. *Obsessão e experimentalismo*: observações sobre o uso pasoliniano da herança poética de Pascoli..126

4. UM CÂNONE PASOLINIANO DA LITERATURA DO SÉCULO XX. COM PASCOLI E ALÉM DE PASCOLI: ENSAIOS CRÍTICOS E RESENHAS EM *PASSIONE E IDEOLOGIA* 135

4.1. *A língua da poesia*: os dialetais e Eugenio Montale................135

4.2. "Colocar", não "analisar" Carlo Emilio Gadda: das *Novelle* [Novelas] ao *Pasticciaccio* [Aquela confusão louca da via Merulana]................144

5. ENTRE FILOLOGIA, POLÍTICA E EXPERIMENTALISMO.........150

5.1. Sobre textos: hermetismo vs pré-hermetismo..................... 160

CAPÍTULO III
A LÍNGUA COMO *ALFA E ÔMEGA DA CRÍTICA MILITANTE*: ... 165

CONSIDERAÇÕES SOBRE ENSAÍSTICA LINGUÍSTICA E LITERÁRIA EM *EMPIRISMO ERETICO* 165

1. AS *NOVAS QUESTÕES LINGUÍSTICAS* SEGUNDO PASOLINI.....173

2. ITINERÁRIO DE UM ITALIANO NA LÍNGUA NACIONAL *PRÉ-TECNOLÓGICA*: O *CASO* GRAMSCI, O AUTOBIOGRAFISMO E A *ESTRANHA* TENTATIVA DE UMA LINGUÍSTICA MARXISTA......191

3. UM DÍPTICO: "INTERVENTO SUL DISCORSO LIBERO INDIRETTO" [INTERVENÇÃO SOBRE O DISCURSO LIVRE INDIRETO] E "LA

VOLONTÀ DI DANTE A ESSERE POETA" [A VONTADE DE DANTE DE SER POETA]. FAZER MILITÂNCIA CULTURAL COM A TRADIÇÃO LITERÁRIA 201

4. PASOLINI E O *SUMO* POETA: À REDESCOBERTA DO POÉTICO DANTESCO 214

Conclusão 226

Bibliografia 232

APRESENTAÇÃO

AS CINZAS DE PASOLINI

"Havia em Pasolini um pensamento extremamente violento e um desejo ilimitado. E a combinação desse pensamento violento e desse desejo ilimitado o deixou em conflito com o mundo tal qual era, a tal ponto que ele se mantinha pessoalmente muito perto do ponto de impossível". Estas palavras de Alain Badiou[1] tocam incisivamente todos os polos de tensão presentes na extraordinária trajetória humana, artística e intelectual de uma figura inigualável do panorama não apenas italiano, mas também internacional, como a de Pier Paolo Pasolini (1922-1975). Desejo, paixão, violência, utopia, marcam, com efeito, a ação militante desta figura, ao mesmo tempo poderosa e frágil, lírica e trágica, sublime e provocadora.

Nos últimos anos de vida, outro grande intelectual, Michel Foucault, havia se dedicado em seus escritos e cursos ao conceito grego de *parresia*; em outras palavras, a uma espécie de estudo

---

[1] BADIOU, Alain. *Em busca do real perdido*. Trad. F. Scheibe. São Paulo: Autêntica, 2017, p. 37.

arqueológico sobre a prática da verdade, ou, melhor dizendo, sobre a "coragem da verdade". Nada disso tem a ver com aquilo que hoje, muito sub-reptícia e oportunistamente, mídia e política confundem com a imposição de uma ordem de discurso maniqueísta, graças à qual procuram atrair consensos em torno da adesão fideísta a uma ou a outra "verdade". A parresia, ao contrário – como também será destacado na introdução deste volume, não significa somente liberdade de expressão, mas sim a possibilidade e até a necessidade de poder exprimir de modo incondicional suas próprias ideias por meio da privação de compromissos e vínculos com as convenções de poder: até sacrificando, socraticamente, sua própria vida. Cinismo e estoicismo, sem as distorções de significado que assumem hoje essas palavras, seriam práticas condizentes com um verdadeiro parresiasta. Ora, Pasolini muito se aproximou desta condição, passando, alternativamente, por personagem incômodo tanto à direita quanto à esquerda (não deve surpreender que, ainda hoje, não poucos ex--fascistas na Itália olhem com simpatia para este marxista), para chegar, finalmente, à sua própria, trágica morte, que pode ser lida quase como um sacrifício crístico. Nunca foi esclarecido ao certo quem o matou, mas longa é a lista de todos aqueles, homens ou aparatos, que teriam tido interesse em silenciá-lo. E, no fundo, seria impensável imaginar um Pasolini envelhecendo caquético e acomodado: daí seu proceder desenfreado, sempre no fio da navalha, enfrentando tabus e *idées reçues*, lendo a contrapelo os acontecimentos de sua turbulenta época e, não por último, vivendo com trágica paixão sua sexualidade e incursionando performaticamente com suas feições tão incisivas pela "sociedade do espetáculo".

Discute-se muito, de alguns anos para cá, sobre uma suposta e forte presença italiana no debate crítico em campo artístico e filosófico, com auspicáveis repercussões no tocante a uma nova proposta que saiba repensar os impasses políticos e socioeconômicos da ordem mundial. Alguns preferem chamar essa tendência de *Italian Theory*, para um mais fácil e imediato confronto com a *French Theory* dos anos 60 em diante, a partir sobretudo da noção de biopolítica;

outros de *Italian Thought* (pensamento italiano), como é o caso de um dos maiores articuladores da proposta, Roberto Esposito. O que parece pertinente mencionar aqui, mais do que enveredar por possíveis desdobramentos ideológicos e obreiristas também presentes na pauta –os quais, aliás, encontrariam igualmente terreno fértil em Pasolini, é a questão ligada ao tempo da história em sua leitura dialética do presente. Um dos focos de discussão, de fato, diz respeito à noção de contemporâneo, o qual, bem longe de se reduzir a um conceito cronológico, se configura, antes, como um descompasso de tempos, como uma maneira sincrônica e sincopada de quebrar os paradigmas clássicos, lineares e progressistas de uma visão tradicionalmente historicista. Dito de outra forma, é justamente graças a uma perspectiva anacrônica que os acontecimentos podem desestabilizar com eficácia a ordem linear do tempo, escapando assim de uma acomodante historização integral, e desencadear, por conseguinte, todas as suas possibilidades dialéticas de leitura crítica, à maneira de um Walter Benjamin. O passado, com seus alertas e marcas de lutas e sofrimentos, se encontra sempre inapreensível em uma origem localizável, sempre pronto a se presentificar e a relembrar que não pode haver um futuro unidirecional, confiante num inelutável progresso. Dessa forma, são os movimentos dissonantes e transversais aos diversos campos do saber e do pensamento, da literatura à filosofia, à política, que podem articular e conjugar como um todo as práticas artísticas intelectuais.

Pasolini, em sua eclética atuação, não deixa de carregar todos esses sintomas, captando a precariedade dos discursos meramente ideológicos e deixando falar mais alto uma voz pessoal, de tom profético, que mal se concilia, portanto, com qualquer ortodoxia "confessional". É nessa tensão herética que *paixão* e *ideologia* atravessam a vida e a obra do artista italiano. Daí a frequente falta de consonância com seus tempos, as incompreensões, as polêmicas, certas ou erradas que fossem, inclusive com seus supostos correligionários. Até chegar àquele embate trágico com um desesperado desejo de realidade: "Tu me pedirás, morto desadorno,/ que eu abandone esta desesperada/

paixão de estar no mundo?"², pergunta Pasolini ao túmulo exilado de Antonio Gramsci, nas "Cinzas de Gramsci" (1957). Palavras que levam de novo Badiou a atribuir ao intelectual italiano a capacidade de enxergar, com cinquenta anos de clarividente antecipação, a tendência da sociedade contemporânea – agora sim num sentido cronológico – de se retrair diante da menor perturbação que possa advir de algum rasgo no semblante que tomou conta de qualquer efeito de realidade sobre o mundo. Nessa linha, não se pode deixar de pensar, ainda, na arritmia anacrônica que marca os versos de outro famoso poema pasoliniano, celebrizado pela recitação, por interposta pessoa, de Orson Welles no curta *A ricota* (1962):

> *Eu sou uma força do Passado.*
> Só na tradição consiste meu amor.
> [...] vejo os crepúsculos, as manhãs
> sobre Roma, a Ciociaria, o mundo,
> como os primeiros atos da Pós-História,
> aos quais assisto, por privilégio de registro,
> da borda extrema de uma era
> soterrada. Monstruoso é quem nasceu
> das entranhas duma mulher morta.
> E eu, feto adulto, perambulo
> mais moderno que qualquer moderno
> a buscar irmãos que não existem mais.³

Pasolini é ora animado por um engajamento radical ora por uma inexorável lucidez, pulsões que perpassam por toda sua atividade crítica, conduzindo-o a posições muitas vezes polêmicas. Se Calvino, por exemplo, enxergava, em meados de 1960, o advento do italiano "tecnológico" como uma possibilidade para a língua nacional se tornar finalmente moderna e europeia, Pasolini, por outro lado,

---

2 PASOLINI, Pier Paolo. *Poemas*. Alfomso Berardinelli e Maurício Santana Dias (orgs.). Trad.: Maurício Santana Dias. Sao Paulo: CosacNaify, 2015, p. 77.
3 Idem, p. 163.

lamentava o surgimento desse italiano tecnocrático como mais uma ferramenta hegemônica da burguesia capitalista.

Sua passagem da literatura ao cinema também se dá no intuito de democratizar o acesso do público para uma arte de abrangência mais universal, graças à linguagem das imagens. Declara, na ocasião, se referir sim a uma elite, porém, na contramão da acepção geralmente atribuída ao termo, formada esta por pessoas mais simples e inocentes, possivelmente de escassa escolaridade, ainda não arregimentadas pelos discursos do poder. Mas Pasolini é destinado a se deparar com uma trágica decepção: aquele matiz genuinamente arcaico que ainda podia subsistir nas massas agrícolas e proletárias italianas havia definitivamente desaparecido sob o peso de uma industrialização capitalista totalizante e de um consumismo desenfreado, sem que nem sequer os grupos políticos dominantes, perpetuadores dos valores do fascismo, tivessem se dado conta dessa mutação antropológica. Sua reação, registrada num artigo publicado em *Il corriere della sera*, nove meses antes de sua morte, e conhecido comumente como o "dos vaga-lumes", é violenta. Os italianos, afirma em síntese Pasolini, não poderiam ter reagido pior, se transformando num povo "degenerado, ridículo, monstruoso, criminoso". E ele, que tanto havia acreditado nos resquícios de uma sociedade autenticamente popular, não pôde senão tomar consciência dessa nova realidade, de forma ainda mais traumática por ter outrora amado esses mesmos italianos.

O artigo de Pasolini inspiraria mais de vinte anos depois um belo e intenso livro de Georges Didi-Huberman, *Sobrevivência dos vaga-lumes*, em que o filósofo e historiador da arte francês repensa essa grande força intelectual, a qual encontra até na plasticidade dos paroxismos um motor indispensável:

> Os profetas da infelicidade, os imprecadores, são delirantes e desmoralizantes aos olhos de uns, clarividentes e fascinantes aos olhos de outros. É fácil *reprovar* o tom pasoliniano, com suas notas apocalípticas, seus exageros, suas hipérboles, suas provocações. Mas como não *experimentar*[...] sua inquietação lancinante quando tudo

na Itália de hoje – para citar apenas a Itália – parece corresponder cada vez mais precisamente à infernal descrição proposta pelo cineasta rebelde? Como não ver operar esse neofascismo televisual de que ele nos fala, um neofascismo que hesita cada vez menos, diga-se de passagem, em reassumir todas as representações do fascismo histórico que o precedeu?[4]

Verdade é que nos últimos anos os contornos são ainda mais pulverizados entre reformismos fracassados, tentações autoritárias apoiadas no álibi do populismo, globalismos econômicos, derivações neoliberais e, principalmente, falta de vozes críticas autenticamente independentes. Tanto mais oportuno, então, se atesta o estudo atento e sistemático sobre a atividade de crítico militante de Pasolini, em particular no campo literário e linguístico, que se apresenta neste volume. Com efeito, é trazida ao público uma faceta diversa e complementar à do cineasta, pela qual o intelectual italiano é mais universalmente (re)conhecido. Este livro de Gesualdo Maffia preenche uma lacuna e permite, por nossa vez, interrogar as cinzas de Pasolini: para, quem sabe, perguntar se esse seu expor-se até a morte não seria porventura uma forma de resistência extrema ao desalento por vir.

Andrea Santurbano

---

[4] DIDI-HUBERMAN, Georges. *Sobrevivência dos vaga-lumes*. Trad. V. Casa Nova e M. Arbex. Belo Horizonte: UFMG, 2011.

Nosso "ofício" não é um alegre ocupar-se; e para atestar as nossas capacidades não falamos do prazer que nos dá alguma coisa, mas do suor que nos custou.

BERTOLT BRECHT[5]

---

5 BRECHT, Bertold. *Breviario di estetica teatrale* [Breviário de estética teatral]. Torino: Giulio Einaudi Editore, 1962, p. 130.

INTRODUÇÃO

Neste trabalho analiso os ensaios críticos e as resenhas reunidas nos únicos volumes de crítica literária publicados por Pasolini em vida: *Passione e ideologia* [Paixão e ideologia], que inclui escritos do período entre 1948-58, e *Empirismo eretico* [Empirismo herético] com escritos de 1964-71, que saíram respectivamente em 1960 e em 1972 pela editora Garzanti. Um terceiro volume, composto por resenhas escritas nos anos 1970, ficou na escrivaninha de Pasolini sem publicação, impedida pela trágica morte do poeta, e sairá somente em 1979 (pela editora Einaudi), com organização de Graziella Chiarcossi, com o título de *Descrizioni di descrizioni* [Descrições de descrições] (título escolhido pelo próprio Pasolini).

Pelo estilo, temas, força moral e intelectual, formas, instrumentos de divulgação e discussões suscitados, a crítica de Pasolini se caracteriza como fortemente orientada para a militância, o que primeiramente implica, na minha opinião, em uma imediatez e rapidez de empoderamento e envolvimento nos debates político-culturais contemporâneos. O crítico literário o faz usando o recurso da análise linguística e literária, e sabe que o êxito de seus incitamentos, de suas intervenções escandalosas, pode ser efêmero ou duradouro, representando sempre uma espécie de aposta com muitos riscos e poucas certezas, mas que, no entanto, deve ser levada até o fim.⁶

O conceito de crítica militante aqui considerado é pensado numa acepção que deve obrigatoriamente ser maleável e ampla. Isto porque Pasolini não era especialista nem acadêmico, mas um intelectual que se movia entre antigo e moderno de maneira diferente, herética, às vezes incompreensível para os contemporâneos; seja porque a atividade crítica de Pasolini se encontra em toda a sua produção, aquela propriamente pensada como parte do debate literário, cultural, político, e aquela artística em todas as áreas em que se aventurou (poesia, romance, cinema, teatro, pintura etc.); seja, por fim, porque a concepção de crítica militante na Itália foi e é em parte ainda hoje terreno de conflito entre quem se ocupa dela nos meios de comunicação e informação tradicionais e novos (jornais e revistas, livros especializados ou de divulgação, debates radiofônicos e televisivos, sítios genéricos e temáticos, blogs, podcasts, redes sociais e assim por diante).

Giuseppe Leonelli, na introdução de sua lista comentada de críticos militantes dos anos 1980, julga como tais os críticos que não levam apenas em consideração as obras literárias contemporâneas, resenhando-as em jornais e revistas não acadêmicos, mas em especial os que (re)colocam em circulação, apreciando-as ou demolindo-as, obras que, de alguma maneira, para citar Italo Calvino, nunca deixaram de dizer o que têm para dizer. Se já no século XIX uma definição rígida demais (relativamente ao instrumento de divulgação e ao tipo de texto resenhado ou analisado: em jornais e revistas e de autor contemporâneo) da crítica militante tinha pouco sentido, pode-se dizer que

---

6 Esta me parece ser uma das mais estimulantes sugestões oferecidas pelo ensaio de ONOFRI, Massimo. *La ragione in contumacia. La critica militante ai tempi del fondamentalismo* [A razão em contumácia. A crítica militante em tempos de fundamentalismo]. Roma: Donzelli, 2007.

Hoje somos sempre mais inclinados a pensar que não seja tanto o objeto, mas a função a exaltar a militância do ato crítico. Podemos ficar fechados nos laboratórios mesmo quando se trabalha sobre o mais recente *best-seller* ou, ao contrário, nos tornarmos militantes quando se descobre, talvez pelo estudo do passado, uma particular perspectiva do mundo em que vivemos.[7]

Mesmo a escolha dos livros escolares, a adoção de determinados clássicos e não de outros no programa oferecido aos estudantes, se configura como um ato "mais mediado e sutil" de crítica militante.[8] Em outro ensaio que compõe o *Dizionario della critica militante* [Dicionário da crítica militante] e que se concentra na crítica dos anos 1990, Filippo La Porta coloca algumas questões cruciais "subjacentes hoje a qualquer discurso sobre a literatura" e que já se podem ver *in nuce* na época de Pasolini, sobretudo a partir dos anos 1960:

- a possibilidade da existência de um pensamento crítico, não mais sustentado por uma ideologia, mas por uma percepção individual e por uma racionalidade compartilhada, ou seja, o empenho para encontrar as razões de uma possível sublevação, não com base nas *grandes narrativas,* mas dentro de experiência de cada um, dentro de seu desajuste;
- a relação ativa com o passado, com a tradição cultural: ainda somos capazes de escutá-la ou já se tornou *fast food*, consumível sem consequências, a melancólica vitrine onde, segundo a imagem de George Steiner, estão expostos violinos Stradivarius que ninguém pode tocar?
- a capacidade, por parte de uma sociedade como a italiana, de descrever a si mesma de modo preciso e honesto.[9]

---

7 LEONELLI, Giuseppe, "Anni ottanta" [Anos oitenta], IN: LA PORTA, Filippo e LEONELLI, Giuseppe, *Dizionario della critica militante. Letteratura e mondo contemporaneo* [Dicionário da crítica militante. Literatura e mundo contemporâneo]. Milano: Bompiani, 2007, p. 9.
8 Idem.
9 LA PORTA, Filippo. "Anni novanta" [Anos noventa]. IN: LA PORTA, Filippo e

A reflexão sobre o sentido e o valor cognitivo, sobre a utilidade pública e, consequentemente, sobre a real ou presumida crise generalizada da crítica literária desenvolve-se especialmente a partir dos anos 1970. Naqueles anos, afirmam-se filosofias *reader-oriented* como o desconstrucionismo (na esteira de Jacques Derrida), paralelamente às desilusões práticas – se pensarmos nas aparentemente sólidas premissas teórico-metodológicas com que surgira – do estruturalismo, que talvez tenha sido a suprema tentativa de cientificizar a análise literária. Começa-se a falar da *morte do autor*, que libera o leitor diante do texto (ver, por exemplo, a reflexão de Roland Barthes), o que de alguma maneira também afeta o crítico, que perde o tradicional papel de mediação, de apresentação, de avaliação da obra oferecida ao público leitor. O contexto político-social é aquele identificado, no início dos anos 1960, com o termo *neocapitalismo*, que se afirmou nos principais países industrializados do mundo, e que envolve todas as partes da sociedade, inclusive os setores culturais que se profissionalizam, se especializam, se ligam ao mercado, criando novos instrumentos de produção, seleção, fruição da literatura, além de um novo público de massa, cada vez menos motivado em suas escolhas de *consumo* por imperativos ideológicos claros e estáveis. Tudo isso são coisas bem conhecidas, sobre as quais se debruçaram, com posturas críticas diversas, alguns dos principais estudiosos da sociedade contemporânea, desde a Escola de Frankfurt até Zygmunt Bauman.

Sobretudo a partir dos anos 1990, criou-se uma espécie de bifurcação, claro que com os devidos nuances, contradições e reviravoltas, entre os críticos italianos que assumiram uma postura tendencialmente apocalíptica, póstuma, de auto-absolvição e conservadora, quando não reacionária, ou especular, orientada para a total integração com o *sistema*, para a autocompaixão, talvez irônica, para o *novismo*; e aqueles que, também percebendo as mudanças da época (ainda em curso, aliás, com o desenvolvimento contínuo dos recursos ligados à internet, talvez muito mais marcantes do que se pensava)

LEONELLI, Giuseppe, Op. Cit. pp. 91-92.

acontecidas em relação à sua profissão e ao objeto de suas pesquisas e análises (a literatura em suas várias formas), consideram poder *ajustar o tiro*, reagir e participar ativamente do debate político-cultural do mundo globalizado, mesmo que tenham que se adaptar à nova situação e renunciar ao que era dado como certo e definitivamente conquistado.[10]

Em um livro publicado em 2002, *Il tradimento dei critici* [A traição dos críticos], que evoca (para desmentir, ou melhor, para atualizar a situação italiana daqueles anos) o famoso ensaio de Julien Benda, de 1927, dedicado aos clérigos, isto é, aos intelectuais (*La trahison des clercs* [A traição dos clérigos]), Carla Benedetti categoriza vários tipos de críticos que de algum modo traíram ou diminuíram sua profissão, ou foram incapazes de adaptá-la aos novos tempos (ou adaptaram-na de maneira oportunisticamente requintada), contrapondo-lhe um modo diferente de fazer crítica, talvez o único possível no mundo contemporâneo.

Benedetti insere na lista o crítico *melancólico*, que lamenta a crise da leitura, da palavra escrita, da literatura e que ataca o excesso de teoria, a hipertrofia terminológica e quer voltar humildemente ao simples comentário palavra por palavra ou a uma ensaística mista de tipo setecentista; o crítico *póstumo*, que repete o mantra da secular (já detectada por Hegel) morte da arte; o *canonizador*, que enfatiza caricaturalmente o, mesmo que fundamental, *juízo de valor* da obra em discussão, "continuamente solicitado a compilar classificações ou a compor listas de obras que devem passar para a história"[11], como testemunha, por exemplo, o feliz e discutido livro de Harold Bloom, *O cânone Ocidental*, pensado como defesa antirrelativista da tradição literária do Ocidente; o crítico *intocável*, considerado parte de uma

---

10 Para uma bibliografia sobre o assunto e uma identificação atualizada da crítica militante na Itália, também compreendida como superação do debate sobre a crise da crítica, remeto a ZINATO, Emanuele. "Nessuna militanza? Le nuove posizioni della critica" [Nenhuma militância? Os novos posicionamentos da crítica]. IN: "La rassegna della letteratura italiana", janeiro-dezembro de 2016, n. 1-2, pp. 55-68.
11 BENEDETTI, Carla. *Il tradimento dei critici* [A traição dos críticos]. Torino: Bollati Boringhieri, 2002, p. 61.

"casta de mediadores, autopoiética, que se confirma autorreferencialmente por meio de suas próprias operações"[12], catalogando autores, pois não há mais a possibilidade de fazer algo de novo ou de se equiparar à grandeza; o *vendedor de poéticas*, ou seja, o crítico ou teórico que cria no lugar dos escritores e dos poetas – que muitas vezes, ao contrário das vanguardas, não quiseram se exprimir em termos de "poética forte, enquadradora, autopropositiva"[13] – a poética na qual cataloga-los; o *cool hunter*, crítico que se move em um espaço "fechado" no qual uma arte despotencializada torna-se terreno de caça de "tendências-diferenças"[14]; o *futurólogo*, o crítico que lê e acompanha as mudanças em andamento profetizando de maneira exaltada e/ou apocalíptica seus resultados, transformando-os, às vezes sem querer, em um destino inevitável.

Estas figuras são hoje atualíssimas e, segundo Benedetti, diante dessa fragmentação e fluidez de posicionamentos e convicções dos críticos, do sentido de impotência ou da indiferença oportunista e privada de riscos para com valores inequivocamente vividos, é útil retomar o discurso de Foucault sobre a *verdade* entendida como lugar onde age o poder e não como um ramo do universal:

> A verdade é uma relação poder-saber, contínuo objeto de disputa. O próprio poder é uma luta incessante para a produção de efeitos de verdade, que encontra na comunicação o seu terreno. (...) Esta não está ligada à objetividade dos fatos, de modo que não é algo ao qual o conhecimento ou a comunicação deve se adequar: é muito mais um efeito, um produto, que se constrói nos discursos organizados como micropoderes, e portanto dentro da própria comunicação.[15]

O termo *parresiastes*, que para os gregos antigos significava "aquele que diz a verdade em um contexto em que dizer a verdade pode ser

---

12 Idem, p. 70.
13 Ibidem, p. 75.
14 Ibidem, p. 77.
15 Ibidem, p. 116.

arriscado"[16], parece caber ao Pasolini crítico da sociedade contemporânea em certo ponto de sua trajetória intelectual.

> Pasolini manifestava o mais diretamente possível aquilo que pensava, arriscando-se à impopularidade, ao ostracismo. E talvez a misteriosa força de sua palavra está exatamente aí: um discurso em que a verdade não é mais apenas um fato de verdade do enunciado, mas de risco do enunciador. O que dava força de verdade às suas palavras era justamente o fato dele assumir o risco de dizê-las (...).[17]

Assim sendo, as duas diretrizes fundamentais a que me atenho são: 1) a análise da ensaística pasoliniana, individuando as influências teóricas e os aspectos estilísticos e temáticos chave de sua crítica da literatura e da cultura; 2) a importância que, sobretudo na atividade crítica dos anos 1950, adquirem nele uma visão e uma interpretação geral do percurso da literatura italiana das origens até o século XX, que Pasolini contribui para complicar e ampliar, nobilitando (ou também apenas justificando literariamente) a existência dos diversos filões das literaturas dialetais e regionais presentes na Itália.

Com relação ao primeiro ponto, parece-me ser útil adotar para os volumes *Passione e ideologia* e *Empirismo eretico* a definição mista de obras *crítico-ensaístico-poéticas*, talvez um pouco redundante e contraditória, mas eficaz. Nestes livros a prosa pasoliniana é exercitada de maneira diferenciada: temos autênticos estudos eruditos; ensaios teóricos; resenhas de poesia, de narrativa, de estudos críticos; *polêmicas em versos*. Tudo isto tem alguma coerência, nos a nos 1950, com o que Alfonso Berardinelli chama "poemeto engajado", isto é, a poesia civil das *Cinzas de Gramsci*, baseada em "um autobiografismo retoricamente ostensivo".[18] Enquanto nos anos 1960 a violência ideológica e a "sociologia passional" dão vida a páginas críticas fortemente

---

16 Ibidem.
17 Ibidem, p. 134.
18 BERARDINELLI, Alfonso. *Da poesia à prosa*. Trad.: Maurício Santana Dias. São Paulo: Cosac Naify, 2007, p. 98.

subjetivas, nas quais Pasolini "não busca mediações objetivas, mas se abandona a humores e ideias sobre destinos do mundo completamente pessoais" e legitimadas pelo fato de ser ele a pronunciá-las: *terrorismo* também presente na última fase poética.[19]

Enfrentar a prosa crítica pasoliniana significa imergir em um universo autoral no qual entrelaçam-se constantemente gêneros, estilos, humores em relação ao objeto artístico por vezes analisado ou tomado como alvo, que pode ser literário em sentido estrito ou amplo, de modo às vezes críptico, às vezes didascálico, incisivamente, obsessivamente. Podemos acrescentar outros conceitos, outros adjetivos para tentar definir essa prosa, mas tentemos sinteticamente pensá-la a partir da definição tripartida utilizada acima.

Crítico no momento em que enfrenta, por um lado de modo acadêmico, convencional, tradicional (sem medo de ser desmentido, pois Pasolini soube e quis sê-lo, sendo seus principais mestres diretos e indiretos, inclusive academicamente, sobretudo no início de sua experiência crítica nos anos 1940-50, Carlo Calcaterra, Gianfranco Contini e Roberto Longhi, por exemplo); por outro lado de modo militante (e é uma militância suficientemente forte a ponto de incentivar nele "as muitas ideias brilhantes, as tendências críticas bem desenhadas, os julgamentos eficazes ou geniais"; limitando, porém, "a formação de uma linguagem crítica compacta, de registro seguro, não hesitante, e transmissível"[20]) um tema ou problema da história literária italiana, citando autores e estudiosos em nota (mesmo se frequentemente de maneira não literal), percorrendo a história da crítica, propondo esquemas e conceitos interpretativos de tipo literário, sociológico, antropológico e psicológico com uma maleabilidade e desenvoltura que fizeram mais de um crítico torcer o nariz, depois voltar atrás (como aconteceu com Cesare Segre) diante dos êxitos sucessivos das *patrie lettere* ou da capacidade de antecipação das ainda imaturas descobertas críticas pasolinianas (a *plurivocidade*

---

19 MENGALDO, Pier Vincenzo. "Pier Paolo Pasolini". IN: *Profili di critici del Novecento* [Perfis de críticos do século XX]. Torino: Bollati Boringhieri, 1998, p. 81.
20 Idem, p. 77.

conceitualizada depois por Mikhail Bakhtin identificada por Pasolini em Dante, como uma forma *ante litteram* de discurso indireto livre, aspecto discutido no capítulo III).[21]

Pensemos agora na definição de ensaística de Alfonso Berardinelli: a "ensaística [é] o gênero literário em que a *situação empírica* de quem escreve e a *finalidade prática* da escrita (finalidade comunicativa, cognitiva, persuasiva, descritiva, polêmica) são os primeiros responsáveis pela organização estilística do texto".[22] Pasolini é *ensaísta* pela capacidade de usar livre e criativamente os conceitos e os temas que caem sob a sua lente crítica, e ligá-los à realidade de um debate político-cultural em que, assim que entrou na arena da popularidade intelectual, sempre deu sua opinião.

E também é *poeta* nessa tipologia de textos em prosa, pela linguagem usada, as imagens traçadas, a capacidade de perceber o que está por trás, inexplicado ou inexplicável, de outro autor... e de si mesmo, expondo recordações pessoais usadas como exemplos empíricos que ilustram o significado mais profundo de uma racionalíssima reflexão sobre a literatura e sobre o mundo. Aliás, às vezes, parafraseando a afirmação provocatória e paradoxal de Giovanni Raboni, *mais poeta que em sua obra poética em sentido estrito*.[23] Opinião que se pode compartilhar, se pensarmos em seus últimos livros de poemas (mas não, como faz Raboni, em toda a sua produção em versos) em termos de uma incapacidade de escrever e se exprimir em versos, adquirida ou desejada, e não como vontade de oferecer outro tipo de poesia,

---

21 Sempre Mengaldo nota (Ibidem, p. 80) que "justamente o intuicionismo e a incerteza conceitual e metodológica seriam então o que consentiu a Pasolini a sua – um pouco "corsária" – liberdade de movimentos, fugindo das discutíveis categorias (contra as intenções) de simples molduras nas quais os quadros eram pintados com sinceridade, genialidade, arrogância, e se não com uma linguagem crítica pontual, com uma 'pronúncia' e sensibilidade críticas inconfundíveis".
22 BERARDINELLI, Alfonso. "La forma del saggio" [A forma do ensaio], IN: BRIOSCHI, Franco e DI GIROLAMO, Costanzo. *Manuale di letteratura italiana. Storia per generi e problemi. IV. Dall'Unità d'Italia alla fine del Novecento* [Manual de literatura italiana. História por gêneros e problemas. IV. Da Unidade da Itália ao final do século XX]. Torino: Bollati Boringhieri, 1996, p. 809.
23 Cfr. RABONI, Giovanni. "Pasolini. Fu vera gloria?" [Pasolini. Foi verdadeira glória?]. IN: "L'Espresso", 22 de outubro de 1995, p. 25.

uma poesia absorvida pela prosa por causa da urgência *antilírica* ou *alírica* do presente.[24] Pasolini, recolhendo o poético em outros autores contemporâneos e anteriores a ele, nos restitui, resgata ou nega o valor deles, enriquecendo-o com sua sensibilidade pessoal. Em muitos desses escritos, o espírito poético que anima toda a obra pasoliniana nunca desaparece completamente.

A segunda questão nos leva a um terreno que Pasolini percorre nas costas de dois *gigantes*: Antonio Gramsci e Gianfranco Contini.

Antonio Tabucchi, reconstruindo o itinerário literário e intelectual de Pasolini, releva como, diferentemente de "certos movimentos separatistas" mais recentes do panorama político e cultural italiano, ele retira, em parte de Gramsci, "o objetivo de defender as línguas regionais como formas específicas da consciência histórica nacional".[25] Mais em geral, um estudioso que analisou de maneira sistemática a relação de Pasolini com Gramsci (além da relação com Contini e Carlo Emilio Gadda), ou seja, Franco Ferri, sintetiza o resultado dessa relação em termos de "uma consciência histórico-crítica, integral, do existente (a começar pela função desempenhada pelos intelectuais na específica realidade social, política e cultural da nação)".[26]

---

24 Sobre as tendências da poesia italiana a partir dos anos 1960, em que se delineia a presença da assim chamada (por Eugenio Montale) "poesia inclusiva", ver TESTA, Enrico. *Cinzas do século XX: três lições sobre a poesia italiana*. PETERLE, Patricia e DE GASPARI, Silvana (orgs.). Prefácio de Lucia Wataghin. Rio de Janeiro, 7letras, 2016. Especialmente a "Primeira lição", pp. 23-46.
25 TABUCCHI, Antonio. "Controtempo" [Contratempo]. IN: *Di tutto resta un poco. Letteratura e cinema* [De tudo fica um pouco. Literatura e cinema]. Milano: Feltrinelli, 2013, p. 28.
26 FERRI, Francesco. *Linguaggio, passione e ideologia. Pier Paolo Pasolini tra Gramsci, Gadda e Contini* [Linguagem, paixão e ideologia. Pier Paolo Pasolini entre Gramsci, Gadda e Contini]. Roma: Progetti Museali Editore, 1996, p. 141. Sobre a relação Gramsci-Pasolini ver também os escritos de VOZA, Pasquale. "La lunga fratellanza di Gramsci" [A longa irmãdade de Gramsci]. IN: *La meta-scrittura dell'ultimo Pasolini. Tra "crisi cosmica" e bio-potere* [A meta-escrita do último Pasolini. Entre "crise cósmica" e bio-poder]. Napoli: Liguori, 2011, pp. 83-98; "Puro eroico pensiero e questione sociale della lingua: il Gramsci di Pasolini" [Puro pensamento heróico e questão social da língua: o Gramsci de Pasolini]. IN: *Gramsci e la "continua crisi"* [Gramsci e a "contínua crise"]. Roma: Carocci, 2008, pp. 91-111. D'ORSI, Angelo. "Gramsci, Virgilio di Pasolini?" [Gramsci, Virgilio de Pasolini?]. IN: "Movimento-revista de educação", a. 4, n. 6, 2017, pp. 202-24.

Se por um lado Contini está constantemente presente na crítica pasoliniana dos anos 1950 e 1960 com a aplicação de seu método estilístico, de seus conceitos e as referências mais ou menos explícitas às suas análises linguístico-literárias; do outro também fornece um quadro interpretativo da história literária italiana, que integra a consciência histórico-sociológica de matriz gramsciana, e que incentiva em Pasolini a valorização do dado *plurilinguístico dantesco* que dá forma à tradição literária paralela (tanto plebeia quanto requintada) ao monolinguismo de Petrarca.

É fácil identificar em Pasolini o que Alberto Asor Rosa definiu como "o implícito gosto pela história literária, pela periodização, os agrupamentos, os grandes quadros sinóticos".[27] É uma atitude que já se manifesta nos dois panoramas sobre a literatura dialetal e popular, analisados no capítulo II, e a propósito dos quais Sergio Pautasso comenta: "relendo agora esses estudos nota-se em toda sua relevância a tendência de buscar nessas expressões de arte popular a carga de autenticidade de forças genuínas não contaminadas por hipotecas intelectuais a serem enxertadas em nossa estrutura cultural".[28]

Como destaca Franco Brevini em sua enciclopédica antologia de poesia dialetal italiana, em 1948 Mario Sansone podia se lamentar com razão da falta de estudos sobre literaturas dialetais italianas. Hoje, em vista dos progressos da linguística e as "modificadas perspectivas da italianística, parecem já sepultados os preconceitos contra a literatura em dialeto", sob muitos aspectos caso literário da segunda metade do século XX, em vista do aumento em qualidade e quantidade dos textos, mesmo faltando ainda coletâneas exaustivas de textos anteriores ao século XX.[29]

Mas quando Pasolini prepara as suas antologias ainda é um dos

---

27 ASOR ROSA, Alberto. "Prefazione" [Prefácio]. IN: *Passione e ideologia* [Paixão e ideologia]. Milano: Garzanti, 2009, p. VIII.
28 PAUTASSO, Sergio. "Pasolini: passione e ideologia" [Pasolini: paixão e ideologia]. IN: *Le frontiere della critica* [As fronteiras da crítica]. Milano: Rizzoli, 1972, p. 166.
29 BREVINI, Franco. "Avvertenza del curatore" [Nota do organizador]. IN: *La poesia in dialetto. Storia e testi dalle origini al Novecento* [A poesia em dialeto. História e textos das origens ao século XX], vol. I. Milano: Mondadori, 1999, p. XIII.

poucos a crer que tenha significado valorizar, além da simples arqueologia erudita ou a pesquisa etnológica, a literatura marginal, regional, menor. Não apenas como fato estético, mas também pelos aspectos políticos implícitos no reconhecimento da dignidade das culturas populares, mesmo se muitas vezes menos bem realizadas do que a produção do *centro literário*. Não que Pasolini não acreditasse na importância da excelência literária (a verdadeira e não somente retoricamente alardeada) ou não reconhecesse em muita produção dialetal exercícios requintados e divagações de perspicazes intelectuais; mas porque, ao mesmo tempo, percebia que pensar a literatura italiana em formas novas, mais amplas, era também um modo para superar a odiada concepção elitista, centralizadora e burguesa (pequeno-burguesa) da cultura, sobretudo escolar. Nos primeiros anos do segundo pós-guerra esta ainda estava atrasada, também graças à herança fascista, sobre a retórica ressurgimental quando se tratava dos mitos da literatura nacional enquadrados como construtores dos fundamentos, nos séculos da fragmentação política, da nova Itália. Além de seus mitos, muito mais contraditórios, da unificação política, que associavam nos mesmos quadros comemorativos o rei Vittorio Emanuele II e seu ministro conservador Cavour, o revolucionário democrático morto em fuga Giuseppe Mazzini e o revolucionário socialistóide Giuseppe Garibaldi.

Escrever uma história da literatura nacional nunca foi uma operação neutra. Para tentar entender melhor a questão, vamos fazer um paralelo com outra realidade nacional em construção no século XIX: a Alemanha. Na Itália, assim como na Alemanha, a opção político-ideológica sob esta operação tinha, nos primeiros tempos da unificação, um significado fortíssimo. Era preciso fazer crer que a tradição fosse de todos. Mas enquanto na Alemanha a presença já plurissecular de uma língua substancialmente comum para a maioria da população, além do prestígio de escritores que se sentiam ainda contemporâneos a autores pouco anteriores como Goethe e os românticos, tornava essa operação menos difícil e artificiosa, na Itália as coisas não eram tão simples, e os resultados completamente imprevisíveis. O problema da língua literária tinha sido resolvido na Alemanha por um reformador religioso, Lutero, que definira a língua mais adequada para sua Bíblia "interrogando 'a mãe em casa, as crianças na rua, o povo no mercado'"; na Itália, ao contrário, "o salão, a cúria, a biblioteca contaram bem mais do que a praça" para forjar uma língua "feita para falar, mais do que aos homens, aos príncipes ou às damas".[30]

Pasolini, gramscianamente convencido que quando há um problema ou uma mudança linguística evidente numa sociedade, quer dizer que ao mesmo tempo existem outras de ordem política e social mais ou menos manifestas, em seu trabalho de estudioso da poesia dialetal e popular, e de valorizador das *funções* Verga e Pascoli na literatura (não só naquela em língua italiana) do século XX, talvez tenha buscado contribuir para uma maior democratização da ideia de literatura na Itália contemporânea.

---

30 BREVINI, Franco. "Una nazione senza stato" [Uma nação sem estado]. IN: *La letteratura degli italiani. Perché molti la celebrano e pochi la amano* [A literatura dos italianos. Porque muitos a celebram e poucos a amam]. Milano: Feltrinelli, 2010. E-book.

CAPÍTULO I
A CRÍTICA MILITANTE NA ITÁLIA NOS TEMPOS DE PASOLINI

Muito da reflexão crítica de Pasolini sobre a literatura e sobre a arte, no panorama cultural italiano dos anos 1950 e 1960, é concebida como um diálogo com as outras linhas de pensamento crítico sobre a literatura italiana, sobretudo contemporânea ou, mais em geral, da Itália unificada: diálogo nem sempre compreensivo e solidário, mas sempre dedicado à clareza das posições e atento aos significados e aos resultados políticos e ideológicos das escolhas estéticas dos críticos. De início, detenho-me específica e sinteticamente (espero que não de modo demasiado simplista), nas correntes críticas mais ativas ou ainda ativas, mas em crise (como a crítica hermética), nos anos 1950 e algumas figuras emblemáticas de críticos, que atuaram no âmbito da reflexão pasoliniana por temas e estilos afins. Não me refiro diretamente a Benedetto Croce (a não ser para comentar algumas escolhas teóricas de alguns críticos), consciente de que a sua aura no pós-guerra já esteja perdendo influência e mordacidade sobre a atualidade literária e cultural. Mas permanece implícito o fato de que a grande maioria dos críticos e escritores ativos neste período devem acertar contas com seus ensinamentos, aceitando-os ou repudiando-os.

Em termos gerais, deve-se reconhecer que os anos 1930 deixaram como herança ao pós-guerra duas questões cruciais a serem enfrentadas: "a autonomia do trabalho cultural e a relação entre literatura e política"[31]; ao passo que os anos 1960 serão caracterizados pela crise dos antigos modelos de saber e por mudanças econômico-sociais capazes de conturbar razões, formas e relações autores-público.

1. A CRÍTICA ITALIANA DOS ANOS 1950

1.1. A CRÍTICA HERMÉTICA E A EXPERIÊNCIA DE LUCIANO ANCESCHI

Entre o final dos anos 1930 e o início dos anos 1940, a crítica hermética vive seu auge, que se caracteriza como uma forma particular de resistência cultural ao fascismo, e de afirmação da autonomia da arte, em especial a poética. Os principais expoentes poéticos e críticos desse movimento, na verdade mais heterogêneo em relação aos resultados artísticos sucessivos, ou seja, Ungaretti, Luzi, Bigongiari, Parronchi, Gatto, Caproni, Bertolucci, e pela crítica sobretudo Bo e De Robertis, continuam sua atividade no pós-guerra, mas de fato, a nova onda de engajamento e de realismo, apesar de efêmera em muitos aspectos, diminui sua influência sobre as jovens gerações intelectuais.

O crítico crociano Francesco Flora é quem usa pela primeira vez, em 1936, a palavra *hermetismo* para indicar negativamente "uma poesia cifrada, de significado propositalmente obscuro, reduzida a linguagem convencional e fechada"[32], em cuja base está a poesia pós-simbolista e surrealista francesa e, em alguns autores como Piero Bigongiari, Mario Luzi e Alessandro Parronchi, "a recuperação do

---

31 ZINATO, Emanuele. *Le idee e le forme. La critica letteraria in Italia dal 1900 ai nostri giorni* [As ideias e as formas. A crítica literária na Itália desde 1900 aos nossos dias]. Roma: Carocci, 2010, p. 48.
32 Idem, p. 62.

dolce stil nuovo e um fundo filosófico que se estende do catolicismo francês ao existencialismo alemão".[33]

A poética da autonomia da arte e da resistência ao fascismo se entrecruzam na atividade dos mais ativos expoentes do hermetismo, além da atividade poética propriamente dita e também por meio da tradução e de uma crítica nova de fôlego europeu. Entre os tradutores pode-se recordar Oreste Macrì, hispanista, que com Carlo Bo introduz na Itália, entre outros, Federico Garcia Lorca; Alessandro Parronchi, tradutor de Gérard de Nerval e Mario Luzi de Samuel Taylor Coleridge. São traduções que, diante do isolamento nacionalista e da indiferença do regime fascista para com a produção estrangeira, mostram-se criativas e interpretativas, ligadas à "vontade de desprovincialização e de abertura europeia, não mais direcionada apenas à cultura francesa".[34]

Em sentido estrito, o representante da crítica hermética é o estudioso Carlo Bo, lido e apreciado por Pasolini nos anos de sua formação, que em 1938 publica, na revista "Frontespizio", o ensaio "Letteratura come vita" [Literatura como vida], que não por acaso retoma o título de um ensaio do crítico francês Charles Du Bos, de 1936, traduzido por Mario Luzi[35]. Du Bos afirma que "a vida deve à literatura muito mais do que a literatura deve à vida".[36] A literatura é depositária dos valores morais e estéticos absolutos, que são os únicos capazes de se colocar no plano da eternidade em relação à caducidade da vida humana. Bo entende a literatura como "'nossa única razão de ser': a poesia é tratada como 'ontologia', identificando-se com um discurso sobre o ser, e a crítica literária é entendida como 'uma condição, não uma profissão', pois consiste em reconhecer 'a absoluta necessidade da palavra'".[37] Sua orientação teórica é anti-historicista e une a autobiografia a uma reflexão metafísica sobre a

---

33 Ibidem, p. 63.
34 Ibidem.
35 DU BOS, Charles. *Vita e letteratura* [Vida e literatura]. Padova: CEDAM, 1943.
36 ZINATO, Emanuele. Op. Cit., p. 62.
37 Idem.

condição humana. O poeta vive em um tempo anistórico, uma realidade privada de acontecimentos alçada a *fato absoluto*, independente do *tempo menor* da história, com seus conflitos políticos e sociais. Esta posição defensiva, que constitui uma espécie de *república das letras* em Florença, demonstra-se vitoriosa na época, enquanto a Itália está entrando em guerra ao lado da Alemanha Nazista, promovendo nos literatos a ideia de uma poesia autônoma e autossuficiente em relação à nascente cultura de massa e à sufocante e onipresente propaganda política.

Dadas estas premissas, "mais do que um instrumento de prestação de contas crítico, a prosa hermética é um evento performativo, inverificável, nascido de uma inquietação profunda, mas como tal não resgatável no tempo nem pelo próprio autor; sobretudo, não sujeita a contradição".[38]

Estudioso, teórico e organizador cultural anti-idealista, Luciano Anceschi aproxima-se dos herméticos nos anos 1930-1940 e depois, no final dos anos 1950, dos promotores da neovanguarda. Fundador da revista "Il Verri", em 1956, Pasolini o conhece desde a publicação do livro *Autonomia ed eteronomia dell'arte* [Autonomia e heteronomia da arte], em 1936, e a seguir acompanha sua obra de promoção de novos poetas, por meio de coletâneas como *Lirici nuovi*[39] [Líricos novos], *Linea lombarda*[40] [Linha lombarda] (que Pasolini resenha em *Passione e ideologia*), *Lirica del Novecento* [Lírica do século XX].[41]

Como veremos no capítulo II, Pasolini inicia a experiência de "Officina", em 1955, sob o signo de Giovanni Pascoli, alimentando um debate que também envolve Anceschi, no ano seguinte, a partir das colunas de sua nova revista. Enquanto Pasolini, levado por vocação à autenticidade linguística e convencido por uma certa pureza dos valores rurais, considera Pascoli um exemplo para o século XX contra

---

38 FEBBRARO, Paolo. "Premessa" [Premissa], IN: *La critica militante* [A crítica militante]. Roma: Istituto Poligrafico e Zecca dello Stato, 2000, p. 30.
39 Milano: Hoepli, 1943.
40 Varese: Ed. Magenta, 1952.
41 Com ANTONIELLI, Sergio. Firenze: Vallecchi, 1953.

a renovação promovida pelos crepusculares e futuristas, Anceschi vai em direção oposta, evitando situar Pascoli em "um éden pré-industrial" ou nas fileiras do século XX. Coloca-o, entretanto, em uma situação de suspensão, que ainda não é século XX, mas também não é mais século XIX.

> A necessidade de não concordar com a linha de Pasolini tem sua razão na intenção de correlacionar Pascoli ao século XX, considerando seus influxos não epigônicos, tanto sobre a poética da analogia de Ungaretti, quanto sobre a de Eugenio Montale dos objetos. Pascoli não é visto como ponto de chegada a ser alcançado depois da travessia ao revés, mas colocado justamente *em direção* ao século XX, não *contra* ou *dentro* dele.[42]

1.2. A CRÍTICA ESTILÍSTICA, CONTINI E O ENSINAMENTO DE ROBERTO LONGHI

A estilística é seguramente o modelo interpretativo de um texto mais usado, traduzido e *traído* por Pasolini em seus estudos dos anos 1950 e 1960, também por causa da forte relação intelectual e pessoal que lega o precoce poeta dos versos friulanos de Casarsa à figura de Gianfranco Contini, um dos maiores expoentes da estilística, não apenas italiana.

No contexto italiano, "a crítica literária centrada no *texto*, enfrentado com métodos objetivos e descritivos, se afirma antes da difusão do estruturalismo e principalmente graças à intersecção entre filologia e crítica estilística".[43]

O método de análise filológico desenvolve-se na Itália com a escola histórica positivista, e o fundador da crítica textual moderna é Michele Barbi (1867-1941).

A crítica estilística, criada como disciplina autônoma pelo suíço

---

42 LISA, Tommaso. *Le poetiche dell'oggetto da Luciano Anceschi ai Novissimi* [As poéticas do objeto de Luciano Anceschi aos Novíssimos]. Firenze: Firenze University Press, 2007, p. 76.
43 ZINATO, Emanuele. Op. Cit., p. 69.

Charles Bally (1865-1947) no início do século XX, afirma-se em primeiro lugar na Alemanha com Karl Vossler, Erich Auerbach e Leo Spitzer. O conceito base é o do *estilo*, entendido como "descarte da mensagem em relação ao código: o pressuposto, portanto, é que cada necessidade expressiva encontra correspondência em um desvio do uso linguístico normal e cotidiano".[44] Os críticos que adotam este método, são capazes de chegar, de um detalhe (Spitzer) ou de amostras maiores de texto (Auerbach), "ao núcleo expressivo do texto literário" ou, até mesmo, aos "traços fundamentais do estilo de toda uma época".[45]

Na Itália, Croce, também graças a suas relações pessoais com Vossler e Spitzer, já nos anos 1920 introduz este último, buscando anexar de algum modo seu método a seu quadro teórico, que na verdade dificilmente podia aceitar "uma crítica que parte do plano formal para alcançar o aspecto psicológico".[46] De fato, a opinião geral sobre a crítica estilística é negativa e incontestável, a ponto de associar o método ao decadentismo pela sua "desagregação da unidade espiritual, inconsistência e fragmentação da estrutura cognitiva".[47]

Entre os principais expoentes da crítica estilística italiana, graças aos quais Pasolini nutre seu aprendizado metodólogico a ser aplicado na crítica militante, recordamos Alfredo Schiaffini, Benvenuto Terracini e Giacomo Devoto. Cesare Segre identifica o tipo de influência de Contini e Devoto no conceito de *bilinguismo* presente nos dois ensaios panorâmicos sobre a poesia dialetal e popular italiana de Pasolini, comentados na primeira parte do capítulo II, e a apresenta deste modo:

> Na *Antologia della poesia dialettale* [Antologia da poesia dialetal] a oposição bilinguismo-monolinguismo é substancialmente a exposta por Contini nas *Preliminari sulla lingua del Petrarca*

---

44 Idem, p. 70.
45 Ibidem.
46 Ibidem, p. 71.
47 Ibidem.

[Preliminares sobre a língua de Petrarca] (1951): nas quais o binômio unilinguismo-plurilinguismo servia para caracterizar, respectivamente, a poesia de Petrarca (unilingue) e a de Dante (plurilingue), levando em conta a restrição ou o alargamento expressionista da gama lexical e estilística. Pasolini recorria, assim, ao binômio oposto para indicar grandes categorias de escritores: de um lado aqueles ligados à tradição poética mais codificada, do outro, aqueles linguisticamente mais ricos e revolucionários.

No *Canzoniere italiano* [Cancioneiro italiano], ao contrário, o bilinguismo é substancialmente aquele em que Devoto, em 1953, baseara a descrição da diferente relação entre latim e vulgar na história das origens italianas: o que se refere, portanto, à situação dos falantes. Pasolini esboça um esquema em que a afirmação do bilinguismo segue uma especialização literária de estrato alto, depois uma descida dessa língua especial para o estrato baixo, conservador e retardatário, por fim a assimilação aos comportamentos psicológicos e estéticos deste estrato.[48]

No que diz respeito à crítica militante, Contini se mostra influente sobre as escolhas de Pasolini. Seja em termos gerais, de método crítico, seja em termos específicos, ou seja, ligados aos dados estilísticos e aos autores prediletos.

O método crítico de Contini se realiza instituindo uma "rede de fulminantes aproximações entre os textos: confrontos, comparações e paralelos entre autores do presente e do passado, entre autores italianos e estrangeiros, entre escrita e artes visuais", e consegue levar ao "máximo grau a potencialidade da crítica militante exercitada fora dos limites da contemporaneidade".[49] A solidez de seu método e sua força argumentativa lhe permitem descobrir ou valorizar dignamente alguns dos grandes nomes da literatura do século XX,

---

48 SEGRE, Cesare. "Vitalità, passione, ideologia" [Vitalidade, paixão, ideologia]. IN: PASOLINI, Pier Paolo. *Scritti sulla letteratura e sull'arte* [Escritos sobre arte e literatura]. Milano: Mondadori, 1999, p. XXIII.
49 ZINATO, Emanuele. Op. Cit., p. 72.

como Ungaretti, Montale, Gadda, e, obviamente, Pasolini dialetal. As principais "aquisições"[50] críticas devidas a seu método, são três:

a) a crítica das variantes de Petrarca legitimada pela poética de Mallarmé e de Valéry;
b) o desdobramento de Dante em personagem e personagem-poeta, exemplificado na estratégia narrativa de *Em busca do tempo perdido*, de Proust;
c) a identificação da "função Gadda", com a qual se interpreta – pelo avesso – toda uma seção da literatura italiana, fundando a noção continiana de *expressionismo* entendido no sentido supra-histórico, como categoria estilística.[51]

Os pontos b) e c), como veremos, correspondem a autores e questões que Pasolini enfrenta diretamente em sua crítica, entrando em um debate militante que não se reduz ao dado literário, mas adquire uma consistência ideológica e política.

Pouco acima lembramos como Contini entrecruza sua escrita com as artes visuais. Pasolini também adquire esse hábito crítico, que de vez em quando aflora em seus ensaios. O que é natural, uma vez que a pintura e a prática pictórica é uma de suas paixões cultivadas como *diletante* desde a juventude. Mas a presença da pintura, fortíssima na construção cênica de seus primeiros filmes também depende da influência de outro importante mestre e amigo (em comum com Contini): Roberto Longhi, um dos maiores críticos de arte do século XX, que regularmente publica os escritos de Pasolini em sua revista militante, "Paragone". Pasolini frequenta suas aulas sobre a pintura dos séculos XIII e XIV em Bolonha, e, mesmo não conseguindo tê-lo como orientador de sua tese, fica fascinado e condicionado pelo seu modo de perceber e ler o fato artístico. A ideia de maneirismo pasoliniana é seguramente longhiana e, em um ensaio de Longhi sobre este movimento artístico, encontramos a expressão "desesperada

---

50 Idem.
51 Ibidem, p. 73.

vitalidade"[52], que Pasolini depois usa como título de una poesia e de toda uma seção do seu *Poesia in forma di rosa* [Poesia em forma de rosa]. Cesare Garboli, com quem Pasolini entrará em conflito também no plano pessoal na metade dos anos 1960, exatamente através das páginas de "Paragone", delineia ao crítico de arte, poucos meses antes da morte, um quadro de sua influência *visual* no Pasolini *romano*, subversivo como o Caravaggio apresentado por Longhi em uma mostra romana de 1951:

> Justamente naqueles anos, Pasolini descia do Norte para Roma, transformando a juvenil e lírica veia friulana em tragédia, na direção do dramático realismo religioso e plebeu das *Cinzas de Gramsci*, dos *Meninos da vida* e de *Uma vida violenta*. Examinando os textos, seria possível dizer que Pasolini trabalhasse (...) espelhando-se no Caravaggio romano como este foi pintado por Longhi: aquele, para deixar claro, que representa Madalena como uma pobre camponesa traída, os cabelos soltos secando ao sol na saleta sem mobília, ou aquele dos Bacos retratados a partir de apáticos e sonolentos ajudantes de taverna, ou aquele, por fim, da Virgem morta, inchada e com as pernas descobertas, como uma mulher de Trastevere ou uma prostituta nos últimos suspiros em um quartinho dividido por cortinas.[53]

---

52 LONGHI, Roberto. "Ritratto dei manieristi" [Retrato dos maeiristas]. IN: *Da Cimabue a Morandi* [De Cimabue a Morandi]. (org. Gianfranco Contini). Milano: Mondadori, 2004 (I ed. 1973), p. 733. Eis um trecho do texto de Longhi, que lembra o estilo pasoliniano: "além do historicismo de matriz germânica (...) há também aquele muito mais concreto (não digo materialista) dos estudiosos italianos, que se mostram perfeitamente conscientes das implicações sutilmente intelectuais do maneirismo e de algumas suas digressões demasiado aristocráticas e estetizantes; mas não por isto desejam se negar a entender e indagar em meio à desesperada 'vitalidade' de uma crise, que, exatamente porque muito longa, e aguda, não deixou de dar sinais frequentes de insatisfação, aludindo assim a um provável ponto de ruptura e, dali, a um possível recomeço", pp. 733-34.
53 GARBOLI, Cesare. "Longhi". IN: *Falbalas. Immagini del Novecento* [Falbalas. Imagens do século XX]. Milano: Garzanti, 1990, p. 34.

1.3. A CRÍTICA MARXISTA: O MODELO DE GRAMSCI

Como mencionado acima, depois da Segunda Guerra Mundial as poéticas do absoluto e os modelos críticos baseados na autonomia e na autossuficiência da poesia e da arte em geral, sofrem um forte redimensionamento, até aberta hostilidade, por parte de quem escolheu a lógica do *estar no mundo*, o engajamento, a participação na política da nova sociedade que nascia do final dos longos anos bélicos e da luta de resistência ao nazi-fascismo. Como destaca Paolo Febbraro, já nos anos 1930 existem formas de resistência crítica ao triunfo do modelo hermético, se pensarmos na experiência crítica minoritária mas duradoura (capaz ainda de estimular a reflexão de Franco Fortini nos anos 1970) de Giacomo Noventa, contrário às castas literárias e a "todos os escritores em sua opinião fechados na própria imperturbável autonomia, no apoio mais ou menos isento de compromissos de um regime no auge do consenso e na individualista cegueira diante a este consenso".[54] Era um ataque à consideração de Croce do fascismo como parêntesis anômalo na história italiana, um mal transitório destinado inevitavelmente a se eclipsar, sem a necessidade de uma intensa luta de oposição.

No entanto, novas poéticas realistas, naquele ponto definidas como neorrealistas, afirmam-se somente nos primeiros anos do pós-guerra e buscam forjar a cultura da nova Itália finalmente democrática e, para alguns, encaminhada idealmente para o socialismo. Se as eleições políticas de 1948, com a derrota da Frente Popular de esquerda a favor da Democracia Cristã, de fato conduzem a um compasso de espera, já decisivo, nos sonhos de hegemonia política das esquerdas socialistas e comunistas na Itália, no plano cultural a influência teórica e ideológica de pensadores e teóricos de esquerda, sobretudo marxista, continua mantendo-se muito forte nos anos seguintes, mesmo em meio a mudanças culturais e político-sociais bastante evidentes, até ao anos 1970. Nesse contexto, a política cultural do

---

54 FEBBRARO, Paolo. Op. Cit., p. 28.

Partido Comunista Italiano de Palmiro Togliatti, que decide inserir Antonio Gramsci, mártir do fascismo morto em 1937 depois de dez anos de cárcere, na tradição cultural italiana como intelectual antes mesmo de que como chefe de partido, se mostra vitoriosa por vários anos, condicionando inúmeros setores e personalidades da cultura acadêmica e militante, não apenas italiana.[55] Gramsci, já à testa do PCI antes da prisão de 1926, era quase desconhecido na Itália no imediato pós-guerra.[56] Mas no cárcere reconstruíra em seus *Cadernos* um quadro político, histórico e cultural da Itália dos últimos séculos que, mesmo que baseado em apontamentos e notas provisórias e incompletas, oferecia, principalmente aos jovens intelectuais saídos da guerra e crescidos ideologicamente com o fascismo, uma explicação articulada do fenômeno reacionário e algumas indicações úteis para mudar de direção e pensar no futuro da cultura nacional em termos de progresso político e social para todas as classes proletárias, até então à margem da história do país. Pasolini é um destes jovens que, como diz em sua poesia *Poeta delle Ceneri* [Poeta das Cinzas], diante das mudanças políticas de 1945 abandona sua visão idealista e idílica de mundo, para abraçar a luta de classe junto aos trabalhadores:

> Foi assim que eu soube que havia trabalhadores,
> e que portanto havia patrões.

---

55 Cfr., LIGUORI, Guido. *Gramsci conteso. Interpretazioni, dibattiti e polemiche. 1922-2012* [Gramsci preso. Interpretações, debates e polêmicas. 1922-2012]. Roma: Ed. Riuniti University Press, 2012; para uma análise mais específica sobre o tema da escolha político-cultural comunista no imediato pós-guerra, ver CHIAROTTO, Francesca. *Operazione Gramsci. Alla conquista degli intellettuali nell'Italia del dopoguerra* [Operação Gramsci. À conquista dos intelectuais na Itália do pós-guerra]. Milano: Bruno Mondadori, 2011.

56 Para uma apresentação de alguns meios e formas de popularização de Gramsci entre os militantes socialistas e comunistas, que envolve em algum momento Pasolini também, cfr. MAFFIA, Gesualdo. *Gramsci nazionale-popolare. La presenza del rivoluzionario sardo nella stampa a rotocalco italiana (1947-1967)* [Gramsci nacional-popular. A presença do revolucionário sardo nas revistas ilustradas italianas (1947-1967)]. Tese de doutorado. Orientadores Giacomo Casarino e Angelo d'Orsi. Università degli Studi di Genova. Facoltà di Lettere e Filosofia ciclo XXI, 2009. Disponível em: http://www.academia.edu/36411257/GRAMSCI_NAZIONALE-POPOLARE.

Coloquei-me ao lado dos trabalhadores, e li Marx.⁵⁷

Na verdade, o Marx de Pasolini é seguramente Gramsci.⁵⁸ Um Gramsci leopardiano, visto fora do contexto de partido, como resistente lúcido e moralmente extremamente íntegro nos cárceres fascistas. Mas também é o Gramsci pensador antidogmático, consciente "da impossibilidade de dar uma organização definitiva às interpretações da realidade moderna e, portanto, de outorgar a uma forma fechada e acabada sua pesquisa".⁵⁹ Um pensador que Pasolini pode usar contra os próprios marxistas ortodoxos italianos para defender suas posições de escritor e de crítico.

O estilo de Gramsci reflete a condição do dirigente político "obrigado a escrever para si e a meditar sobre o passado e o presente da Itália, em uma situação de isolamento e de derrota", mas com frequência as páginas dos *Cadernos* são extraordinariamente intensas e "a escrita se desdobra pela grande força polêmica da invectiva e pelo feroz sarcasmo dirigido, por exemplo, contra o transformismo ou o jesuitismo dos intelectuais italianos".⁶⁰ É um estilo de pensamento "dialógico e pragmático, provisório e conjectural, argumentativo e polêmico": a história se apresenta como "um campo de forças a ser descrita e interpretada mediante uma reconstrução temática, não por meio de uma narração historicista".⁶¹ Por isso, não é possível entender como obra fechada, pré-constituída e ordenada na mente de Gramsci, desprovida de desvios ou reformulações, mas, ao contrário,

---

57 PASOLINI, *Poeta delle Ceneri* [Poeta das Cinzas]. IN: *Tutte le Poesie* [Todas as Poesias]. Milano: Mondadori, 2003, p. 1267. Os versos devem remontar a 1966-67. Cfr. Idem., p. 1772.
58 Para avaliar a influência de Gramsci em Pasolini, além das referências diretas e indiretas presentes em sua atividade artístico-literária e crítica, é útil ler as entrevistas dadas por Pasolini entre os anos 1960 e 1970 e reunidas em *Scritti sulla politica e sulla società* [Escritos sobre política e sociedade]. Milano: Mondadori, 1999. Ver também a entrevista de 1969, não inclusa em *Scritti sulla politica e sulla società*: "Pasolini rilegge Pasolini. Intervista di Giuseppe Cardillo (con CD) [Pasolini relê Pasolini. Entrevista de Giuseppe Cardillo (com CD)]. Org. Luigi Fontanella. Milano: Archinto, 2005.
59 ZINATO, Emanuele. Op. Cit., p. 49.
60 Idem.
61 Ibidem.

como uma "progressiva construção do pensamento, *in re*, incessantemente disposta a acertar contas com a materialidade dos processos".[62]

Sob o ponto de vista da crítica literária, Gramsci separa a crítica estética, momento da avaliação artística e literária de uma obra, da crítica política, que considera apenas seu conteúdo. Em Gramsci há uma nítida diferença da ideia de crítica própria do marxismo soviético que, durante o stalinismo, estabelecia uma dependência entre o juízo de valor e o juízo político.

Com relação à tradição italiana, as páginas de argumento literário dos *Cadernos* defendem um *retorno a De Sanctis*, o que comporta um distanciamento de Croce. Gramsci propõe um *historicismo integral*: a história para Gramsci não é mais vista "como progressiva realização do espírito (como acontecia no historicismo idealista hegeliano), mas como concreto fazer-se, completamente imanente, da civilidade humana para o fomento das relações sociais e das relações culturais entre os homens".[63] Negadas as distinções de Croce "entre poesia e literatura ou entre lirismo e instituições culturais", Gramsci destaca a ligação entre obra de arte e a condição do escritor na sociedade: colocando assim em crise "um dos pilares do distincionismo de Croce: aquele entre lirismo puro e sistema conceitual".[64]

Entre os principais autores valorizados por Gramsci, é preciso recordar Pirandello, ao qual se reconhece a positiva função de destruição do teatro tradicional e "o anticonformismo desmistificador"[65] aplicado à suas peças, mesmo limitado por excessos de cerebralismo pseudofilosófico. Ungaretti, ao contrário, é taxado de poeta que restaura a própria função sagrada e a concepção de aristocrática segregação do escritor, repudiada pelo marxismo.

A posição teórica e crítica gramsciana que Pasolini definirá como de *largueza filológica*, à parte concordar ou não sobre o juízo de valor de cada autor, como veremos no capítulo II, não é entendida, ou

---

62 Ibidem.
63 Ibidem, p. 52.
64 Ibidem.
65 Ibidem.

pelo menos aplicada, pelos principais críticos ortodoxos comunistas, como Carlo Salinari e Mario Alicata. O *neorrealismo* defendido em suas batalhas culturais não era entendido cognitivamente, reduzindo-se à "avaliação do conteúdo ideológico de uma obra"[66] e buscando nesta os elementos progressivos e otimistas a serem inseridos na visão comunista oficial, decididamente prescritiva, do *nacional-popular*. Entretanto, outros críticos como Luigi Russo, Natalino Sapegno e Walter Binni, deixando de lado as ideias de Croce e aproximando-se da reflexão gramsciana, evidenciam proficuamente as relações entre o contexto histórico e as obras literárias.

Pasolini, por sua vez, parece experimentar em sua obra crítica, especialmente em *Empirismo eretico*, os conceitos de *tradução* e *traduzibilidade* de origem gramsciana, detectáveis ao cruzar, traduzir e fundir linguagens artísticas diferentes, além da gramaticalidade, que ativam a busca de uma nova expressividade do real no contexto neocapitalista.[67]

2. A RUPTURA DO MILAGRE ECONÔMICO: NASCE A ITÁLIA INDUSTRIAL, NASCE O ITALIANO?

Para entender o que acontece com Pasolini entre o fim dos anos 1950 e o início dos anos 1960, isto é, como muda radicalmente a sua percepção da Itália e de seu papel como artista e intelectual, é preciso levar em consideração um elemento interno ao contexto italiano, ao

---

66 Ibidem, p. 54.
67 Cfr. LACORTE, Rocco. *Alcune note sul rapporto tra critica letteraria e il concetto di "traducibilità"*. *La prospettiva di Antonio Gramsci tra Francesco De Sanctis e Pier Paolo Pasolini* [Algumas notas sobre a relação entre crítica literária e o conceito de "traduzibilidade". A perspectiva de Antonio Gramsci entre Francesco De Sanctis e Pier Paolo Pasolini]. PhD Dissertation, Chicago, University of Chicago, 2011. Outros elementos de filiação ou de diálogo teórico, sobre o trabalho de tradutor de Pasolini, são identificados por Davi Pessoa a partir dos conceitos de *tradução* e *traduzibilidade* pensados por Jacques Derrida e Walter Benjamin. Cfr. PESSOA CARNEIRO, Davi. *Pasolini, vulgo Plauto: traduzibilidades*. IN: "Revista Diálogos Mediterrânicos", n. 9, 2015, pp. 89-98.

contexto público e coletivo: a repentina ascensão econômica que realiza definitivamente a passagem de um país ainda em larga escala agrícola a um país modernamente industrial; e outro elemento ligado à vida pessoal do poeta, então dividido: o início das viagens nas realidades ainda *pré-históricas* e a experiência em primeira pessoa da direção cinematográfica.

Sem determo-nos excessivamente em números e cifras que não servem para o desenvolvimento de nosso discurso, é útil mostrar, entretanto, alguns dados que ilustram como a Itália, em poucos anos, passa definitivamente de um perfil prevalentemente agrícola ao perfil de país industrialmente avançado. Escreve o historiador Guido Crainz:

> A renda nacional líquida, calculada pelos preços praticados em 1963, passa de 17 trilhões em 1954 para 30 trilhões em 1964, ou seja, quase dobra em uma década. No mesmo período, a renda per capita passa de 350 mil para 571 mil liras. Os trabalhadores agrícolas são mais de 8 milhões em 1954, menos de 5 milhões dez anos depois, ou seja, descem de 40% a 25% do total dos ativos, enquanto na indústria os trabalhadores passam de 32% a 40% e nos serviços de 28% a 35%. (...)
>
> O país entra na positiva tendência internacional com uma força ainda maior: a produção italiana é 9% da produção europeia em 1955, mais de 12% em 1962. Países como Bélgica, Suíça e Holanda são ultrapassados, enquanto a disparidade histórica com Inglaterra, Alemanha e Francia é reduzida.
>
> É importante quanto se produz, mas também o que se produz: entre 1959 e 1963 "a fabricação de automóveis quintuplicou, subindo de 148.000 para 760.000 unidades, as geladeiras, de 370.000 tornaram-se um milhão e meio (...) e os televisores (que não eram mais de 88.000 em 1954) 634.000".[68]

---

68 CRAINZ, Guido. *Storia del miracolo italiano. Culture, identità, trasformazioni fra anni cinquanta e sessanta* [História do milagre italiano. Culturas, identidades, transformações entre os anos cinquenta e sessenta]. Roma: Donzelli, 1998, p. 83.

Outro elemento importante é a questão da migração, que progressivamente muda as metas finais, não mais principalmente extra europeias, mas continentais (com a Suíça que cede passagem para a Alemanha como meta principal) e, com um crescimento exponencial, todas dentro da Península, do centro-sul aos grandes centros e distritos industriais do norte, dos campos para as cidades. Sempre seguindo Crainz, o que espanta é a "grande rapidez dos processos", não só as suas dimensões, porque na Itália, ainda mais do que nos outros países europeus (aqueles de industrialização precoce) "antigas aspirações e exigências elementares começam a se realizar *contemporaneamente* à irrupção do consumo e novas necessidades".[69] Do consumo anual de carne, aos serviços de base nas casas (água, eletricidade, banheiros e serviços internos), dos meios de locomoção privada aos eletrodomésticos (sobretudo televisores e geladeiras), o aumento de bens primários e de bens de consumo até há pouco tempo considerados de luxo ou *para ricos*, é imperioso e veloz, alimentado também pelo desejo de emulação e pelas novas estratégias publicitárias, cada vez mais sofisticadas e onipresentes: pensemos na publicidade nas muito difundidas revistas ilustradas e nos cartazes publicitários cada vez maiores que se sobressaem nas ruas e estradas em construção, naquela forma de publicidade particular que foi *Carosello*[70] na TV italiana, concentrada principalmente em produtos de uso cotidiano, que se tornaram indispensáveis para as famílias italianas.

Na crítica pasoliniana dos anos 1960, como veremos no capítulo III, também emerge essa sensação de rapidez dos processos, de inevitabilidade, de perda definitiva de um mundo precedente do qual restam apenas caracteres residuais; enquanto a nova hegemonia neocapitalista, que é um fenômeno internacional capaz de marginalizar

---

69 Idem, p. 84.
70 *Carosello* era um programa televisivo transmitido pela rede nacional italiana (RAI) entre 1957 e 1977, idealizado para poder fazer comerciais sem violar a lei que, na época, proibia propagandas em programas de TV. Consistia em breves filmes humorísticos, frequentemente interpretados por atores famosos, e em animações que ao final inseriam uma mensagem publicitária, muitas vezes sem ligação direta com a situação representada.

as aspirações hegemônicas do mundo socialista *ferido* pela crise de 1956, tende a homogeneizar a Itália inteira também por meio do progressivo controle da nova língua italiana, finalmente em vias de unificação depois de um século de unidade política, mesmo se com perda da expressividade literária, substituída por uma brutal instrumentalização e por uma vocação pragmaticamente comunicativa.

No que diz respeito à sua vida pessoal, Pasolini, mesmo terminando ingloriamente a experiência da revista "Officina" no final dos anos 1950, está finalmente em uma condição de vida confortável, principalmente graças ao sucesso de seus livros. Estreitou relações com importantes intelectuais italianos do contexto romano (em particular Alberto Moravia), pode começar a pensar no novo desafio do cinema e em viajar, conhecer o mundo. As primeiras viagens são de tipo *regressivo* e o conduzem, no início de 1961, em companhia de Moravia e Elsa Morante, à Índia e à África, isto é, para realidades ainda *pré-históricas*, que exaltam ainda mais as mudanças rápidas, de envergadura antropológica, que registrará na ensaística do início dos anos 1960. Pasolini reporta em seus primeiros filmes (*Accattone, Mamma Roma, La ricotta*), além da outra face do *milagre econômico*, ou seja, a sobrevivência de pobreza e atraso na periferia romana, o sentido poeticamente vital ainda presente em realidades estranhas ao desenvolvimento do neocapitalismo. Vitalidade cuja ausência no ambiente de fábrica torna difícil fazer arte e literatura no contexto operário.[71]

---

[71] Cfr. BRUNETTA, Gian Piero. "Il cinema legge la società italiana" [O cinema lê a sociedade italiana], IN: *Storia dell'Italia repubblicana* [História da Itália republicana], vol. II, "La trasformazione dell'Italia: sviluppi e squilibri" [A transformação da Itália: desenvolvimentos e desequilíbrios], BARBAGALLO, Francesco (org.). Torino: Einaudi, 1995, pp. 824-832. Ver também aqui no capítulo III as reflexões de Pasolini relativas à língua e à literatura na sociedade neocapitalista. Sobre 'Literatura e indústria' deve-se obviamente ver o debate suscitado em "Menabò", de Vittorini e Calvino, a partir do n° 4, de setembro de 1961.

3. LITERATOS, INTELECTUAIS, CIENTISTAS: FAZER MILITÂNCIA COM A LITERATURA ENTRE RAZÕES ESTÉTICAS, IDEOLÓGICAS E CIENTÍFICAS NOS ANOS DA TRANSFORMAÇÃO

> Como toda a sociedade italiana, pode-se dizer que nossa cultura literária também tenha entrado de improviso, nos anos 1960, na modernidade. O evento foi vivenciado como uma *libertação* e como um *trauma*. O longo pós-guerra, a época do engajamento e do Neorrealismo tinham acabado, e uma nova geração de escritores sentia tudo isto como uma libertação. Abriam-se novos espaços, tornavam-se possíveis novas perspectivas de interpretação do passado, novas experiências literárias, uma diversa e talvez mais livre presença do escritor na sociedade.[72]

Com essa nova e repentina cesura histórica, abriam-se cenários ambivalentes nos quais a conquista de uma "literatura como crítica da sociedade e como incentivo à representação realista"[73] podia ser defraudada. O perigo era que essa grande transformação pudesse colocar em discussão, como já estava fazendo, "muitas ideias sobre a relação entre cultura e sociedade: a própria ideia de cultura como valor orientador para toda a sociedade e como exercício crítico talvez corresse riscos".[74] Diante dessa situação, Alfonso Berardinelli define as reações de Eugenio Montale e Cesare Cases como sarcásticas, "entre irônico-depreciativas e apocalíptico-jocosas".[75] O primeiro, inspirado pela leitura de Adorno, individua claramente o declínio da sociedade literária como fenômeno europeu, a mudança do público, que de restrito e selecionado torna-se de massa, condicionando o trabalho artístico e literário que se concretizará nos novos artistas e literatos da sociedade neocapitalista:

---

72 BERARDINELLI, Alfonso. "Letterati e letteratura negli anni sessanta" [Literatos e literatura nos anos 1960]. IN: *Storia dell'Italia repubblicana*, Op. Cit., p. 481.
73 Idem.
74 Ibidem.
75 Ibidem.

arte autônoma, artistas sem isolamento, etapas rapidamente queimadas, experiência "em resumo, em pílula", e uma massa de consciências tornadas inúteis e vulgares por um excesso de difusão: já é uma perfeita definição daquela neovanguarda que irá se organizar entre a publicação da antologia *I novissimi* [Os novíssimos], em 1961, e a formação, dois anos depois, do Gruppo 63.[76]

Cases, influenciado pela estética de Lukács e pela sátira de Karl Kraus, e também pela Escola de Frankfurt, com seu *Marxismo e neopositivismo*, de 1958, ironiza as novas tendências da filosofia pragmática e empirista do neopositivismo, comportando-se, marxistamente, como crítico da ideologia. As tendências atacadas são as que dali a pouco acompanharão, como suporte teórico, o milagre econômico e a modernização italiana, e podem ser resumidas como "ideologia da Ciência, enquanto saber do puro progresso tecnológico e produtivo, enquanto saber que favorece a adequação à 'realidade'".[77]

Vejamos agora mais detalhadamente algumas problemáticas do período, levando em conta que a explosão de novos fenômenos e movimentos críticos e artísticos torna inevitável uma seleção e uma esquematização de uma realidade muito menos decifrável da década anterior.

3.1. CRISE E RESISTÊNCIA DA CRÍTICA MARXISTA

Mostramos com Cases uma primeira significativa reação dos marxistas ao afirmar-se de uma nova ideologia cientifista. Os marxistas italianos devem acertar contas com essas tendências, colocando em discussão, parcial ou totalmente, a própria ação crítica e visão de mundo anteriores, ou comportando-se de forma herética, buscando um difícil equilíbrio entre pertencimento ideológico e liberdade artística e intelectual. É interessante, sob esse ponto de vista, ver sinteticamente a trajetória de dois críticos-escritores muito diferentes como

---

76 Ibidem, p. 483.
77 Ibidem, p. 484.

Italo Calvino e Franco Fortini. Calvino, intelectual *pós-ideológico* nos anos 1970 e 1980, é, no imediato pós-guerra, um jovem intelectual comunista, de tendências realistas e colaborador do jornal comunista "Unità", depois contratado pela editora Einaudi, da qual se torna diretor em 1955. Depois do trauma político e ideológico de 1956, acompanhado pelas esperanças logo perdidas de efetiva desestalinização, e pela ruptura dramática com o PCI[78], Calvino parece se enquadrar na definição de "cético moralista, um *maître à penser* borgesiano"[79] que colabora com os jornais mais influentes da burguesia italiana. A virada acontece justamente nos anos 1960, quando ele se aproxima do estruturalismo, buscando "superar a oposição entre humanismo e ciência"[80]; enquanto os ensaios centrados na relação literatura-sociedade serão publicados, com um evidente objetivo de afastamento ou fim de uma época, no volume de 1980, *Assunto encerrado*.[81]

Fortini, cuja atividade crítica e poética é paralela à de Pasolini, com quem tem ligações profissionais e epistolares e com quem discute constantemente as obras e as posições críticas, mantendo um forte respeito mesmo quando discorda de suas escolhas, é um exemplo de marxista herético, mas "mais consequente, lúcido e racional, quase dolorosamente lógico"[82] do que Pasolini.

Já consciente antes de 1956 da falência do modelo soviético, mas não por isto renunciatário diante de uma futura possível sociedade comunista, sua crítica indaga, em termos gerais, "o *papel* e a *função* dos críticos e a tensão entre poesia e consciência histórica", tornando-se "o maior mediador na Itália da Escola de Frankfurt"[83] com uma notável força ensaística. Se considerarmos suas obras críticas dos anos 1950-1960, isto é, *Dieci inverni* [Dez invernos] (1957) e

---

78 Cfr. AJELLO, Nello. *Intellettuali e PCI. 1944-1958* [Intelectuais e PCI. 1944-1958]. Roma-Bari: Laterza, 1997, pp. 394-95.
79 ZINATO, Emanuele. Op. Cit., p. 165.
80 Idem.
81 CALVINO, Italo. *Assunto encerrado*. Trad.: Roberta Barni. São Paulo: Companhia das Letras, 2009.
82 FEBBRARO, *Premessa*, cit., p. 34.
83 ZINATO, Emanuele. Op. Cit., p. 150.

Verifica dei poteri [Verificação dos poderes] (1965), encontramos na primeira a definição da alta tarefa que cabe ao crítico, ou seja, "aquele que fala da obra em relação ao que acredita, distinto do especialista de literatura"[84], mediando entre autor e leitor e entre obra e mundo; na segunda, em que constata a mercantilização da cultura pela indústria cultural e pela especialização crescente das linguagens e dos saberes, reconhece ao crítico a necessidade e o dever de uma contínua e manifesta indagação e *verificação* dos próprios instrumentos de análise crítica. Para Fortini, que diferentemente dos *operaisti*[85] aos quais se aproxima e com os quais colabora nas revistas da *nova esquerda*, considera ainda não "extinta a tarefa antropológica da literatura", o crítico ainda tem a "função antecipadora do intelectual", daquele que dá "voz a correntes ainda em estado confuso", indicando para os futuros leitores "fragmentos reconhecíveis ou de nova identificação" na literatura.[86]

---

84 Idem, p. 152.

85 O operaismo italiano foi um movimento político-intelectual neomarxista surgido no início dos anos 1960 (fragmentando-se no curso da década) pela iniciativa de intelectuais marxista como Raniero Panzieri, Toni Negri, Mario Tronti, Alberto Asor Rosa, Massimo Cacciari e Romano Alquati, divulgado por revistas como "Quaderni rossi" e "Classe operaia". Os representantes dessa concepção marxista afirmavam a centralidade da classe operária como sujeito do desenvolvimento econômico por meio das lutas contra o capital e como artífice revolucionário independente das organizações clássicas do movimento operário (os partidos e os sindicatos), consideradas como gaiolas repressoras das energias revolucionárias.

86 ZINATO, Emanuele. Op. Cit., p.152. O debate literário de esquerda torna-se muito articulado e animado nos anos 1960, instituindo e alimentando uma ligação muito forte entre literatura, ideologia e política, em alguns casos em detrimento da primeira, como citamos no caso dos *operaisti*. Como veremos no capítulo III, Pasolini constrói suas reflexões linguísticas e literárias introduzindo em seu instrumental teórico (como Alberto Asor Rosa) o uso do conceito de *neocapitalismo*, elaborado por expoentes intelectuais da esquerda franco-belga (como André Gorz e Ernest Mandel) para definir o estágio de desenvolvimento alcançado pelos países de mais antiga e, em parte, mais recente industrialização depois da Segunda Guerra Mundial. Recordo aqui pelo menos ASOR ROSA, Alberto. *Scrittori e popolo. Saggio sulla letteratura populista in Italia* [Escritores e povo. Ensaio sobre a literatura populista na Itália]. Roma: Samonà e Savelli, 1965; FERRETTI, Gian Carlo. *Letteratura e ideologia. Bassani, Cassola, Pasolini* [Literatura e ideologia. Bassani, Cassola, Pasolini]. Roma: Editori Riuniti, 1964; SANGUINETI, Edoardo. *Ideologia e linguaggio* [Ideologia e linguagem]. Milano: Feltrinelli, 1965.

Produto da crítica marxista alinhada (e atrasada) com as escolhas estéticas de partido, que em geral tende ceder o campo crítico e filosófico a adversários ideológicos bem mais aguerridos e motivados, os livros de Carlo Salinari, *Miti e coscienza del decadentismo italiano* [Mitos e consciência do decadentismo italiano] e *La questione del realismo* [A questão do realismo], ambos de 1960, são o testemunho daquela corrente crítica neorrealista, de sociologia literária marxista, que identificara no decadentismo e em seus continuadores (verdadeiros ou pressupostos) do pós-guerra os adversários a enfrentar e condenar em vista de uma nova cultura progressiva e socialista centrada no realismo. Salinari irá constatar a conclusão da experiência do pós-guerra somente alguns anos mais tarde, diante do triunfo dos novos modelos cientifistas de análise crítica no volume *Preludio e fine del realismo in Itália* [Prelúdio e fim do realismo na Itália] (1967).

Parte da crítica de ascendência marxista, entretanto, tenta acertar contas com o ecletismo e até com a ausência de preconceitos, com as novidades da grande transformação dos anos 1960. É o caso, por exemplo, de Galvano Della Volpe que, com o livro *Critica del gusto* [Crítica do gosto], de 1962, partindo de bases empíricas busca relacionar o marxismo com a crítica estrutural; e de Edoardo Sanguineti escritor e teórico de ponta da neovanguarda, que parece se dedicar desde o final dos anos 1950 "a superar e inverter polemicamente o modelo Pasolini"[87], e que usa na base de sua escrita o marxismo crítico de Walter Benjamin, o estruturalismo de Roland Barthes, Freud e a linguagem do inconsciente de Lacan. Em Sanguineti, poeta e intelectual provocatório e dessacralizador,

> o *labirinto* é alegoria da metrópole capitalista moderna em que, perdida toda 'aura', a arte dessacralizada é confinada em dois lugares residuais e aparentemente antitéticos: o museu e o mercado. Toda experiência artística, inclusive a vanguarda, para Sanguineti,

---

[87] ZINATO, Emanuele. Op. Cit., p. 145.

está condenada pelas leis de mercado à falsa alternativa entre integração e contestação e, portanto, a "um resultado limpidamente falimentar".[88]

Na base da crítica, como forma de oposição a essa falência, Sanguineti coloca a dupla conceitual *ideologia-linguagem*:

> como no pasoliniano binômio *estilo* e *ideologia* (e *paixão* e *ideologia*), todo fato linguístico reproduz, para Sanguineti, uma situação sócio-ideológica. A diferença é que à dupla opositiva irracional/ história e ao plurilinguismo de Pasolini ele substitui a psicanálise, o fetichismo da mercadoria e as desarticulações linguísticas das novas vanguardas.[89]

3.2. EUFORIAS NEOVANGUARDISTAS

A nova vanguarda italiana, que se delineia a partir do final dos anos 1950, também graças à atividade crítica e filosófica de Luciano Anceschi e a seu trabalho de promotor e organizador cultural, explode como movimento no encontro de Palermo que dá vida ao *Gruppo 63*[90]. Além de Sanguineti, recordamos entre os principais expoentes do grupo Alfredo Giuliani, Nanni Balestrini, Antonio Porta, Elio Pagliarani, Alberto Arbasino, Renato Barilli.

Diante da realidade vista como problema "infinito e não exaurível", tema que Pasolini define como a adaptação "sem paz" do "'periscópio ao horizonte e não vice-versa'"[91], a neovanguarda propõe rumorosamente, como se viu acima, a contemporaneidade como museu,

---

88 Idem, p. 146.
89 Ibidem, pp. 146-47.
90 O *Gruppo 63* foi um movimento artístico-literário de neovanguarda criado em 1963, fortemente crítico em relação às experiências artísticas dos anos 1950. No campo literário tentou de forma provocatória a renovação do panorama italiano, considerado fechado e provinciano, mas não conseguiu uma ampla difusão, mantendo-se em uma dimensão elitista.
91 PASOLINI, Pier Paolo. "La libertà stilistica" [A liberdade estilística]. IN: *Scritti sulla letteratura e sull'arte*, Op. Cit., p. 1236.

um "repertório de linguagens emprestadas da concreta alienação cotidiana para usar de maneira estranha, paródica".[92] O estudo fenomenológico e de caráter autônomo nas *poéticas* levado adiante por Anceschi, conduz a crítica de vanguarda a insistir, não por acaso, no conceito de "consciência crítica".[93] A esse propósito, ver Fausto Curi em *Sulla giovane poesia* [Sobre a poesia jovem], de 1963, ensaio que se apresenta como investigação e que se concentra, programaticamente, mais nas ideias sobre a poesia do que nas operações da poesia.[94]

> Com efeito, pela própria característica do movimento, a crítica literária do Gruppo 63 não pode ser crítica textual, "leitura", mas sempre análise reconstrutiva de uma poética, de uma operação cultural, ou melhor ainda, do nível de resposta à "situação" em ato. A crítica não vem depois, mas antes da obra, ou se consubstancia com esta: descobre-se na obra a dedução da teoria, a aplicação rigorosa ou não, coerente ou não do projeto de modificação estrutural levado ao fazer tradicional, projeto que, como se viu, responde antes de tudo à "consciência" da própria estrutura e à sua ostentação paródica.[95]

Aqui também podemos ver uma distinção em relação a Pasolini: enquanto nele entregar-se à obra para exprimir algumas posições críticas revela seu "fundo emotivo-irracional", com a finalidade de "desmascará-las e propô-las como pertencentes a instâncias de retroguarda ativa, de agressiva nostalgia"; a neovanguarda realiza na obra, linguística e retoricamente, "uma exigência cultural, que deve se apoderar do instrumento literário com objetivo demonstrativo, ou *performativo*, de uma antiliteratura".[96] Como consequência, os neovanguardistas produzem pouca crítica militante em relação à quantidade

---

92 FEBBRARO, Paolo. Op. Cit., p. 35.
93 Idem.
94 Cfr. CURI, Fausto. "Sulla giovane poesia" [Sobre a poesia jovem]. IN: BALESTRINI, Nanni; GIULIANI, Alfredo. *Gruppo 63. La nuova letteratura – 34 scrittori* [Gruppo 63. A nova literatura – 34 escritores]. Milano: Feltrinelli, 1964.
95 FEBBRARO, Paolo. Op. Cit., p. 35.
96 Idem.

dos textos teóricos e criativos. Por isso, estão distantes do uso de categorias *burguesas* como *valor e êxito* da obra; e ao mesmo tempo estão distantes do discurso engajado "da capacidade de incidência sobre a realidade, senão mesmo da eficácia de 'espelhamento'".[97]

3.3. A CRÍTICA COMO CIÊNCIA: O TRIUNFO DO ESTRUTURALISMO

Assim como a crítica estilística, o estruturalismo também tem suas bases e seus principais teóricos fora do contexto italiano. Mas, neste caso, estamos claramente diante de uma diretriz teórica e metodológica capaz de empregar um grande número de áreas do conhecimento, redefinindo suas linhas teóricas, de pesquisa e limites recíprocos: filosofia, linguística, crítica literária, antropologia, psicanálise, epistemologia.

Paradoxalmente, a crítica estruturalista, uma das adversárias mais aguerridas da crítica marxista, compartilha com a segunda a análise dos limites da crítica estilística. Todavia, o marxismo italiano, por meio das intervenções de Cases e Fortini, por exemplo, tende a olhar com suspeito a postergação das "escolhas de valor", do "juízo histórico e estético" por parte de críticos como Leo Spitzer ou Erich Auerbach (que os consideram não científicos), pois na verdade eles voltam como preconceitos implícitos que os subtraem de "qualquer discussão e avaliação sustentável"[98], ou seja, o crítico estilístico apenas esconde aparentemente suas ideias e avaliações por trás de uma descrição objetiva, mas na realidade seu trabalho também é ideológico e valorativo.

O estruturalismo, ao contrário, contesta na estilística o fato de não ser suficientemente ou realmente científica. De fato, ela superestima "o significado global de alguns particulares do texto", analisando, algumas vezes, amostras escolhidas prudentemente, outras vezes, de maneira óbvia; sem poder, portanto, reconstruir "toda a estrutura [da

---

97 Ibidem, p. 36.
98 BERARDINELLI, Alfonso. "Letterati e letteratura negli anni sessanta", Op. Cit., p. 544.

obra] na rede de suas inter-relações internas".[99] Expressão da nova cultura de tipo tecnocrata, que quer levar as ciências humanas (*ciências*, exatamente) ao mesmo nível daquelas tradicionalmente consideradas como tal (física, química, biologia etc.), ou seja, capazes de usar experimentos reproduzíveis também na análise de obras literárias prescindindo da subjetividade do estudioso, o estruturalismo tende a excluir por princípio o juízo da obra, anulando a distinção entre obras primas e obras literárias de menor valor. Para alcançar este objetivo, inserir a crítica literária no "campo da Ciência",

> era necessária uma mais ampla e fundamentada Ciência das Estruturas. Uma ciência que nunca tinha sido tentada antes e que finalmente libertaria de sua herança pré-moderna as disciplinas "humanistas", as discutíveis operações impressionista-ideológicas de *todos* os críticos do passado (rejeitados em bloco por razões de "insuficiência metodológica").[100]

Na Itália, porta-bandeiras do novo caminho crítico são, entre outros, Cesare Segre, Maria Corti, d'Arco Silvio Avalle, e "Strumenti critici" [Instrumentos críticos] (fundada em 1966), a revista militante "ao redor da qual se reunia a esquadra, cada vez mais numerosa, dos 'cientistas da literatura'".[101] Os primeiros dois têm relações intelectuais com Pasolini, e em algumas ocasiões, como veremos no capítulo III, criticam seu uso desenvolto de conceitos, as forçadas interpretações dedicadas a justificar suas intuições em relação à interpretação dos fenômenos linguísticos e literários.

Cesare Segre apresenta em 1965 o catálogo da editora Il Saggiatore, no qual há uma pesquisa sobre *Strutturalismo e critica* [Estruturalismo e crítica], da qual participam muitos nomes importantes do panorama

---

99 Idem, p. 545.
100 Ibidem.
101 LEONELLI, Giuseppe. "Anni ottanta" [Anos oitenta]. IN: LA PORTA, Filippo; LEONELLI, Giuseppe. *Dizionario della critica militante. Letteratura e mondo contemporaneo* [Dicionário da crítica militante. Literatura e mundo contemporâneo]. Milano: Il Saggiatore, 2007, p. 59.

estruturalista ou *simpatizantes* desta corrente crítica, italianos e estrangeiros.[102] É interessante destacar, seguindo Berardinelli, que o título da pesquisa sugerido de início por Giacomo Debenedetti era *Strutturalismo e storicismo* [Estruturalismo e historicismo], mostrando haver uma dialética entre dois métodos críticos: o novo e o tradicional. A escolha de Segre, excluindo já no título o método tradicional, queria "talvez dizer que não havia alternativa, não havia choque: ou mesmo que o choque já havia sido vitoriosamente superado pela nova metodologia".[103]

3.4. TRADIÇÃO E INOVAÇÃO: A HERANÇA DE DEBENEDETTI

Giacomo Debenedetti está, assim, entre os *padrinhos* da nova temporada crítica italiana, mesmo sendo um expoente da *velha guarda*. Introdutor da psicanálise na pesquisa crítico-literária nos anos 1930, ele mantém viva sua curiosidade em relação às ciências matemáticas e físicas, colaborando intensamente, a partir do final dos anos 1950, com a editora Il Saggiatore de Alberto Mondadori, cujo programa editorial é iluministamente enciclopédico.

Seu gosto e intuito infalíveis de crítico nunca se baseara em uma ideia de literatura "em estado puro". Psicologia e história para Debenedetti sempre estiveram envolvidas, direta ou indiretamente, no ato crítico: sua crítica, até mesmo quando lê e indaga poetas, está em busca de personagens, enredos, destinos, histórias acabadas ou inacabadas, explicitamente narradas ou, vice-versa, ocultadas.[104]

Por essa sintética definição de seu método, nota-se que, mesmo

---

102 *Casa editrice Il Saggiatore – catalogo generale 1958-1965 preceduto da un'inchiesta su Strutturalismo e critica a cura di Cesare Segre. Scritti di Argan, Avalle, Barthes, Bortolotto, Corti, Friedrich, Hofmann, Lévi-Strauss, Levin, Paci, Roncaglia, Rosiello, Starobinski, Strada* [Editora Il Saggiatore – catálogo geral 1958-1965 precedido por uma pesquisa sobre Estruturalismo e crítica, organizada por Cesare Segre. Escritos de Argan, Avalle, Barthes, Bortolotto, Corti, Friedrich, Hofmann, Lévi-Strauss, Levin, Paci, Roncaglia, Rosiello, Starobinski, Strada]. Milano: Il Saggiatore, 1965.
103 BERARDINELLI, Alfonso. "Letterati e letteratura negli anni sessanta", Op. Cit., p. 546.
104 Idem, p. 547.

promovendo o debate sobre o estruturalismo e analisando os novos autores de vanguarda (de Joyce a Robbe-Grillet), Debenedetti não vê com otimismo e participação as novas experiências literárias, em que o "personagem-homem" cede o passo para "um personagem-partícula, um antipersonagem, cujas características antropológicas são cada vez mais indefinidas e abstratas, e mais fugaz e abstrata é também a nova narrativa, como a nova cultura literária que a acompanha e desde o nascimento".[105] Debenedetti, falecido em 1967, não terá tempo de ver o redimensionamento do método científico na literatura, que levará Cesare Segre, por exemplo, a resgatar a tensão civil e ética da atividade crítica, interpretando novamente "a literatura como revelação de uma 'verdade' que faz parte da experiência real dos indivíduos e que se contrapõe à irrealidade do Poder".[106]

E talvez para esta reviravolta do antigo adversário do *desenvolto e impreciso* Pasolini, posteriormente também prefaciador da antologia da Mondadori do poeta e crítico bolonhês, tenha contribuído um pouco o corpo a corpo com um crítico (o próprio Pasolini) que nunca pensou a literatura como "puro jogo combinatório e como citação".[107]

---

105 Ibidem, p. 548.
106 LA PORTA, Filippo. "Anni novanta" [Anos noventa]. IN: LA PORTA, Filippo; LEONELLI, Giuseppe. *Dizionario della critica militante*. Op. Cit., p. 130.
107 Idem.

CAPÍTULO II
"INTELECTUAL E PURO LITERATO":
OS ESTUDOS E AS REFLEXÕES DE PASSIONE E IDEOLOGIA

1. A POESIA DIALETAL E POPULAR COMO CONTRAPARTE DA LITERATURA ITALIANA

Quando Pasolini, no início dos anos 1950, escreve os dois ensaios sobre a poesia dialetal do século XX e a literatura popular italiana, muito ricos e articulados, seguramente os maiores produtos de suas pesquisas filologicamente mais acuradas e menos afetadas pelas pressões ligadas às urgências de um debate crítico-militante, já mostra, além de seu interesse por autores menores e pela produção dialetal, ligados aos estudos e à atividade literária e de organização cultural dos anos anteriores no Friuli, o interesse pela definição de um novo quadro geral da história da literatura italiana, a partir dos estudos de Benedetto Croce e Luigi Russo, das reflexões de Antonio Gramsci e das recentes problemáticas levantadas por Gianfranco Contini, no ensaio já citado pouco anterior à escrita pasoliniana, *Preliminari sulla lingua del Petrarca*.[108]

---

[108] De Benedetto Croce, autêntico ponto de partida crítico-teórico, fundamental para quem quer se iniciar criticamente nos estudos da literatura dialetal e popular nos anos 1950, e ainda hoje, indicamos: "La letteratura dialettale riflessa, la sua origine nel Seicento e il suo ufficio storico" [A literatura dialetal reflexa, sua origem no século XVII

Além disso, os estudos de Pasolini inserem-se em um contexto que é um verdadeiro renascer de estudos sobre a literatura, sobre cantos e fábulas, ou seja, sobre manifestações artísticas de uma cultura anteriormente marginal e desvalorizada ou reservada aos eruditos, que graças ao novo clima de pós-resistência encontram espaço e dignidade literária. É o encontro entre interesses puramente literários e pesquisas etnológicas e etnolinguísticas, finalmente libertadas dos laços nacionalistas do fascismo, que pretendera claramente enquadrar as pesquisas locais para engrandecer uma tradição italiana centralizadora, mesmo com a multiplicidade das experiências que os etnólogos estavam catalogando e estudando. O problema, com relação aos principais etnólogos italianos (por exemplo, Raffaele Pettazzoni, Paolo Toschi, Giuseppe Cocchiara e o próprio Ernesto de Martino nos anos 1930, antes de se tornar socialista e depois do pós-guerra aderir ao PCI, com o qual irá romper relações na metade da década de 1950[109]), era que tinham tido estreitas relações com o

---

e seu dever histórico]. IN: *Uomini e cose della vecchia Italia* [Homens e coisas da velha Itália]. Serie I. Bari: Laterza, 1927, pp. 225-34; "Scrittori in dialetto" (1940) [Escritores em dialeto]. IN: *Scrittori di storia letteraria e politica, VI. La letteratura della nuova Italia. Saggi critici* [Escritores de história literária e política, VI. A literatura da nova Itália. Ensaios críticos]. Bari: Laterza, 1964; *Poesia popolare e poesia d'arte. Studi sulla poesia italiana dal Tre al Cinquecento* [Poesia popular e poesia de arte. Estudos sobre a poesia italiana do século XIV ao século XVI]. Bari: Laterza, 1933. De Luigi Russo, ver o estudo juvenil sobre Salvatore Di Giacomo, do qual Pasolini tira muitas ideias para construir seu retrato do poeta napolitano e uma visão geral do fenômeno dialetal: "Salvatore Di Giacomo". IN: *Scrittori-poeti e scrittori-letterati. Salvatore Di Giacomo e Giuseppe Cesare Abba* [Escritores-poetas e escritores-literatos. Salvatore Di Giacomo e Giuseppe Cesare Abba]. Bari: Laterza, 1945, pp. 7-202. O ensaio de Gianfranco Contini saiu originalmente na revista "Paragone", em 1951, agora é possível lê-lo em *Varianti e altra linguistica. Una raccolta di saggi (1938-1968)* [Variantes e outra linguística. Uma coletânea de ensaios (1938-1968)]. Torino: Einaudi, 1979 (I. ed. 1970). Antonio Gramsci, em *Literatura e vida nacional*, oferece um quadro histórico-literário e ideias de sociologia literária que Pasolini se apropria nos anos 1950, mesmo indicando os limites de Gramsci em relação ao conhecimento da bibliografia crítica sobre literatura folclórica e popular e os diferentes interesses intelectuais e mais diretamente político-ideológicos que moviam o comunista sardo. Em GRAMSCI, Antonio. *Literatura e vida nacional*. Tradução e seleção de Carlos Nelson Coutinho. Rio de Janeiro: Civilização Brasileira, 1978, ver em particular as seções III e VI, "Literatura popular" e "Observações sobre folclore", respectivamente às pp. 103-138 e 183-190.

109 Para o desenvolvimento das relações entre De Martino e o PCI, ver a útil

fascismo (Cocchiara tinha sido um dos firmatários do *Manifesto da raça* dos cientistas racistas italianos promulgado pouco antes das leis raciais fascistas de 1938)[110], o que não os fazia sempre bem aceitos pelos partidos e pelos intelectuais socialistas e comunistas no início do pós-guerra. Sabemos que Pasolini frequentava o "Centro Etnológico Italiano", fundado em 1954, em Roma, por De Martino, Franco Cagnetta e Diego Carpitella e sabemos pelas cartas e pelas referências bibliográficas e intertextuais que conhecia e acompanhava os trabalhos de Toschi, Cocchiara e De Martino.[111] Com relação à reflexão presente nos dois ensaios panorâmicos, sobretudo no segundo, parece decisiva a contribuição de Giuseppe Cocchiara ao uso pasoliniano dos conceitos de *sobrevivência* e *renascimento* emprestados da etnologia britânica (Edward Burnett Tylor), muito mais do que de De Martino, mais radicalmente inspirado pela reflexão gramsciana sobre folclore, em particular pelo uso da relação entre hegemonia e subalternidade nos estudos sobre a Itália meridional.[112] De Martino e Cocchiara colaboram com a editora Einaudi (De Martino é responsável pela "coleção violeta" sobre estudos religiosos, etnológicos e psicológicos juntamente com Cesare Pavese; Cocchiara auxilia

---

reconstrução de AJELLO, Nello. Op. Cit., pp. 337-40.
110 Sobre as relações entre etnologia italiana e fascismo, ver CAVAZZA, Stefano. "La folkloristica italiana e il fascismo. Il Comitato Nazionale per le Arti Popolari" [O folclore italiano e il fascismo. O Comitê Nacional para Artes Populares]. IN: "La Ricerca Folklorica" [A pesquisa folclórica], n. 15, abril de 1987, pp. 109-122.
111 Cfr. SUBINI, Tomaso. *La necessità di morire. Il cinema di Pier Paolo Pasolini e il sacro* [A necessidade de morrer. O cinema de Pier Paolo Pasolini e o sagrado]. Roma: EdS, 2007, pp. 26-34.
112 Cfr. PICCONI, Gian Luca. "La 'sopravvivenza' di Pasolini: modernità delle tradizioni popolari" [A 'sobrevivência' de Pasolini: modernidade das tradições populares]. IN: EL GHAOUI, Lisa; TUMMILLO, Federica (orgs.), *Le tradizioni popolari nelle opere di Pier Paolo Pasolini e Dario Fo* [As tradições populares nas obras de Pier Paolo Pasolini e Dario Fo]. Pisa-Roma: Fabrizio Serra Editore, 2014, pp. 69-78. Ensaio que se ocupa mais especificamente da visão de história de Pasolini em relação a Nietzsche, mas traz ideias interessantes sobre os conceitos de *estratificação* e *sobravivência* em Pasolini, a partir da reflexão de Georges Didi-Huberman. Sobre o uso de Gramsci por De Martino e algumas observações sobre antropólogos italianos no pós-guerra, ver DEI, Fabio. *L'antropologia italiana e il destino della lettera D* [A antropologia italiana e o destino da letra D]. In: "L'Uomo", nn. 1-2, 2012, pp. 97-114, especialmente as pp. 104-07.

Calvino em sua coletânea *Fábulas italianas*, que sai em 1956[113]), promovendo direta e indiretamente pesquisas e publicações sobre temas de literatura e cultura popular. Em 1948, De Martino publica o seu *Il mondo magico* [O mundo mágico]; em 1949 sai, sempre pela Einaudi, a tradução de *As raízes históricas do conto maravilhoso*, de Vladimir Propp, primeira tradução do russo em língua ocidental, com prefácio de Cocchiara, que depois, em 1952, publica seu livro *Storia del folklore in Europa* [História do folclore na Europa]. Nos anos 1950 também estão ativos Vittorio Santoli e Alberto Mario Cirese, este último filho do poeta Eugenio Cirese resenhado por Pasolini, que desenvolvem um trabalho de escavação crítica na literatura popular.[114] Apesar de sumárias, essas indicações bibliográficas mostram, como dizíamos acima, o fato de Pasolini se inserir em um campo de estudos e pesquisas ativo e promissor, capaz de fundir e dialogar com perspectivas teóricas diferentes, além de politicamente importante para os partidos e movimentos de esquerda, interessados em fazer emergir e dirigir as experiências culturais populares. O elemento dirigista e a rigidez das contraposições ideológicas entre o final dos anos 1940 e o início dos anos 1950[115] entre comunistas, católicos, liberais e grupos da direita conservadora nostálgica ou não do fascismo, leva ao conflito (no final da contas compreensível), como no caso de De Martino e do próprio Pasolini[116], com aqueles intelectuais mais fortemente

---

113 Entre os escritos de Pasolini não publicados, mas reunidos em *Saggi sulla letteratura e sull'arte*, Op. Cit., há um esboço de resenha do livro de Calvino, às pp. 691-94.

114 De Cirese, além dos estudos unicamente dedicados ao molisano, contemporâneos à atividade de pesquisa de Pasolini, ver *La poesia popolare* [A poesia popular]. Palermo: Palumbo, 1958. De Santoli, ver a coletânea posterior *I canti popolari. Ricerche e questioni* [Os cantos populares. Pesquisas e questões]. Sansoni: Firenze, 1968, além da diversificada produção ensaística em revistas e livros nos anos 1940-1950.

115 É oportuno lembrar que os comunistas foram excomungados pelo papa Pio XII em 1949.

116 Sobre Pasolini, podemos citar a polêmica ligada à publicação de *Ragazzi di vita* [Meninos da vida], livro que saiu em 1955. Pasolini foi processado (e absolvido) por "obscenidade", enquanto os críticos de área comunista atacaram a atitude mórbida e narcisista do autor. Cfr. SICILIANO, Enzo. *Vita di Pasolini* [Vida de Pasolini]. Firenze: Giunti, 1995, pp. 242-254. O livro foi traduzido no Brasil: *Meninos da vida*. Trad. de Rosa Artini Petraitis e Luiz Nazário. São Paulo: Brasiliense, 1985.

ligados às estruturas de poder do PCI e à lógica da fidelidade partidária (por exemplo, com nuances diversas, Carlo Salinari, Mario Alicata, Gaetano Trombatore, Ranuccio Bianchi Bandinelli), que querem colocar em uma perspectiva marxista essas experiências, em vista de uma superação ligada à inserção das classes populares na futura sociedade socialista. Por isso, esses intelectuais de partido taxam de decadentes, obscurantistas, reacionários, aqueles escritores e intelectuais que parecem se deter nas características mágicas, irracionais, incoerentes dessas culturas, ao invés de considerá-las simplesmente atrasadas e residuais, porque, na verdade, eles acabariam auxiliando, mesmo sem querer, os fautores da reação política e cultural.

Mas agora é oportuno imergir nos dois ensaios de Pasolini, para ver como ele enfrenta uma matéria tão variada e magmática.

1.1. O PRIMEIRO PANORAMA: A POESIA DIALETAL DO SÉCULO XX

O ensaio "La poesia dialettale del Novecento" [A poesia dialetal do século XX], publicado originalmente como introdução à antologia de poetas dialetais *Poesia dialettale del Novecento* [Poesia dialetal do século XX], saída em 1952, pela editora Guanda (com a colaboração de Mario Dell'Arco, da qual Pasolini irá se lamentar em uma carta por ter feito tudo sozinho, mas ter de dividir a paternidade do livro com ele[117]), foi republicado em *Passione e ideologia* com pequenas modificações. O longo texto é dividido em capítulos que descrevem e enquadram, de sul a norte, a situação da poesia dialetal italiana entre a segunda metade do século XIX e a primeira metade do século XX, colocando-a em relação com a *moldura* literária italiana (em italiano) e com alguns aspectos sociais e políticos da Península daquelas décadas. Eugenio Montale resenhou a obra e percebeu a sutileza de Pasolini, mesmo sem considerá-lo "sempre transparente" e dotado do "gosto pela clareza", talvez por causa da juventude do crítico

---

117 Cfr. PASOLINI, Pier Paolo. *Saggi sulla letteratura e sull'arte*. Op. Cit., pp. 2921-22. Existe uma nova edição da antologia com prefácio de Giovanni Tesio, publicada pela Einaudi em 1995.

bolonhês que, por outro lado, justamente graças a ela manifesta "uma sólida persuasão de que a poesia – culta ou inculta, em língua ou em dialeto – não desapareceu do mundo".[118]

Visto a escassa familiaridade do leitor brasileiro com este texto pasoliniano, de difícil tradução e, talvez, também de difícil introdução no contexto cultural do Brasil, penso que pode ser útil resumir de maneira bastante detalhada o conteúdo do ensaio. Pasolini se move entre uma necessidade cientificamente analítica, alimentada pelas retomadas constantes dos ensaios dos principais críticos italianos sobre o tema, e um mais fluido modelo narrativo, no qual amalgamar figuras e motivos da poesia dialetal, poesia *tout court*, que sem solução de continuidade tende a se entrelaçar, tornando às vezes difícil e forçado indicar uma tendência predominante na produção poética dos muitos nomes citados nos contextos regionais e urbanos, e o nível de influência do filtro literário da tradição em italiano. Resumir esta *sinfonia* não é fácil, e o convite a lê-a diretamente é obrigatório para quem quiser entender melhor um dos conceitos chave de Pasolini: a contradição. Um poeta que se faz estudioso de poesia vive esta contradição em si constantemente: racional e irracional, clareza e ambiguidade, prosa e poesia, narrativismo e lirismo, são os possíveis pares conceituais adequados para descrever *o alfa e o ômega* das tensões que influenciam e orientam esse trabalho de escavação, de descoberta, de interpretação e de oferta ao público. Com efeito, o ensaio, privado da parte antológica da publicação original, às vezes é teórico demais e escrito para *entendedores*, e requer um confronto direto com os textos poéticos dos autores citados. Às vezes, o limitado valor poético dos dialetais citados estimula em Pasolini uma reflexão teórica sobre o que falta ou o que faltou a esses poetas para serem arrolados entre os grandes. Pelo menos nessa fase, parece clara a Pasolini a ideia de uma divisão funcional entre os dois elementos de quando em quando contraditórios. O produto concreto, o longo

---

[118] MONTALE, Eugenio. "La musa dialettale" [A musa dialetal]. IN: *Il secondo mestiere. Prose 1920-1979*. [O segundo ofício. Prosas 1920-1979] Tomo 1. Milano: Mondadori, 1996, p. 1499.

ensaio panorâmico, oscila continuamente entre dois daqueles polos citados, que, entretanto, não exaurem a gama de potenciais reflexões e sugestões que o poeta nos dá em âmbito crítico. De resto, só a decisão de chamar os dois estudos de "panorâmicos", revela uma indicação de método ao manejar uma matéria tão rica e nem sempre de fácil classificação. O panorama nos dá uma visão geral, uma concomitância e, nos melhores casos, alimenta o observador com seus detalhes, sem ter necessidade de examiná-los singularmente, redimensionando a urgência analítica e classificatória, presente tanto nas páginas iniciais como em várias partes da narração, caracterizando melhor uma área dialetal ou uma poética comum a autores contemporâneos.

1.2. REAME NAPOLITANO: CLASSICISMO ATENUADO E REALISMO POPULAR

O primeiro capítulo, "Il reame" [O reino], traz uma resenha da poesia dialetal meridional (incluindo as ilhas), a partir do contexto napolitano, seguramente o mais rico e ativo de toda a região, chegando a ser ponto de referência e de comparação para experiências posteriores em vernáculos diferentes do napolitano. Mas as primeiras páginas são significativas porque já direcionam claramente a análise e as considerações gerais de Pasolini sobre as relações entre poesia dialetal e poesia em italiano, história literária *oficial* e paralela produção dialetal. Ocupando-se do século XX, e enfatizando como uma das características próprias dos dialetais é a demora com que assumem temas e estilos da poesia culta em língua italiana, ou seja, aquela língua do centro literário, Pasolini destaca várias vezes o valor reflexo, seguindo Croce, dessa literatura municipal e pobre de estímulos poéticos autênticos. Por outro lado, também assinala como "à parte a poesia anônima, à parte as pré-histórias (...), os dialetais têm uma tradição não menos culta, antipopular daquela da língua italiana".[119] Mas, no caso dos poetas maiores, como por exemplo os poetas napolitanos ativos entre o final do século XIX e o início do

---

[119] PASOLINI, Pier Paolo. "La poesia dialettale del Novecento". IN: *Saggi sulla letteratura e sull'arte*. Op. Cit., p. 717.

século XX, não pode se eximir de seguir Luigi Russo, que insere Salvatore Di Giacomo, poeta contemporâneo de Giosuè Carducci, Giovanni Pascoli, Gabriele D'Annunzio e Giovanni Verga, na dimensão napolitana e também nacional.[120] É a grande literatura em italiano que de alguma forma deve se adaptar às exigências dessa literatura dialetal, tanto que Russo faz "sobre os quatro grandes, uma série de escolhas e de cortes", cujo "resultado era uma implícita polêmica contra todo o italiano literário, se dos quatro grandes escritores do final do século XIX se salvava, valia, exatamente a parte menos italiana (...) mais imediata, mais popular".[121] Pasolini associa Russo à recente reflexão de Gianfranco Contini:

> poetas talvez "menores", menos oficiais, mas muito mais ricos e verdadeiros, esses Carducci, D'Annunzio, Pascoli e Verga "provinciais", isolados e representados em um terreno comum, ainda criticamente experimental, de realismo. No qual (...) um cânone monolinguístico, complexo e mediado, de origem petrarquiana, que veio para compor a constante mais típica da literatura italiana – cede em parte às pressões daquele bilinguismo (...) que é por definição uma reação antiacadêmica, e compõe a constante menor, mas muito mais fértil, talvez, que tem origem na mais realista das obras poéticas italianas, a *Divina Comédia*.[122]

A associação de uma crítica deste tipo à possibilidade de ativar um processo "às sociedades italianas, à nossa história política"[123], pelo momento é apenas anunciada por Pasolini.

Depois dessas importantes premissas, Pasolini destaca dois

---

120 Russo afirma, pensando na crítica futura, que "o historiador do futuro, discorrendo sobre a literatura dialetal napolitana, é provável que não faça distinção entre a literatura escrita em italiano e a literatura escrita em dialeto: Matilde Serao será colocada ao lado de Salvatore Di Giacomo". RUSSO, Luigi. "Salvatore Di Giacomo". IN: *Scrittori-poeti e scrittori-letterati. Salvatore Di Giacomo e Giuseppe Cesare Abba Salvatore Di Giacomo*, Op. Cit., p. 197.
121 PASOLINI, Pier Paolo. *Saggi sulla letteratura e sull'arte*. Op. Cit., pp. 715-16.
122 Idem, p. 716.
123 Ibidem, pp. 716-17.

nomes que se sobressaem sobre todos os outros no final do século XIX em Nápoles, dando vida para duas tendências predominantes nas décadas posteriores: Salvatore Di Giacomo e Ferdinando Russo. Esquematicamente, podemos definir o primeiro principalmente lírico, o segundo narrativo.

Resumindo as principais características dos dois poetas, Pasolini descreve e define primeiramente Di Giacomo. É um poeta lírico, petrarquista, dotado de um "realismo inebriado de fantasia", fórmula retomada por Luigi Russo

> para explicar o que em termos estritamente psicológicos e moralistas – se Di Giacomo vivia em uma fusão um pouco sombria com a realidade, sensualmente – é um vício do poeta: ou "realismo musical" derivado de um estado de espírito típico suspenso entre "êxtase" e "melancolia"; ou ainda, e já estamos mais concretamente em um exame estilístico, "realismo de cor" explicável em um gosto pitoresco pelo trágico, em um coagular-se do drama em cores.[124]

O vício em questão é constituído pela ausência ou pela ilusão no poeta napolitano do "sentido da realidade objetiva", exemplificado pela poesia *A San Francisco* [Para São Francisco], na qual "as notas realistas são alucinantes, se dissipam, fugindo a qualquer possível intenção do autor, numa espécie de involuntário surrealismo".[125] E seus cânones poéticos remetem aos antigos poetas sicilianos, ao plebeu Ciullo d'Alcamo, ao barroco, à canção setecentista. Entre os contemporâneos, só se aproxima dele o Verga mais *provincial* (em sentido neutro), Pascoli não. E é um Verga misturado com Pietro Metastasio e os musicistas do século XVIII.

A sensualidade, tão característica no poeta napolitano, está, segundo Pasolini, que ainda segue Russo, exatamente sob "esta contradição entre um realismo que pareceria obrigatório a um dialetal

---

124 Ibidem, p. 721.
125 Ibidem.

e uma substancial inaptidão ao realismo".[126] Ela está estacionada no estágio narcisista, é uma sensualidade sem objeto, bem diferente da sensualidade externa, expansiva e extrovertida típica da napolitaneidade. Ou seja, é "ardor difuso e apaixonado, mas ainda interno, sem extravasamento".[127] O exemplo dessa ausência que Pasolini apresenta é muito claro: não há nenhuma mulher no cancioneiro de Di Giacomo, os nomes femininos são um simples eco do que realmente importa: o amor e não a amada, a atmosfera, o clima amoroso, a sua tensão.

> Sufocado, impregnado dessa sua sensualidade indefinida, clinicamente imatura, poeticamente saturada por uma fecunda tepidez, para Di Giacomo o seu dote musical também é um limite, o seu capturar musicalmente o mundo em movimento, em seu transformar-se: em seu vibrar de vozes e de cores (...), quando nele prevalece por natureza uma imobilidade (...) extática.[128]

A imagem mais pura de sua lírica é dada, portanto, pelos momentos es(x)táticos, como nota argutamente o crítico Pietro Pancrazi, que dão a ideia de um Leopardi "idealmente melódico"[129], com silêncios irreais e uma melancolia de som cósmico, que é a atmosfera da obra prima *Arillo, animaluccio cantatore* [Grilo, animalzinho cantador]. As suas canções, privadas daquela imediatez e "sinceridade" que veem por exemplo em *'O sole mio* [Ó meu sol] de Giovanni Capurro, de um "sentimentalismo intenso e plebeu"[130], apresentam "a mesma fenomenologia do Pascoli *infantil* quando enfrenta argumentos que são dele apenas por sua maturidade crítica, mas não sentimental".[131] Outros críticos são citados por Pasolini para corroborar sua leitura do lírico

---

126 Ibidem, p. 722.
127 Ibidem.
128 Ibidem.
129 Ibidem, p. 723.
130 Ibidem.
131 Ibidem, p. 724.

napolitano, e também para complicá-la. Enquanto Francesco Flora substancialmente alimenta a linha inaugurada por Russo, com um poeta que passa de uma fase definida realista a outra que transforma o realismo em "jogo e fábula"[132]; Giuseppe De Robertis é lembrado por sua interpretação "antipetrarquista"[133], em que o lirismo sufocado e melódico de Di Giacomo é redimensionado a favor de uma "intensa realidade 'napolitana'"[134], o que na verdade é uma característica de Ferdinando Russo, objeta Pasolini ao crítico de "La Voce".[135] Para ele, Di Giacomo é um classicista temperado pelo Eros que uniformiza mundo externo e interno nos trabalhos mais inspirados: "essa espécie de panteísmo, de misticismo irreligioso, essa fusão com o mundo, em especial com Nápoles, é o dado mais profundo da poesia de Di Giacomo".[136]

Nos rastros de Di Giacomo e ao redor dele outros poetas ativos em Nápoles reproduzem suas formas.

Entretanto, a autêntica escola de Di Giacomo se inicia com os mais jovens: acontecem "discriminações" e se impõem "motivos e formas"[137], mas a presença do outro grande napolitano, Ferdinando Russo, enriquece as influências desses herdeiros, tanto que Pasolini deve se deter, para oferecer um julgamento crítico mais claro, sobre os traços poéticos, segundo ele predominantes em um determinado autor, considerando toda a sua produção. Ernesto Murolo, por exemplo, estreia poeticamente *russiano*, isto é, realista, narrativo. A seguir, porém, sua poesia se dilui "naquela musicalidade de 'cançoneta' que é forma de Di Giacomo", também se vê nele "o híbrido entre a própria

---

132 Ibidem, p. 725.
133 Ibidem.
134 Ibidem, p. 724.
135 "La Voce" foi uma revista publicada em Florença entre 1908 e 1916. Foi uma das mais importantes revistas do século XX pelas batalhas culturais e as polêmicas políticas e literárias alimentadas pelos escritores e críticos que nela publicaram. Os diretores das diferentes fases da revista foram Giuseppe Prezzolini, Giovanni Papini, Giuseppe De Robertis.
136 Ibidem, p. 726.
137 Ibidem, p. 727.

inspiração em compasso de 'arieta' e o convencionalismo em prosa de um realismo a priori, não intencional".[138]

Neste ponto, antes de apresentar Ferdinando Russo, Pasolini coloca uma espécie de pausa entre ele e Di Giacomo, inserindo em seu discurso um poeta "realmente fora, em sua parte duradoura, do digiacomismo"[139]: Rocco Galdieri. Para Adriano Tilgher ele é o "poeta da sensatez".[140] É o poeta *burguês*, não aberto ao externo, que em seus versos não comunica uma "dor coletiva, fome, miséria ou paixão", mas "um sutil e cruel sofrimento seu" intimamente vivido.[141] Comportamento que rompe a ligação com a Nápoles popular ainda bourbônica culturalmente, viva nos primeiros anos depois da Unificação Nacional e também com "a eufonia de Di Giacomo".[142] Autores burgueses encontram-se no contexto setentrional, onde, em alguns casos, a poesia dialetal já nasce urbana e socialmente consciente e intimista.

Ferdinando Russo é avaliado por Pasolini, se não em chave antidigiacomista, visto que ambos são influenciados pelo *Segundo Romantismo* italiano (em que estão incluídos Aleardo Aleardi, Giovanni Prati, Alessandro Poerio, Niccolò Tommaseo)[143] e obviamente pelo contexto lírico e melódico napolitano, seguramente por seu realismo. Realismo napolitano que dá seus melhores resultados em *E scugnizze e gente 'e mala vita* [Moleques e gente de má vida]. De modo que é necessária uma leitura "não polêmica" de sua obra:

> uma leitura que principalmente não se limite a ver nela uma mania cronista, ou pior, fotográfica, se é verdade que sua maníaca capilar congestão de particulares acaba, no final das contas, por ter todas

---

138 Ibidem, p. 728.
139 Ibidem, p. 730.
140 Ibidem, p. 731
141 Ibidem.
142 Ibidem.
143 Com Segundo Romantismo se indica geralmente uma corrente literária italiana da metade do século XIX, em que os escritores e poetas tendem a excessos de sentimentalismo retórico. Prati e Aleardi são considerados os principais representantes desta corrente.

as melhores qualidades de uma verdadeira pesquisa, e leva àqueles resultados de rigorosa complexidade de estilo ao qual conduzem todas as técnicas "obsessivas": a própria gíria, largamente usada por Russo (a ponto de tornar suas coisas de dificílima interpretação, até mesmo literal), e considerada pela crítica como contingente documental – exatamente porque levada à exasperação, torna-se um modo rigorosamente funcional, com resultados de autêntica força expressiva.[144]

No retrato de Pasolini, a caracterização da poesia de Russo necessita, para ser melhor compreendida e definida, ser comparada tanto com Di Giacomo quanto com outro *realista*, Raffaele Viviani.

Desde o início Russo mostra sua "disposição para contar", enquanto Di Giacomo, nos mesmos anos, já revela "a sua sensualidade que transforma o mundo em música".[145] Mas o melhor de Russo já aparece nos primeiros anos, em que os "modos narrativos, fluentes, descontraídos e gesticulantes, sofrem sua natural transformação em modos simplesmente representativos"[146], com enquadramentos de um romance realista de massas simples, coral, mesmo se com uma técnica épico-lírica de tipo carducciano[147]. É o Russo pelo qual Pasolini arrisca o conceito de "objetivismo", dado pela "vocação documental e de cronista", contraposta à incapacidade de Di Giacomo de se distinguir do próprio objeto.[148]

Viviani, ao contrário, permite a Pasolini, confrontando-o com Russo, ilustrar a presença de dois realismos, mesmo se não substanciais, não contrapostos, mas principalmente de intensidades diferentes. Um deles, o de Russo, revela em seus sonetos "uma concentração de particulares", as figuras são determinadas por "elementos figurativos" e por uma fraseologia compartilhada pelo autor com o falante,

---

144 Ibidem, p. 736.
145 Ibidem, p. 733.
146 Ibidem.
147 Inspirado na obra do poeta Giosuè Carducci.
148 Ibidem.

mas "um pouco abstrata"[149], que cria um clima de cumplicidade e rico de subentendidos, malicioso, obsceno, próprio do linguajar dos guetos meridionais. Viviani alcança um realismo menos "engajado", mais humorístico, que emana do texto.[150] Não tem a seriedade documental que enrijece e contamina a língua de Russo, tornando-se um estilo constante. Viviani e a escola napolitana requerem *alargamento* (e *alargar*, ampliar o significado de um conceito, de uma noção, é um estratagema que Pasolini usa várias vezes em suas análises críticas) da noção de realismo, que una "todas as impurezas de uma vida popular que não conhece a poesia que tem implícita", ao "comentário", que representa a errônea (enquanto absorvida fragmentariamente pela burguesia) "consciência dos próprios atos"

> quando este povo sair por um momento da indistinção com o próprio mundo, com os próprios cânones intraduzíveis na linguagem burguesa, e entrar em relação com esta linguagem burguesa. E este comentário humorístico exercitado sobre a vida real do povo – da plebe napolitana – com termos e por ângulos visuais não mais absolutamente populares, é o híbrido de Viviani.[151]

Existem, nesse realismo *alargado*, elementos de "não-poesia"[152] dos quais Viviani escapa por "sua força de pronúncia instintiva" e, concluindo a parte dedicada a Nápoles, Pasolini une passado e presente da poesia dialetal meridional recordando como justamente Viviani, em seus textos mais felizes,

> funde definitivamente o realismo frequentemente banal e vulgar de Russo com a musicalidade, muitas vezes de cançoneta, de Di Giacomo, conectando-se, com isso, à tradição nativa meridional, diretamente ao autor de *Rosa fresca aulentissima* [Rosa fresca

---

149 Ibidem, p. 737.
150 Ibidem.
151 Ibidem, p. 738.
152 Ibidem.

perfumada], e àquele dialeto saltimbanco que tem tudo a ver com o caráter do povo, e que dá, no século XX, um realismo um tanto diverso daquele que estamos habituados a considerar típico de Verga.[153]

1.3. SICÍLIA: UM REALISMO DE SEGUNDA MÃO

No que se refere à Sicília, Pasolini registra a presença de um realismo napolitano "de segunda mão"[154], levando em conta que o próprio Verga, que domina o panorama literário da ilha, deve a Nápoles (e a Luigi Capuana, seu arauto) a expansão e o sucesso no campo do realismo italiano. Ainda Nápoles, portanto. Mas é uma Nápoles que já favorecera a difusão do Segundo Romantismo através do padre calabrês Vincenzo Padula, que se transferira para lá nos anos 1850, confirmando o fato de ser uma articulação central da poesia dialetal pós-ressurgimento exatamente pelo que Pasolini considera, em vários momentos, as duas componentes fundamentais dessa poesia no início do século XX: o realismo de Verga e o Segundo Romantismo, parte de um "romantismo menor, que entrou em uso e se tornou natureza".[155] Em poesia, o realismo não chega, em geral, a Nápoles e na Sicília, aos resultados que alcança em prosa com *Os Malavoglia*, em que o diálogo dialetal é usado com uma grande liberdade, relativamente aos esquemas dramáticos que se tornaram convencionais com Di Giacomo e Russo e depois foram retomados pelos sicilianos. Entretanto, é justamente um siciliano, estudioso de Verga, a publicar "uma das poucas pequenas obras-primas de sabor realista" da poesia dialetal italiana: *Lu fattu di Bbissana* [O acontecimento de Bissana], de 1900[156], composto por seis sonetos em dialeto agrigentino e

---

153 Ibidem, p. 739. O autor de *Rosa fresca perfumada* é Ciullo d'Alcamo, representante da escola poética siciliana do século XIII. O realismo siciliano de Giovanni Verga, conhecido como *Verismo*, tem como personagens principais camponeses e trabalhadores do interior da Sicília.
154 Ibidem.
155 Ibidem, p. 720, e cfr. p. 739.
156 Ibidem, p. 740.

ambientado no interior desta província, conhecida pelas minas de enxofre: Alessio Di Giovanni.

Di Giovanni consegue recuar ao falante em suas composições mais felizes, enquanto outro siciliano, *homem do povo* e *iletrado*, Giuseppe Scandurra, manifesta uma certa sujeição à cultura oficial que tem consequências no plano do rendimento poético. Seu estilo, não sem uma energia capaz de liberar os dados reais de sua fisicidade, como nos iletrados e nas crianças, que ainda *fundem* palavras e coisas, "poderia se dizer que está paralisado, calcificado pelo reagente literário", que Pasolini identifica nas "antiquadas métricas arcádicas" utilizadas por ele.[157] Outros poetas sicilianos ativos no início do século XX, entre gosto popular, arcádico e realista (de Verga e napolitano) são Francesco Guglielmino, professor de letras gregas e latinas, que une "léxico siciliano com sintaxe não dialetal, mas também não ingenuamente literária e italianada" sobre os quais tece seus temas "familiares, amorosos e meditativos"[158]; Vann'Antò (Giovanni Antonio Di Giacomo), mais jovem do que os anteriores, desprovido do realismo à Di Giovanni e da *virilidade de um Carducci* de Guglielmino, é útil para Pasolini para explicitar melhor as fases pré-novecentistas da poesia dialetal na Itália:

> Em 1926, ano em que sai seu livro dialetal *Voluntas tua* [A vossa vontade], acontece também a publicação no Piemonte de *Arsivòli* [Fantasia], de Pinin Pacòt, poucos anos depois sairão *'O grillo cantadö* [O grilo cantador] de Firpo, *L'è el dì di Mort, alegher!* [É o dia de finados, alegrem-se!] de Tessa, *Colori* [Cores] de Giotti etc. Vann'Antò, portanto, não mais pertence à geração de 'primeiros pascolianos' (De Titta, Lorenzoni, Costa etc.) que sucederiam, em uma ideal cronologia da literatura dialetal italiana do século XX, aos realistas napolitanos.[159]

---

157 Ibidem, p. 743.
158 Ibidem, p. 744.
159 Ibidem, p. 745.

Vann'Antò já faz parte dos *segundos pascolianos dialetais* que não rejeitam uma certa influência do simbolismo francês, que estimula uma espécie de *preciosa melancolia* que contrasta com a vivacidade dos personagens populares sicilianos. Outros são, entretanto, mais *dannunzianos* (isto é, com gosto pelo primitivo: Ignazio Buttitta e Vincenzo De Simone), mas Pasolini associa a nova leva poética siciliana àquela do Friuli, da qual talvez derive e que parece captar "todo o gosto de uma moderada 'modernidade' literária italiana".[160]

À Sicília são associadas outras duas *ilhas*: a primeira, a Sardenha, também o é geograficamente; a segunda, a Calábria, cultural e psicologicamente, já que apesar de ser uma região continental, pode ser considerada isolada. Realmente mais isoladas da Sicília, do ponto de vista literário.

As províncias dialetais isoladas merecem de Pasolini uma reflexão individual que convém reportar integralmente, pois ocupando-se delas ele pode desenvolver considerações sobre as consequências políticas (em sentido amplo) por um lado e por outro sobre as efetivas capacidades expressivas, de representação da realidade em poesia por quem vive em contextos muito fechados, onde a *História* não entra.

> Entendamos a mística da região como 'pequena pátria', incubadora secular de tradições e de folclore muito antigos, em alguns casos realmente pré-históricos (como pela Sardenha), por isso toda a produção literária é como que cercada por uma hagiografia subentendida: pelo calor de uma dedicação que é uma atitude típica dos poetas confinados em solidão provinciana a exasperar seu natural afeto pela terra que os viu nascer; daí a dilatada necessidade de se fazerem 'cantores' desta terra, nação só linguisticamente, e reduzidos, por uma história que realmente passa apenas pelo centro e exclui as áreas marginais, a se consolar com uma épica da miséria, do abandono, do trabalho. De modo que todo o sentimento de

---

160 Ibidem, p. 747.

história, nesses poetas, acaba por se aniquilar até se fazer puro, sentimental ato de amor, imóvel como sua história.

Não tem quem não perceba o caráter 'reacionário' das autonomias regionais: como resultado, por exemplo, daquele contexto romântico que gostaria que o escritor não existisse, mas fosse anônimo demiurgo de uma profunda, autóctone alma popular, em que o falante adquire uma irracional figura de perfeição não só linguística, mas também mais amplamente humana e étnica.

Esse excesso de amor, essa recuperação no sentimento de uma validade de existência que na verdade não existe, porque a realidade significa fome, injustiça, ignorância, acaba tolhendo do poeta a capacidade de ver claramente ao seu redor, de descobrir a autêntica beleza (que ele idealiza a priori) de sua região.[161]

1.4. A SARDENHA, ILHA NA ILHA. A CALÁBRIA E A APÚLIA: OCASIÕES PERDIDAS

A Sardenha apresenta uma tradição local que não pode ser facilmente inserida na cronologia da poesia dialetal, e se demonstra atrasada em relação ao produzido no século XIX. Mas um poeta sardo permite a Pasolini supor uma tipologia de poeta dialetal não culto, com características semelhantes, mesmo em ambientes regionais bastante distantes entre si. Antioco Casula, dito *Montanaru*, é com Argeo no Friuli, Scandurra na Sicília e Pane na Calábria, um poeta de "energia elementar de representação derivada de uma forte sensibilidade, quase doentia, unida a uma falta de cultura pelo menos inicial (...) que o faz viver entre 'coisas' cuja distância da palavra que as indica é muito próxima".[162] Infelizmente, nele como nos outros citados, aquela cultura adquirida de maneira autodidata obstrui o discurso poético, priva-o de frescor e imediatez, atando-o a esquemas da tradição literária.

A Calábria surpreende por não conseguir apresentar poetas dignos

---

161 Ibidem, pp. 747-48.
162 Ibidem, p. 749.

deste nome prontos a cantar a sua áspera, antiga beleza. O próprio Vincenzo Padula, já citado, padre perseguido que foge para Nápoles na metade do século XIX, mesmo vivendo o drama de seu povo, suspenso entre imobilidade secular e ação, consegue colocar em poesia apenas parte das misérias e dores dos calabreses. O calabrês se envergonha de sua condição – em formas de "comovente pudor"[163] quando é uma pessoa de extração popular –, de modo que o literato, que talvez tenha estudado fora ou emigrado definitivamente (como Michele Pane, que se mudou para os Estados Unidos), fazendo poesia foge da verdadeira Calábria através da nostalgia, cantando uma terra por "sentimentos de nobreza familiar e nativa"[164], ou pela fábula (como faz, por exemplo, Vittorio Butera). Também pesa muito, nesses resultados, a forte contaminação entre cultura humanista e burguesa e o dialeto próprio desta terra, fruto provavelmente de uma tardia italianização, que importa ao contexto regional, antigamente grego e bizantino, um italiano já culto, literário: com recaídas encontradas até nas "canções de ninar cantadas pelas mães calabresas ".[165]

A Apúlia é outra região do Sul que não consegue gerar poetas dialetais de seguro valor, e isto alimenta ainda mais a angústia de Pasolini pelas ocasiões perdidas por esses poetas pós-ressurgimentais e do início do século XX, anacronicamente debruçados sobre um empobrecido romantismo municipal. Se foi possível, no século XIX, a poesia de Porta e Belli, de Di Giacomo e de Russo "fora de qualquer polêmica, fora dos jornais"[166], porque os menores não conseguiram extrair, pelo menos dos eventos históricos, inspiração e estímulo para uma poesia dialetal digna deste nome?

> Imaginemos a qual poesia intensa, original, teria podido levar uma inspiração em que fosse consciente um elemento então potencialmente vital para a poesia de um dialeto do Sul, ou seja, uma posição

---

163 Ibidem, p. 751.
164 Ibidem, p. 753.
165 Ibidem, p. 755.
166 Ibidem, p. 756.

política antiunitária, ou filo-bourbônica exatamente. Em Nápoles há o Russo que com *'O Luciano d' 'o Rre* [O marinheiro do Rei], como vimos, faz algo semelhante, mas de modo puramente fantástico (...): uma vez que entre poeta e falante sempre fica um intervalo de ceticismo, de espirituoso que acabam por transformar a autêntica, violenta, tendenciosa (e poética) fidelidade reacionária, naquela domesticada nostalgia, que é a constante mais negativa das poesias vernaculares.[167]

Uma ocasião perdida, portanto. E quando falta a poesia, quando escasseiam um ou mais autores para explorar e validar com olhos e sensibilidade de poeta, Pasolini pode se concentrar ainda mais nessas reflexões teóricas e sugerir modos de leitura do ambiente cultural da província italiana, em suas relações com a cultura nacional e a literatura em italiano. Mesmo se os resultados poéticos são "paupérrimos", essa *arcádia* dialetal, genérica na paisagem assim como nos sentimentos expressos, é para Pasolini o indício de algo que poderia ajudar a compor "um breve capítulo da história de nosso costume e de nossa moral".[168] De fato, por causa do se afirmar de poéticas diferentes no início do século XX na literatura em italiano, de matriz decididamente antitradicional como o Futurismo e o Crepuscularismo[169], é exatamente nos dialetos que "motivos e modos cotidianos, modestos, banais" encontram espaço, enraízam e prosperam.[170] A poética romântico-popularesca, aquela realista, mais tarde o pascolianismo, o "sentimentalismo vagamente deamicisiano"[171], se afirmam nos dialetos e permanecem um aspecto menor de autores de respiro nacional como Edmondo De Amicis, Lorenzo Stecchetti, Matilde Serao:

---

167 Ibidem, pp. 756-57.
168 Ibidem, p. 759.
169 O Crepuscularismo é uma corrente literária italiana caracterizada pelo tardo romantismo de poetas que manifestam nos versos um sentimentalismo tênue, parecido com a hora do crepúsculo. Podemos considerar *crepusculares*, mesmo só para uma fase da própria produção poética, Corrado Govoni, Sergio Corazzini, Guido Gozzano, Aldo Palazzeschi.
170 Ibidem.
171 Ibidem.

o "poeta médio do século XX dialetal"[172] é, portanto, determinado, com uma metáfora *geométrica* a seguir aproveitada por Pasolini (em *Nuove questioni linguistiche* [Novas questões linguísticas]), pela *abscissa* Di Giacomo e pela *ordenada* Pascoli.

1.5. MOLISE E ABRUZZO: MITO ANTIGO E GENUÍNOS PASCOLIANOS

A longa panorâmica da poesia dialetal meridional termina com o Molise e o Abruzzo.

Na pequena terra molisana está ativo Eugenio Cirese, continuador de Di Giacomo por meio do "canto monódico, pouco diferente da música"[173], que representa a melhor tradição dialetal. Mas a tradição em que Cirese se insere pode ser na verdade muito mais antiga, e ser um produto muito mais natural de terras de antiquíssima colonização, redimensionando o filtro literário ou alterando seu significado. Aqui Pasolini, em nota, especifica como o Romantismo meridional seja "pura aplicação de fórmulas sentimentais e morais de natureza absolutamente contrária àquela nativa", porque a "cena popular ou o fato de sangue 'românticos' têm no sul o sabor da pantomima ou da tragédia grega, mesmo quando estão embaraçados no equívoco cultural"[174], pois o pietismo, o cristianismo como no norte, não existem no sul.

> Sem dúvida, nas primeiras líricas da literatura italiana pode-se encontrar não apenas os motivos, a pronúncia, dessa espécie de lírica dialetal, mas também a própria noção de poesia; uma noção 'menor', completamente pré *Dolce stilnuovo*, frequentemente superficial, vulgar e prosaica, nos piores casos, mas "grega" (em um nosso senso mítico da palavra) entre os melhores. Este salto de um povo real na vida moderna, para um povo real na vida mítica, pode ser legítimo, mesmo se fora de um realismo documental, viril – mesmo

---

172 Ibidem, p. 757.
173 Ibidem, p. 760.
174 Ibidem, pp. 760-61.

se esbarra no convencionalismo arcádico: e, de fato, o poeta dialetal analfabeto (figura quase desaparecida no norte, mas não completamente no sul) está pronto para aceitar do povo – ao qual ele pertence – esse tipo de falsificação, ou seja, sua redução à pura e simples "alegria", à poesia amorosa.[175]

Aqui Pasolini parece detectar, ainda alinhado com Contini, um desenvolvimento paralelo à tradição italiana, que aflora exatamente fora das academias, nos dialetos, mesmo se em mínima medida e com resultados muitas vezes deficientes. Mas também há um posterior *alargamento* do conceito de realismo, como já vimos em relação à poesia de Russo e Viviani em Nápoles. Só que aqui o novo alargamento é alimentado pelo mito antigo (grego, mas também, nos primórdios da literatura em italiano, anterior ao *cânone* do *Dolce stilnuovo*, que depois se tornou paradigmático na história da literatura italiana juntamente com o petrarquismo), que entrou na cultura popular e se exprimiu com os recursos que esta dispunha, frequentemente limitados, contraditórios, contaminados, inconscientes.

No Abruzzo, os *principais* poetas dialetais (Cesare De Titta, Vittorio Clemente, Alfredo Luciani) oscilam entre uma sensualidade do D'Annunzio regional e os esquemas de Pascoli das *Myricae* e dos *Poemetti*. Pasolini, retomando o discurso anterior sobre a mudança de paradigma literário do início do século XX e focalizando-o em Pascoli, destaca como o Pascoli da última década do século XIX e o início do século XX, que influencia a poesia italiana de maneira decisiva com as contínuas edições ampliadas de suas coletâneas mais importantes, perde esse papel de guia poético com a morte, em 1912. A poesia em italiano vive "paradas ou regressões", a influência de Pascoli se torna indireta e se combina com outras fontes, italianas e estrangeiras. Croce e a revista "La Ronda" bloqueiam o acesso da poética pascoliana ao gosto literário mais alto, de modo que são sobretudo os *retardatários* poetas dialetais os que se tornam,

---

[175] Ibidem, p. 761.

"subterraneamente"[176], pascolianos. No Abruzzo, são principalmente dignos de nota De Titta e Clemente, que conseguem, quase proustianamente, traçar sua "trepidante história pessoal"[177], em que vida e paisagens surgem filtrados pela memória, sem adquirir formas artificiosas, banalmente literárias. Veja-se as palavras com que Pasolini comenta esta parte do ensaio, dedicado à coletânea *Acqua de Magge* [Água de Maio], com uma espécie de declaração de poética exaltando a liberdade dialetal em relação à rigidez da poesia em italiano do século XX:

> Mas mais ainda o mundo, o mundo abruzzense, é concreto quando Clemente pinta ali (...) a própria história pessoal (...): com um abandono, uma perspicácia de meditação, uma resignada amargura, uma facilidade mágica de imagens (as cerejas entre as folhas, os céus úmidos ao redor do Morrone, as vozes das meninas tão fantasticamente acústicas) e, por fim, uma solidez gramatical e métrica, que fazem realmente pensar no dialeto como a um recurso expressivo imune às inibições da língua poética novecentista.[178]

1.6. DOIS PINÁCULOS POÉTICOS: ROMA E MILÃO

1.6.1. Roma: do milagre Giuseppe Gioacchino Belli à poesia burguesa

O segundo capítulo, *Roma e Milão*, enfrenta outras tradições dialetais *fortes*, ou seja, capazes de se irradiar, juntamente com a napolitana, par centros italianos menores, mostrando às vezes até mesmo elementos de autonomia das correntes literárias em italiano. É a confirmação de que os *pináculos* da poesia dialetal se constituem e

---

176 Ibidem, p. 764. "La Ronda" foi uma revista literária publicada em Roma entre 1919 e 1923. Teve como redatores críticos e escritores como Vincenzo Cardarelli, Emilio Cecchi, Bruno Barilli. Sob a direção de Cardarelli a revista se caracterizou como anti--experimental e anti-vanguardista.
177 Ibidem, p. 765.
178 Ibidem, pp. 768-69.

alimentam nos contextos urbanos mais importantes e avançados da Itália.

Na base da tradição romana e milanesa estão obviamente Giuseppe Gioacchino Belli e Carlo Porta.

Pasolini não se demora muito sobre Belli na introdução, *amalgamando-o* no discurso geral sobre a poesia do centro-Norte. Em princípio, sua grandeza emerge em relação aos limites e às diferenças de seu primeiro, reconhecido, continuador, Cesare Pascarella, ativo entre os séculos XIX e XX em uma Roma já muito diferente da de Belli, que se tornara capital do novo Reino da Itália em 1870. A *plebe* romana, por séculos deixada fora da história está, na Roma papalina em que trabalha Belli, "ainda fora de qualquer consciência social, fora do espírito do Ressurgimento".[179]

> Esta plebe (...) apresentava-se a Belli com as características plenas de uma experiência histórica *in natura*, na mais poética inconsciência: um misto de ceticismo e de violência ao se colocar em relação com a vida de seu tempo, da mais cotidiana à mais solene. Desta passionalidade – sensual e apregoada, quase napolitana – submetida ao cinismo que é um produto dos compromissos seculares com um catolicismo seiscentista, de casa, nasce o soneto de Belli: no qual se resume, de viés, em sua duração dramática, uma Roma *real* justamente porque, desenvolvendo-se a real existência de Roma, como em qualquer outra cidade italiana, dentro do *rione*[180], é no *rione* que Belli regressa ao seu falante preguiçoso e colérico, exibicionista e filósofo.[181]

No final do século XIX, a realidade mudou, e Pascarella o demonstra em sua poesia. Se na primeira opera em sonetos, *Er morto de campagna* [O morto do campo], de 1881, ainda há uma poética de um

---

179 Ibidem, p. 772.
180 Antiga divisão administrativa tradicional da cidade de Roma. Corresponde hoje aos bairros centrais da cidade.
181 Ibidem.

Belli menor, na qual o homem do povo é representado entre paixão e ceticismo, já em *La scoperta dell'America* [A descoberta da América], de 1894, vê-se um trabalho mais pessoal, mas

> o homem do povo em que se reinventa, um homem do povo da nova Itália unificada e parlamentar, alçado a um nível de vida mais digno, menos envergonhado pelo analfabetismo e pela miséria, é um tanto violentado pelos interesses com que Pascarella o circunstância (...).[182]

De fato, também na obra seguinte, *Storia nostra* [História nossa], "o falante é sempre aquele homem do povo *governativo*, absurdamente liberal e também nacionalista".[183] Pascarella entende que é "anti-histórico" permanecer belliano, já que o povo mudou, mas não percebe quanto "os dados lógicos dessa mudança no povo só podiam ser, naquele momento, ilógicos": somente a nova classe dirigente burguesa podia ter consciência da "nova noção de Itália".[184] Neste ponto, Pasolini nos dá uma daquelas reflexões que entrelaçam literatura, língua e política tão típicas de sua produção ensaística e crítica até os anos 1960, e o faz ligando a crítica das escolhas estilísticas e temáticas de Pascarella aos resultados poéticos, que constituem uma autêntica falsificação do modo de ser do povo, traindo também o espírito da poesia de Belli. Com efeito, enquanto Pascarella, pelo "uso de anacronismos, de desfigurações"[185] busca dar autenticidade a um povo no qual injeta ideais que são, na verdade, de sua classe social

> bem diferente daquela nacionalista, era a consciência que naqueles anos tomavam as classes populares [protossocialista ou já socialista], também em Roma, apesar do estado de servilismo a que aquelas classes populares (vemos isso ainda hoje) estão destinadas

---

182 Ibidem, p. 774.
183 Ibidem.
184 Ibidem.
185 Ibidem, p. 775.

pelos privilégios da capital. Mas Pascarella não teve a mínima suspeita: transferiu para o homem do povo o seu patriotismo burguês, o seu anticlericalismo, as suas nostalgias ressurgimentais, e é justamente quando os fatos podem licitamente se carregar desses sentimentos que *La Storia nostra* possui algum calor de poesia (...).

Em outras palavras, Pascarella transferiu o seu italiano para o dialeto: que por isso resulta frequentemente híbrido, lexical e poeticamente, como o é social e humanamente o homem do povo que o fala.

O distanciamento do povo "belliano" avança pari passo com o distanciamento da língua de Belli; terminam progressivamente uma razão poética e uma razão social que haviam se fundido para dar aquele milagre único na literatura italiana que é a poesia de Belli (...). Um romantismo com origem ideal em Vico, como havíamos citado, carregado de forças ressurgimentais nem sempre claras (e por isso tanto mais potentemente poéticas), justamente em um que se formara no coração do reacionarismo católico, abre para Belli as perspectivas para uma grandiosa construção linguística que, ao mesmo tempo, é um testemunho político. A burguesia liberal vivia na consciência a revolução contra os institutos estatais, o povo a vivia na inconsciência: e é esta vida popular inquieta e carrancuda em sua impotente violência, que Belli retrata com absoluta fidelidade à língua.[186]

A primeira parte da análise aqui reportada por extenso, mostra uma espécie de aplicação da crítica da ideologia que Gramsci usa com os assim chamados "netos do padre Bresciani"[187], ou seja, aqueles escritores de modestíssimo valor, conservadores ou reacionários, que não são capazes de *sentir* em harmonia com o povo que

---

186 Ibidem, pp. 775-76.
187 A seção IV de *Literatura e vida nacional* é dedicada a *Os netos do Padre Bresciani* (pp. 139-165). Antonio Bresciani (1798-1862) foi um sacerdote jesuíta autor de romances ideologicamente antiunitários e expressão de um forte reacionarismo católico. Em Gramsci, ele se torna o símbolo de uma literatura retórica e clara ou dissimuladamente reacionária, graças também à crítica arrasadora de sua obra por Francesco De Sanctis.

representam, dando uma versão caricata, lacrimejante, falsamente popular, própria de quem não se sente parte do povo-nação que quer descrever literariamente em suas obras. Há também *in nuce* a avaliação negativa, que Pasolini apresentará várias vezes nos ensaios de *Empirismo Eretico* em formas de total repulsa, do escritor burguês que transfere suas ideias ao povo, pensando que todo mundo viva e pense como ele.

Terminada esta fase histórica, os dialetais da nova Itália, expressão da burguesia triunfante, demonstram-se surdos "diante da verdadeira existência dos que usam o dialeto", dos que já se tornaram conscientemente "as classes proletárias"[188], graças à difusão da cultura e da ideologia socialistas. À parte o caso de Luigi Zanazzo que, mesmo distante das capacidades de Belli, trabalha realmente "uma adaptação do falante de Belli aos novos tempos: ao otimismo do final do século XIX"[189], outros poetas burgueses, mais honestamente, decidem usar o romanesco (dialeto da região de Roma) da própria classe social: a pequena burguesia, a burocracia.

Trilussa (Carlo Alberto Salustri) retrata a burguesia de Giovanni Giolitti (início do século XX), criando um pequeno burguês "descomprometido, cético, festivo" e conformista, através de uma poesia em que a versificação é o que conta, mais do que os conteúdos, e cuja constante moral "é uma desolada incredulidade nas coisas do mundo".[190] Trilussa é lido como "a única tentativa da pequena burguesia italiana de se exprimir em um plano intelectual não antiburguês".[191] Trilussa nunca escreve a partir do povo ou para o povo, tanto que seu dialeto é "uma pátina sobre a língua", que combina um desejo de fuga da sociedade italiana e a disposição para permanecer ali "segundo um ideal técnico em moral política, horaciano em literatura".[192]

Como em Trilussa, também em Salvatore Jandolo e em Mario

---

188 PASOLINI, Pier Paolo. *Saggi sulla letteratura e sull'arte*. Op. Cit., p. 776.
189 Idem, p. 779.
190 Ibidem, p. 777.
191 Ibidem, p. 779.
192 Ibidem

Dell'Arco o falante não é um homem do povo proletário. O primeiro é um *crepuscular otimista*, ou seja, é um poeta sem a melancolia "rasa, esquálida" de Corazzini e Gozzano, mas mais afável e cantável, de uma comoção contida ou puramente verbal[193]; o segundo, contemporâneo e organizador com Pasolini da antologia aberta por este ensaio, surge como o verdadeiro "inovador" da literatura dialetal em romanesco.[194] Dell'Arco é importante por caracterizar o ponto de chegada da experiência histórica dialetal em Roma. Com ele tem-se a passagem definitiva do romanesco popular usado por Belli ao romanesco pequeno burguês. No entanto, esta não é a linguagem da pequena burguesia de Trilussa, "mediocremente culta e presa pelas técnicas da burocracia a exercitar sobre a existência um moderado ceticismo" irreligioso e portanto trágico; já é "uma burguesia mais recente, culta, (...) e sobre a qual influiu, em geral, todo o gosto literário dos últimos vinte anos".[195] Entre os dois dialetos, o do povo e o das elites, Dell'Arco escolhe o segundo. Sua nova poética dialetal, para Pasolini, não pode ser remetida, pela importância, apenas ao contexto romanesco, nutre-se de uma "fineza 'de ceramista'", de uma "narrativa 'pura'", com "o refinamento das pátinas arcaicas", a "discrição com que cantou o filhinho morto" em essenciais e *deliciosas quadrinhas*.[196] O dialeto, fora da linha romântico-realista ou simplesmente pascoliana, "faz-se nada menos do que um meio de expressão em certo modo mais refinado da língua [italiana] (...), pelo qual exprimir conteúdos puramente líricos".[197]

A questão da produção da Itália Central, na Toscana, Úmbria, Marcas, Emília-Romanha (mas aqui já estamos na fronteira com o Norte, destaca Pasolini), parece pouco bem resolvida, fora de lugar neste ensaio. De fato, há o problema da relação entre vernáculo e língua, justamente naquelas terras em que o italiano literário nasceu e

---

193 Ibidem, p. 781.
194 Ibidem, p. 782.
195 Ibidem, p. 784.
196 Ibidem, p. 786.
197 Ibidem.

foi codificado, e onde se afirma um dualismo linguístico-literário ou a contaminação. No que é apenas uma menção de reflexão, Pasolini é socorrido novamente por Contini, que identifica em Antonio Zanolini, patriota e escritor de Bolonha, o primeiro exemplo (estamos na metade do século XIX) de contaminação entre purismo e regionalismo, com o *Diavolo del Sant'Ufficio* [Diabo do Santo Ofício], mas que é um romance.

1.6.2. Milão

Milão é outro centro de atração identificado por Pasolini nesse capítulo, em que a tradição dialetal recorre a Carlo Porta, que viveu entre os séculos XVIII e XIX. Também neste caso, o célebre arquétipo é descrito por meio dos elementos que o ligam ou não à poesia dos poetas mais recentes, ativos na região de Milão. Delio Tessa, de quem Pasolini é um dos primeiros apreciadores e divulgadores, é colocado como figura central da poesia dialetal de Milão no século XX, entre continuidade e inovação. A *linha lombarda*[198], percorrida e antologizada[199] por Luciano Anceschi no início dos anos 1950, que indica um clima local genérico, acima dos diversos movimentos artísticos ativos entre os séculos XIX e XX, é descrita por Pasolini como "coletiva sabedoria urbana", em que o "fantasma linguístico" expresso pelo poeta é "*a* região de Milão" e não "*uma* região de Milão".[200] Pasolini antecipa e amplia esta linha (que Anceschi remete a Alessandro Manzoni, 1785-1873) para Carlo Porta (1775-1821), destacando também a diferença com Belli e com a maior parte dos dialetais do século XX:

---

198 A *linha lombarda* é uma corrente literária ativa na região de Milão (na *Lombardia*) entre o final do século XIX e o século XX, caracterizada pela comum visão do mundo própria da região, mais que pela unidade estilística.
199 Pasolini resenha e republica em *Passione e ideologia* (*Saggi sulla letteratura e sull'arte*. Op. Cit., pp. 1170-78) a coletânea de seis poetas organizada por Anceschi, *Linea lombarda. Sei poeti. Sereni-Rebora-Orelli-Risi-Modesti-Erba* [Linha lombarda. Seis poetas. Sereni-Rebora-Orelli-Risi-Modesti-Erba]. Varese: Ed. Magenta, 1952.
200 PASOLINI, Pier Paolo. *Saggi sulla letteratura e sull'arte*. Op. Cit., p. 789.

Porta não criou (...) um falante próprio: ao qual retornar, e do qual ascender ao nível de uma consciência literária para exprimi-lo com toda a sua experiência popular, primitiva.

O falante era ele mesmo, Porta. Bastava que ele se dirigisse aos seus conterrâneos na *langue* deles: a corrente de simpatia nascia imediatamente; e é por isso que Porta tem um método narrativo descontraído, enriquecido por um comentário cujo humorismo já é culto, burguês, e assim chega à poesia por meio dos modos mais desprezíveis da prosa.[201]

Tessa pressupõe este tipo *milanês*, mas nele a parte inovadora está ligada à técnica, ao estilo narrativo, contando "por olhares, por alusões, sem justapor o comentário, mas fundindo-o".[202] O leitor já conhece os fatos, compreende suas "razões e bastidores", mesmo quando dispostos, poeticamente, em desordem.[203] O repertório de imagens, a parte *visual* da poesia de Tessa, também pode ser definida pelo que separa Porta e Belli. E aqui Pasolini explora sua competência nas artes figurativas, distinguindo um Porta *neoclássico*, dotado de "uma força sempre contida, desencadeada comedimente em modos meditativos e humorísticos"; e um Belli (e depois Tessa) desprovido de humorismo por ser "desesperado demais, violento demais", pode ser conectado ao "grande barroco romano", ao "caravaggismo".[204] Tessa também se aproxima ao expressionismo alemão, a Oskar Kokoschka, a Max Beckmann, mostrando uma realidade "continuamente violentada, dilatada, dramatizada".[205] Mas, por estar no contexto italiano, permanece nele, por causa do natural *atraso* do dialetal, a herança do "riquíssimo século XX italiano", aquele dos anos da Primeira Guerra Mundial, com a polêmica antiburguesa de "La Voce", a "violência expressiva de um Camillo Sbarbaro, de um Dino Campana, de um

---

201 Idem.
202 Ibidem, p. 790.
203 Ibidem.
204 Ibidem, p. 791.
205 Ibidem.

Piero Jahier", a "coralidade de um Clemente Rebora".[206] E também há algo de "moderníssimo" em Tessa, que lembra Joyce, se pensarmos "naquelas bruscas passagens analógicas, naquele ilógico e descontrolado alçar da fantasia pelas veias verbais comunicantes".[207]

Continuador de Tessa, em Milão, é Emilio Guicciardi, autor psicologicamente menos frágil do que o predecessor, cujo trabalho principal é "a limpeza que ele faz na língua de Tessa: justamente nas engrenagens internas da sintaxe e da métrica, no caos da Milão tessiana", retornando de alguma forma ao conformismo da tradição local, com uma "regurgitação do provincialismo dos seguidores de Porta no entusiasmo da inovação em sentido moderno e novecentista".[208] De modo que o seu desespero também não chega aos níveis *cósmicos* alcançados por Tessa, mas está circunscrita, nos temas e motivos sentimentais, ao segundo pós-guerra, mostrando uma "insipidez que a sombra de Porta torna ainda mais maciça".[209]

Estes dois autores são usados por Pasolini como estímulo para a discussão mais geral sobre duas correntes principais da poesia lombarda, que ele resume na poesia de Giuseppe Parini e na poesia da *Scapigliatura*.[210] Os dois polos oscilam entre o achatamento expressivo e o bom senso de um lado, e a loucura e a violência expressiva do outro. Obviamente a separação tem valor analítico, porque nos melhores poetas estes polos oscilam até se tocar. Os novos poetas milaneses, exceto os dois que citamos, movem-se sem muita "coragem" sobre os estratagemas da linha Parini-Porta, "sobre o tom da sabedoria, um tanto prosaica, se não completamente banal".[211]

A província lombarda, para Pasolini, se ressente de um clima em

---

206 Ibidem, p. 792.
207 Ibidem, p. 793.
208 Ibidem, p. 794.
209 Ibidem, p. 795.
210 A *Scapigliatura* foi um movimento artístico e literário da segunda metade do século XIX, conhecido também como *terceiro Romantismo*, contraposto ao tênue e melancólico *segundo Romantismo*. Os *scapigliati* conduziam uma vida boêmia, e introduziram no ambiente cultural italiano a figura do "poeta maldito" e a reflexão sobre o conflito entre artista e sociedade moderna.
211 Ibidem, pp. 796-97.

que as famílias "vivam no bem-estar, e portanto no bem-pensar", tanto que os poetas desta terra "colhem de seu mundo somente a parte imediata, comum, sem a sombra de uma reevocação fantástica, sem o distanciamento que dá à crônica a luz da realidade".[212] As exceções são poucas e limitadas a poesias ou versos mirrados.

1.7. AS REGIÕES DO NORTE

Pinin Pacòt (Giuseppe Pacotto) é provavelmente o maior expoente do Piemonte dialetal, realidade em que a maior parte dos poetas estão imersos em uma espécie de *arcádia regional*, que oscila entre uma poesia popular de tipo pascoliano e uma poesia "palidamente refinada".[213] O refinamento é um fio condutor da poesia piemontense, que se apresenta como requintada, antipopular: e Pacòt o teoriza, faz dele uma poética. Escolhe "motivos intimistas, em paisagens que se diluem em alegorias um pouco estilo *liberty*, em angelismos de ar pré-rafaelita", dando vida a um decadentismo "um tanto provincial".[214] Pasolini destaca como a colocação geográfica do Piemonte enriquece esta veia requintada, em relação às tradições de outras *regiões poéticas*:

> diferentemente de uma cidadezinha do Friuli ou do Abruzzo, em Turim vive uma cultura universitária, europeia, e por outro lado não há ali a força de uma tradição autônoma que isole essa cultura como em Roma e Milão, de modo que uma fusão era previsível. E além disso, desta vez talvez por razões meramente veleitárias, por influências provocadas, juntavam-se a Verlaine e a Heredia (a seus textos lidos pouco criticamente) os limítrofes provençais: do retórico Mistral a toda sua escola.[215]

---

212 Ibidem, p. 799.
213 Idem, p. 807.
214 Ibidem, p. 805.
215 Ibidem.

Além da fuga do romantismo popular, em Pacòt há uma *fuga do italiano* que o leva a influências francesas, parnasianas, com "sentimentos polidos em uma língua em que a figura que prevalece é aquela refinadamente francesa da litote".[216] Eugenia Martinet, de Vale de Aosta (mas aqui estamos em uma realidade alpina, mais intimista), se contrapõe com seu romantismo feito de coisas materiais a esta poesia de coisas vagas, "imersas em seu sereno halo".[217]

Pasolini, deslocando-se para a Ligúria, associa Pacòt a Edoardo Firpo, ele também criador de uma poética própria. Ambos escrevem em um clima de *segundos pascolianos*, que se afirma nos dialetos por volta dos anos 1930. Na Ligúria também não há uma forte tradição local, sendo os predecessores *populares* pascolianos ou naturalistas, sem resultados poéticos de destaque. Os dois estão associados, em suas primeiras obras, pelo "senso de liberdade, a alegre surpresa sempre presente de usar o dialeto com uma dignidade igual à do italiano literário" que se afirmou depois de Pascoli, os crepusculares e "La Voce".[218] As "penumbras românticas"[219] são menos refinadas, menos simbolistas, em Firpo, que para Pasolini parece dotado de maior força poética porque é mais ingênuo. Entretanto, é inevitável o confronto com a grande poesia em italiano que a Riviera Lígure deu à Itália, por evidenciar melhor os limites, os atrasos, as peculiaridades de Firpo. Com Mario Novaro

> Ele irá compartilhar aquela estrutura necessária que é a paisagem e a aspereza da palavra. Falta-lhe de Sbarbaro a vastidão do desespero que como uma caixa sonora desdobra os sons da Gênova noturna, os refrata em um cosmo inimigo, e, de Montale, lhe falta a capacidade daquela "fulguração cognitiva" (de que fala Contini) que vaticinando o passado faz dos momentos e das coisas "lígures" fantasmas consolatórios, fenômenos carregados de significado

---

216 Ibidem, p. 806.
217 Ibidem.
218 Ibidem, pp. 808-09.
219 Ibidem, p. 809.

absoluto: absolutez que não se vê em Firpo, no qual os fenômenos são apenas fenômenos.[220]

Mas o dialeto, segundo Pasolini, é o que socorre Firpo, dando força "instintiva", "absolutez" à sua poesia, porque restitui "dados descritivos deixados totalmente em seu estado natural".[221] A evolução poética de Firpo é dada pelo abandono do comentário, que não mais *polui* de prosa os seus versos. Uma espécie de *crítica das variantes* de Contini é usada por Pasolini como instrumento de análise para provar esse dado evolutivo, podendo se constatar como, em duas versões publicadas em coletâneas diferentes, o poeta abandona os elementos explicativos, para deixar em suspenso, mais ambígua, a poesia.

1.8. POESIA, PAIXÃO POLÍTICA, ROMANTISMO DIALETAL: A EMÍLIA-ROMANHA DE ANTONIO GUERRA E O VÊNETO DE GIACOMO NOVENTA

Outro poeta lígure, jovem e ainda desprovido de uma significativa produção dialetal, é usado por Pasolini para introduzir a poesia da Emília-Romanha. Cesare Vivaldi é associado aos mais modernos poetas dialetais, ou seja, a Mario Dell'Arco, aos friulanos, a Antonio Guerra (hoje conhecido como *Tonino* e principalmente por seu trabalho de roteirista), que compartilham com ele uma ligação com a crônica contemporânea e o empenho social. Começam aqui páginas muito densas de reflexões que envolvem a poética dialetal local em relação a outras tradições, as relações com a produção em italiano, questões de história de costume, também dependentes do fato que Pasolini conhece bem a região da Emília-Romanha.

Em primeiro lugar, Pasolini descreve como é central aqui, em relação a Turim e Milão, o "interesse pelo costume e a política".[222] De fato, na Emília "a paixão política é vivida mais do que com o calor natural

---
220 Ibidem, p. 810.
221 Ibidem.
222 Ibidem, p. 812.

com o calor de quem se sente imediatamente envolvido".[223] Nesta região, o que sintetiza bem a poética da produção dialetal é o trabalho de Alfredo Testoni, o qual, como outros poetas do Norte, tipo Berto Barbarani em Verona ou Angelo Canossi em Brescia, enxerta a tradição milanesa e romana no próprio ambiente urbano, mostrando a capacidade da tradição de Porta e de Belli de sair dos limites regionais de origem e se tornar fonte de inspiração temática e formal para outras produções em dialeto. Em particular, a métrica é a do soneto de Belli, e é com ela que os poetas não romanos dão "uma demão de cor característica a seu centro, à sua cidade".[224]

> A *Sgnera Cattareina* [Senhora Caterina] de Alfredo Testoni é uma das tantas encarnações do falante do Trastevere de Belli um tanto desgastado por Cesare Pascarella; (...) E não se pode dizer que não tenha êxito, e que Bolonha não lhe deva seu poema herói-cômico: no qual os bolonheses, os civilizadíssimos bolonheses, encontrem, como numa espécie de saboroso manual, os tiques linguísticos e psicológicos de sua cotidiana pré-história popular. Dentro dos esquemas, obtidos com um processo literário que não existe fora do dialeto, de outra épica dialetal, a Sgnera Cattareina se move muito à vontade: e se ainda não é um personagem poético, também não é pura e banalmente declamativo (...)[225]

Podemos deduzir que, para Pasolini, o dialeto também tem seu *classicismo*, que corresponde à imitação de modelos de grande valor poético e cultural como Belli e Porta. Pasolini parece identificar uma força épica nestes continuadores, que vai além da simples imitação (nos melhores casos), constituindo, talvez em forma menor, uma nova epopeia popular do cotidiano.

Entre os poetas da Emília, Pasolini dá especial destaque a Renzo Pezzani, de Parma, seguramente congenial ao Pasolini descobridor

---

223 Ibidem.
224 Ibidem, p. 813.
225 Ibidem.

das periferias romanas, por suas escolhas temáticas e formais. Ele o define por meio de um movimento que do centro literário chega à *periferia* do dialeto: suas fontes ideais vão de "um De Amicis arquetípico a um Pascoli mais reconhecível, do crepuscularismo de um Guido Gozzano potencialmente brincalhão (...) e um humorismo de fundo regional" à Alfredo Panzini.[226] E a Parma que ele descreve em suas poesias também parece periférica, "escura, descascada, plebeia".[227] O senso do grotesco e do macabro em sua poesia dos anos 1920-1930, sobretudo na representação da velhice, Pezzani compartilha com outros poetas contemporâneos: Delio Tessa, Arturo Rossato, Ferdinando Palmieri e Virgilio Giotti.

Pezzani, portanto, pertence à modernidade dialetal, com aquele senso de morte "que patina a sua cidade rachada, as fachadas cinzentas, os interiores secos e escuros: a menos que uma onda de patético (o patético de Verdi?) não a pinte de repentinas, aflitas doçuras".[228]

Mas em que reside esta modernidade de Pezzani? Qual é a modernidade dialetal? Assim explica Pasolini:

> Pezzani pertence plenamente à fase "moderna" das literaturas dialetais, se não àquela moderníssima, nele, o uso do dialeto não é mais uma ficção popularesca (o regresso para o espírito de um homem do povo), mas uma ficção, como vimos, pequeno-burguesas: o retorno a um mundo dialetal mais à margem da língua do que no coração do povo.[229]

O século XX dialetal se apresenta, portanto, como operação mais refinada, intelectual, ligada a uma reflexão sobre a língua e com referências sociológicas e psicológicas mais burguesas do que populares.

Na Romanha, Pasolini recorda Aldo Spallicci, mais *rude* do que Pezzani, pascolianamente descritivo e um dos maiores continuadores

---

226 Ibidem, p. 816.
227 Ibidem, p. 817.
228 Ibidem, p. 819.
229 Ibidem.

de Pascoli (com o já citado De Titta e Biagio Marin) no plano do idílio da campanha romanhola. Não há do que se espantar, visto que esta é a pátria de Giovanni Pascoli, mas a maior parte dos continuadores resgatam do *poeta menino* "o anacrônico e frequentemente absurdo e inoportuno senso de espanto diante das coisas": representações de bondade a que também se acrescenta "o outro lado da moeda, ou seja, uma sanguínea saúde, uma capacidade imediata de ódio e de amor".[230]

Para Pasolini, Antonio Guerra merece mais atenção porque é um poeta que potencialmente apresenta uma poesia consciente politicamente e permite redefinir o conceito de realismo, estimulando reflexões posteriores sobre o uso do dialeto em relação ao italiano e a seus efeitos sobre a poesia na metade do século XX. É um poeta que começa a escrever na prisão na Alemanha durante a guerra mundial, e traz em si a psicologia do veterano de guerra, que contribui para manter aqueles elementos estéticos que caem no *gosto burguês*, que transfere para a poesia as inquietudes individuais, a angústia de viver, transformando o mundo em um sanatório, e a própria Romagna torna-se um lugar anônimo e "sem gente".[231] O estilo realista de Guerra é de tipo montaliano, porque mantém, como Montale, "o típico antipetrarquismo pascoliano: linguagem intensamente substantivada, obscura por intensidade e não por evasão" e o "gosto do documento"[232] é apenas vagamente verguiano e russiano, de novo em moda por causa do neorrealismo entre os anos 1940 e 1950, mas mais na narrativa e no cinema do que na poesia. Mas no que reside a novidade do realismo expresso por Guerra?

> A diferença entre aquele velho realismo e este recentíssimo (...) talvez seja para ser buscada sob uma etiqueta diferente de "literatura". O neorrealismo de Guerra, como qualquer outra forma afim, é confiável, autenticado por uma bem definida "consciência política"

---

230 Ibidem, p. 822.
231 Ibidem, p. 825.
232 Ibidem, p. 823.

e estava para dizer "classista": bem diferente daquele "populismo" de origem romântica de que [Carlo] Muscetta fala a propósito de [Vincenzo] Padula e da qual ainda se pode falar a propósito de Russo e de sua ideal escola espalhada até a Alta Itália.[233]

A linha divisória entre velho e novo realismo é, portanto, a consciência de classe, que Pasolini, mesmo que timidamente, vê se afirmar na poesia de Guerra, fruto das mudanças sociais acontecidas na Itália na primeira metade do século XX. Todavia, além das incertezas devidas à tensão entre consciência política adquirida e resíduos estéticos burgueses, Pasolini destaca mais uma vez o problema da língua com a qual exprimir poeticamente esta passagem de época e as hesitações do poeta entre lirismo (o dado da angústia individualmente vivida) e realismo (o elemento da consciência de uma dor coletiva). O "híbrido entre desesperado lirismo e desesperado realismo", que são duas escolhas estéticas que poderiam não conviver na poesia, é para Pasolini devido à "muito maior dificuldade teórica do dialeto" naquele momento, porque o italiano está se tornando uma língua falada, não mais apenas literária e institucional, e tende a invadir as "relações mais humildes"[234] da família e da infância, espaços antes privilegiados para o dialeto. O retorno ao dialeto é hoje uma escolha intelectual mais engajada, mais meditada, como Pasolini já observou anteriormente. Mas aqui especifica: o dialeto já é uma segunda língua falada e é aquela de outra classe social. Por isso é necessário hoje, se queremos voltar ao dialeto, ou um muito "maior refinamento" ou uma maior "inclinação para a massa".[235] E, na verdade, uma escolha não exclui a outra. Dois elementos (o estilístico e o social) que, juntos, nos parecem legitimar uma visão da literatura dialetal como anti-história literária ou, pelo menos, como história literária paralela, tanto que Pasolini conclui o parágrafo (sem desejar dar importância a uma consideração na verdade muito importante, como de resto faz

---

233 Ibidem, pp. 823-24.
234 Ibidem, pp. 825-26.
235 Ibidem, p. 826.

em outros pontos do ensaio, tanto no corpo do texto como em nota) afirmando que "a mais profunda análise do fenômeno dialetal revela seus elementos refinados, ou pelo menos um refinamento polêmico contra a língua, seja inconsciente mas imanente, a ser sincronizada em uma fictícia cronologia com o realismo trecentista, com o barroco" e assim por diante.[236]

Mas porque este potencial político, além de estético e cultural, dado pelo uso do dialeto em literatura não consegue abrir espaço durante os vinte anos de fascismo, para fornecer elementos significativos de resistência ao monolitismo imposto pouco a pouco pelo regime que ganhava força e consciência de seus objetivos totalitários?

Para Pasolini, esta foi realmente, mais uma vez, uma "ocasião perdida" pela poesia dialetal, que acabou sendo partícipe daquele clima de isolamento literário vivido pelos escritores em italiano e que, como muitos deles, somente depois do fascismo e da guerra, "apenas nesses anos mais recentes recomeçou a extrair uma poética própria da vida social".[237] Entretanto, havia elementos de resistência, e estavam justamente naquelas zonas limítrofes entre língua e dialeto percorridas pelos escritores antifascistas:

> devemos lembrar que o antifascismo literário teve força poética quase constantemente nos textos escritos nas circunvizinhanças do italiano, pungentemente bilíngues, macarrônicos ou de qualquer forma compostos, não sem resplandecentes colorações regionais. Pensemos em antifascistas como [Piero] Jahier, [Ignazio] Silone, ou [Carlo Emilio] Gadda, [Vitaliano] Brancati, [Elio] Vittorini, [Carlo] Bernari: a polêmica contra a centralização do Estado fascista coincide com a polêmica contra o centralismo linguístico, a unidade linguística, e, portanto, a tradição.[238]

Estes escritores baseiam suas escolhas tanto em movimentos já

---

236 Ibidem.
237 Ibidem.
238 Ibidem, pp. 826-27.

tradicionais, a Scapigliatura, o realismo de tipo socialista, quanto na posição antiburguesa da revista "La Voce" de início de século. Os dialetais não conseguem absorver estes "vanguardismos ítalo-vênetos, ítalo-marqueanos, ítalo-milaneses, ítalo-sicilianos ou ítalo-napolitanos"[239], e sobre eles o peso de uma tradição localista, populista, que desprovida da liberdade estilística e expressiva que só a *consciência* dá, age de maneira decisiva. Romper com a nova tradição, como fizeram Porta e Belli nos contextos em que viveram, a Milão dos nobres e do clero e a Roma pontifícia, significaria usar o dialeto "como arma polêmica contra a classe dirigente fascista"[240], nobilitando novamente sua função que de literária se faz diretamente, e nobremente, política. A política, e aqui Pasolini sente que deve falar claramente, é "a grande linha de inspiração dos dialetais mais duradouros".[241] Mas nos dialetais que escrevem durante o fascismo, em um clima *pós-realista pascoliano*, ela se apresenta "de viés, faz parte de um ambiente e se colore"[242], com alusões, esboços, com um valor quase sempre descritivo.

No Vêneto, terra que não oferece, em geral, grandes contribuições para a poesia dialetal no século XX, encontra-se talvez o único caso de poeta romântico culto na literatura dialetal italiana, Giacomo Noventa. Falta nele "o equívoco da poesia anônima", e sua formação acontece "com textos do mais autêntico romantismo europeu lidos criticamente"[243], tecnicamente antipascoliano e não influenciado por lirismos fáceis. Oposto a este refinado veneziano, há o veronês Berto Barbarani, "o tipo ideal do poeta vernacular"[244], que representa de maneira fácil um povo já aburguesado das periferias urbanas e dos campos limítrofes, uma poesia descritiva, que não agride,

---

239 Ibidem, p. 827.
240 Ibidem.
241 Ibidem.
242 Ibidem.
243 Ibidem, p. 830.
244 Ibidem.

"definitivamente boa para qualquer região da Itália do Norte".[245] Arturo Rossato, de Vicenza, se apresenta mais moderno, porque, em seus quadros populares, representa um povo não arcádico, mostra abertamente sua miséria e suplanta a "resignação pseudo-cristã" com "um fundo de protesto socialista".[246] Também de Vicenza (mas de Rovigo por adoção) Eugenio Ferdinando Palmieri está próximo pelo estilo e temas a Rossato (e a Tessa e Giotti). Biagio Marin, de Grado, de um "pascolismo angelicado, escrito em função de uma tenuíssima épica provinciana"[247], é usado como parâmetro na definição de sua poesia: em Marin o povo é "destemido, trabalhador", enquanto em Palmieri é "'louco', ocioso e pronto para se exprimir pelos mais obscenos *expromptus* idiomáticos", quase chegando à "violência escatológica" de Belli.[248] Palmieri acrescenta à influência de "La Voce" e crepuscular uma visão de gosto da vanguarda cinematográfica, capaz de transformar em poesia "enquadramentos de um bom filme impressionista".[249] Mais uma vez Pasolini permite que a paixão pelo cinema interfira em sua investigação poética, mostrando sua flexibilidade no uso dos conceitos interpretativos intercambiáveis entre as artes.

1.9. UMA GLÓRIA DE TRIESTE E A EXPERIÊNCIA FRIULANA: GIOTTI E PASOLINI

Para concluir essa panorâmica vêneto-juliana, temos Virgilio Giotti, poeta que juntamente com Tessa, é um dos mais valorizados literariamente por Pasolini. Ele é, com Umberto Saba, uma glória literária de Trieste, e sua poesia é símbolo do refinamento a que a poesia dialetal pode ambicionar no século XX, contribuindo potencialmente para revitalizar a atividade poética em italiano. Com Giotti

---

245 Ibidem, p. 831.
246 Ibidem, p. 833.
247 Ibidem, p. 840.
248 Ibidem, p. 841.
249 Ibidem.

estamos plenamente fora do esquema inicial usado por Pasolini, que, como vimos, faz a poesia dialetal oscilar, por estilo, temas, métrica, entre quatro autores do centro literário italiano, ou seja Verga, Pascoli, um certo Carducci e um certo D'Annunzio. Aqui acrescenta-se Saba, e o ambiente literário de Trieste, da Europa Central:

> para ambos os poetas valem, pelo menos durante um certo período idealmente cronológico, as mesmas razões: de uma Trieste prosaica, contada de modo não lírico (...) a uma Trieste cantada na forma não fechada da cançoneta (...). Estamos assim nos limites do domínio do psicologismo de Italo Svevo, exercitado em uma sociedade e uma cidade nada estetizada: em um ambiente estudado nervosamente, sem concessões, não só de colorismos, adornos estilísticos de prosa de arte, mas nem ao menos de 'atmosferas', à luz da memória; e ao redor, toda a literatura de Trieste, de [Scipio] Slataper, a [Giani] Stuparich, a [Pier Antonio] Quarantotti Gambini.[250]

Giotti, dialetal *consciente*, canta uma "Trieste da consciência"[251], em que a mediação poética dá sentido à poesia mesmo para um estrangeiro, sem a simples imediatez do local. Não há aqui um poeta demiurgo do espírito local, mas uma "consciência culta"[252] que não tem nada a invejar das contemporâneas estéticas da literatura em italiano. Tanto que Giotti irá evoluir em relação a Saba, pois este último permanecerá fiel aos "primórdios do século XX, tingido pela desolação crepuscular, pelo psicologismo, pela crise".[253] Giotti seguirá o gosto que se afirmou no primeiro pós-guerra, graças também à sua temporada em Florença, a ponto de fazer de sua língua triestina "uma matéria pura, aferrada a um rígido cânone unilinguístico".[254] No segundo Giotti, desaparece a "contaminação linguística entre

---

250 Ibidem, p. 834.
251 Ibidem.
252 Ibidem, p. 835.
253 Ibidem.
254 Ibidem.

crepuscularismo tonalmente dialetal e vocianismo[255] polêmico com traços de Scapigliatura", dando lugar "a uma língua rigidamente 'una'", em que "a descrição analítica e divagante se faz sintética, tenuemente metafísica".[256] Pasolini destaca os retornos crepusculares das últimas poesias de Giotti, descrevendo refinadamente o percurso do poeta e sua capacidade de oferecer um "realismo da dor" com traços capazes de competir com o século XX literário italiano[257], dando-nos outro indício da capacidade dos melhores dialetais de se inserir plenamente em um cânone poético não marcado por *atrasos* e *tradições* paralisantes ou vinculantes. Outras questões relativas a Giotti serão examinadas na segunda parte deste capítulo, onde analiso um ensaio de Pasolini sobre ele.

A parte conclusiva do ensaio chega às amadas terras do Fruli. Aqui, obviamente, as observações literárias misturam-se com a biografia do poeta, com sua concreta experiência de autor e organizador cultural, de promotor de novas vozes poéticas e de um movimento de valorização do friulano, que quer estar cada vez mais distante das tradições da poesia burguesa dos predecessores locais ilustres Pietro Zorutti e Ermes di Colloredo, e acima dos debates de especialistas sobre o fato de ser uma língua (segundo a hipóteses de Graziadio Isaia Ascoli) ou um dialeto (come sugere Alfredo Battisti). Mas, em menor maneira, no romantismo de Caterina Percoto e algumas páginas de Ippolito Nievo vê-se um Friuli retratado com verdade poética. Aquele Friuli que, entretanto, não passa por uma fase realista, e permanece ancorado ao *zoruttismo* (visão burguesa de uma campanha cantada por esquemas arcádicos e por um suave romantismo) com alguns enxertos pascolianos. Em pleno século XX, abrem-se novos caminhos para esse dialeto que não é propriamente italiano, e que já tem "potencialmente uma pronúncia finamente literária".[258]

O que podem oferecer os novos poetas friulanos que escolhem

---

255 Relativo às ideias pregadas pelos componentes da revista "La Voce".
256 PASOLINI, Pier Paolo. *Saggi sulla letteratura e sull'arte*. Op. Cit., p. 836.
257 Idem, p. 838.
258 Ibidem, p. 851.

conscientemente o dialeto como forma de expressão literária? Pasolini destaca a dificuldade do simples regresso do falante dialetal "para levar o Friuli a um nível de consciência que o torne representável"[259], acha preferível uma operação poética feita por quem não é falante demais, friulano demais, como em seu caso.

O dialeto torna-se instrumento de regressão que permite uma "ruptura linguística"[260], porque o poeta o usa para exprimir e ao mesmo tempo conhecer a realidade à qual está profundamente ligado sentimentalmente, mas à qual é externo. Operação literária distante das tradições dialetais descritas no ensaio, as *Poesie a Casarsa* [Poesias a Casarsa] e a produção imediatamente sucessiva, excessivamente ingênuas e refinadas, são a origem do que Pasolini identifica como "a mais típica poética dialetal contemporânea: o dialeto usado como gênero literário".[261] A ideia de fundo é obter uma poesia diferente e, ao mesmo tempo, liberar o potencial parcialmente latente na poesia em língua italiana contemporânea.

2. NÃO SÓ DIALETO: UMA INTRODUÇÃO À POESIA POPULAR ITALIANA

O segundo dos estudos panorâmicos de Pasolini, que estimula uma reflexão sobre sua concepção da história da literatura italiana, também serviu de introdução a uma antologia publicada originalmente em 1955, desta vez assinada apenas por Pasolini, para a editora Guanda, de Parma. O *Canzoniere italiano. Antologia della poesia popolare* [Cancioneiro italiano. Antologia de poesia popular] teve várias edições, uma delas reduzida, em 1960, e foi um trabalho que exigiu muito de Pasolini, que se dedicou a ele logo depois da publicação da coletânea sobre os dialetais. Deveria ter feito parte da antologia um apêndice musical aos cuidados do etno-musicólo Diego

---

259 Ibidem, p. 855.
260 Ibidem, p. 856.
261 Ibidem, p. 857.

Carpitella, mas isto não aconteceu e o próprio Pasolini não considerava essa ausência uma "lacuna" para o exame dos textos antologizados, ao contrário de Franco Fortini, que manifestou suas reservas por correspondência.[262] Diferentemente do ensaio sobre os dialetais, a síntese deste trabalho crítico não leva em consideração sistematicamente a ampla reconstrução, buscando apresentar sobretudo os elementos que mais tenham a ver com uma visão da história literária italiana que apresente nomes, formas, movimentos, em conexão (ou não) com a vida cultural, social e política da Itália unida e anterior a 1861, para refletir sobre a eventual presença de uma ampliação da ideia de literatura tradicionalmente aceita e que Pasolini parece, ao menos parcialmente, colocar em discussão.

Irei me deter nos dois capítulos iniciais, *Un secolo di studi sulla poesia popolare* [Um século de estudos sobre a poesia popular] e *Il problema* [O problema], que introduzem historiográfica e teoricamente um autêntico percurso pelos autores e obras, divididos nos capítulos seguintes geográfica e tematicamente.

2.1. UM SÉCULO DE ESTUDOS SOBRE A POESIA POPULAR

O primeiro capítulo do ensaio é mais propriamente historiográfico, dedicado inicialmente à inserção dos pioneiros da antologia de textos de poesia popular italiana no mais amplo movimento de resgate europeu, que se caracteriza por um retorno ao povo romanticamente compreendido como espírito da nação, como autêntico guardião dos valores e das tradições nacionais, teoria elaborada particularmente na área germânica no século XVIII por Gottfried August Bürger e Johann Gottfried Herder. Com os irmãos Grimm, no século seguinte, chega-se à consideração da poesia popular como única, verdadeira, poesia.

Pasolini, com seu gosto pelas esquematizações, consegue ser mais

---

262 Cfr. PASOLINI, Pier Paolo. *Lettere*. Torino: Einaudi, 1988, p. 152. Mais em geral, para informações sobre a edição do *Canzoniere* cfr. PASOLINI, Pier Paolo. *Saggi sulla letteratura e sull'arte*. Op. Cit., pp. 2922-926.

sistemático nesta seção do trabalho, mesmo sem perder a tendência a um *ensaísmo poético* demonstrada abundantemente no trabalho sobre os dialetais. Ele identifica quatro fases da descoberta da poesia popular sucessivas, às vezes se sobrepondo, entre os séculos XIX e XX: *romântica, científica, estética* e *técnica*.

Na Itália, Niccolò Tommaseo é quem representa a primeira fase histórica desses estudos, a fase *romântica*, quando publica em Veneza, no biênio 1841-42, os *Canti popolari, toscani, corsi, illirici e greci* [Cantos populares, toscanos, corsos, ilíricos e gregos]. Pasolini desataca imediatamente a personalidade contraditória deste intelectual da Dalmácia, mas praticamente florentino por adoção, católico, adverso a Leopardi no plano das opiniões religiosas e morais ainda antes do que no plano estritamente literário. E, mostrando suas qualidades e limites, faz uma leitura tipicamente pasoliniana, que é possível porque o autor dos *Canti* demonstra-se em linha com sua visão atormentada do literário e do literato, mesmo quando se trata da atividade de coleta e pesquisa de poesia popular. Os dois elementos de tensão primária são, por um lado, o populismo *ante litteram* do pesquisador que se aventura com a literatura popular; do outro, a aristocracidade de sua operação. Esta tensão se resolve "em um 'tom' entre vulgar e elegante, entre desleixado e requintado" típicos de Tommaseo.[263] E, continuando, surgem os outros pares conceituais que regem a coletânea dos *Canti*, permeados por um tom religioso produzido por "uma forma de nostalgia pela irreligiosidade natural dos povos e uma forma de exaltação por sua natural religiosidade" (que não é a religiosidade institucional, para deixar claro).[264] A "moralidade heroica", quase palpável nas paisagens e nos elementos naturais em geral, convocados para representar este *povo*, é posta em "contraste dialético" com a moralidade moderna de Tommaseo, própria de um escritor "romântico-católico", que catequista e tediosamente exprime "rigor de sentimentos, severidade de costumes,

---

263 PASOLINI, Pier Paolo. *Saggi sulla letteratura e sull'arte*. Op. Cit., p. 864.
264 Idem.

pureza de pensamentos".²⁶⁵ Pasolini destaca como, sem teorizar este tipo de leitura e fornecer uma interpretação geral, Tommaseo apresente suas considerações por meio de notas esparsas, comentários de conclusão e, sobretudo, pela forma com que reproduz e transcreve os cantos toscanos ouvidos oralmente ou traduz os cantos ilíricos e gregos. O resultado estilístico mostra o "imanente contraste tommaseiano, sobretudo de tipo linguístico, mas pressupõe toda a dramaticidade de um mundo interior passionalmente voltado para unificar as contradições".²⁶⁶ Pasolini apresenta alguns trechos de poemas para exemplificar este estilo e, com um prazer que eu ousaria definir barrocamente *quiásimo-ossimórico*, convida o leitor para "degustar aquele sabor tão deliciosamente 'misto' de rusticidade refinada, de precioso infantilismo, de dialeto cruscaiolo, de purismo vulgar, de religiosidade alegre, e de moralismo pagão".²⁶⁷

Com Costantino Nigra, Alessandro D'Ancona e Giuseppe Pitré entramos na fase *científica*, entendida como ciência classificatória positivista que, a partir dos anos 1870, pretende recolher e catalogar as poesias populares da Península.

D'Ancona e Nigra são os estudiosos que mais interessam Pasolini, por causa das implicações de suas teorias sobre pesquisas posteriores. Ambos desenvolvem uma interpretação abrangente da gênese da poesia popular italiana. D'Ancona propõe a teoria da "monogênese" dos cantos populares italianos, que "consiste em dar a Sicília como berço do canto popular, o século XIV como século de difusão deste canto em toda a península segundo a direção Sul-Norte, e a Toscana como seu principal centro elaborador e irradiador".²⁶⁸

A poesia popular italiana, portanto, é substancialmente a mesma em toda a Itália, por "índole geral" e "pela forma especial das composições", mas o papel da Toscana torna-se decisivo porque despida

---

265 Ibidem.
266 Ibidem, p. 865.
267 Ibidem, p. 866. "Cruscaiolo" é uma referência à *Crusca*, a Academia da língua italiana criada no século XVI, que publicou o seu primeiro dicionário da língua italiana em 1612.
268 PASOLINI, Pier Paolo. *Saggi sulla letteratura e sull'arte*. Op. Cit., p. 867.

da "veste dialetal" que chega do Sul, dotando a poesia de uma língua "semelhante à linguagem comum"[269], que favorece sua difusão nas regiões vizinhas. Em essência, poucos textos originais de uma determinada região, mas muitas versões, variantes de um mesmo tema. Se D'Ancona já havia percebido uma certa diferença entre o Norte e o Centro-Sul, é Nigra quem desenvolve uma teoria mais propriamente "bigenética"[270], de um Norte épico-lírico e um Sul lírico, ampliando sua visão para um quadro europeu. Própria do Norte é a canção, compartilhada com outras regiões românicas (Provença, França, Catalunha, Portugal), enquanto no Centro-Sul encontramos o estramboto e o *stornello*.[271] Para Pasolini, esta distinção de Nigra é ainda válida "e se apresenta como um dado imanente do mundo italiano"[272], pelas características *externas* e *internas*, que se pode resumir no primeiro caso, linguisticamente, com a presença ou não do hendecassílabo, com o tipo de desinência, com a presença de versos livres; no segundo caso, histórica e etnicamente, com os "substratos" lexicais e gramaticais[273], com a idêntica base substancialmente latina, mas fonológica e sintaticamente diferenciados geograficamente pela matriz gálica ao Norte e latina ao Sul. Este conceito de *substrato* volta nos anos seguintes em Pasolini, e mostra sua concepção da história em *camadas* que, como salienta Gian Luca Picconi, liga-se ao conceito de *sobrevivência*: a ideia de "história como estrutura de tipo geológico, com estratificações, fossilizações, resíduos" é o resultado pelo qual a reflexão sobre a sobrevivência, da passagem "da ideia de Nietzsche de uma contraposição entre histórico e anistórico à ideia de uma contraposição entre diferentes camadas e momentos da história, contidos em um mesmo tempo".[274]

---

269 Idem.
270 Ibidem, p. 869.
271 O estramboto é uma antiga composição poética de tema amoroso ou satírico, provavelmente de origem siciliana, usado na poesia popular e depois, a partir do século XV, também na poesia culta. O "stornello" é uma composição com temas parecidos, mas mais simples e breve, como a cantiga de roda.
272 PASOLINI, Pier Paolo. *Saggi sulla letteratura e sull'arte*. Op. Cit., p. 869.
273 Idem, p. 870.
274 PICCONI, Gian Luca. "La 'sopravvivenza' di Pasolini". Op. Cit., pp. 72 e 74.

No final do século XIX, começa a tomar forma a terceira fase, a fase *estética*, mesmo se a plena maturidade crítica desta ideia mais propriamente filosófica somente será alcançada com o ensaio de Benedetto Croce, *Poesia popolare e poesia d'arte* [Poesia popular e poesia de arte], de 1933. Sem entrar em casos específicos, Pasolini busca sintetizar os caminhos tomados pela poesia popular em relação a uma Itália que está tentando consolidar sua unidade não apenas política, mas também linguística, literária, cultural, em um contexto nacional muito fragmentado, que torna difícil uma verdadeira síntese e também favorece visões muito diferentes nas quais o papel da poesia popular pode mudar drasticamente. Então surgem, como instrumento de análise, as habituais *bifurcações*, duplas conceituais, pasolinianas. Pasolini, de fato, enfatiza que

> retornando ao plano da consciência nacional, a poesia popular conta com duas direções: a literária, ou seja, o gosto tardo-romântico, com as componentes científica e decadentista (é o caso, por exemplo, das traduções de Homero feitas por Pascoli), e a política, com suas componentes patriótica (todo o gosto popularizante dos poetas cultos ressurgimentais) e protossocialista.[275]

A leitura de Croce merece por Pasolini um aprofundamento, porque seu ensaio mostra-se como "a mais completa panorâmica sobre o século XIX folclórico europeu"[276], síntese historiográfica excelente que precede um posterior salto a Gramsci e à interpretação marxista. Respira-se um certo *clima* crociano[277] neste ensaio, o que não é de espantar, pois ainda hoje podemos ler com prazer as páginas do filósofo napolitano pela clareza expositiva e amplitude de visão.

Pasolini mostra como Croce se preocupa antes de tudo em *limpar* a noção de poesia popular das "superestruturas de conteúdo"[278] para

---

275 PASOLINI, Pier Paolo. *Saggi sulla letteratura e sull'arte*. Op. Cit., p. 873.
276 Idem.
277 Relativo às ideias do crítico, filósofo e escritor Benedetto Croce.
278 PASOLINI, Pier Paolo. *Saggi sulla letteratura e sull'arte*. Op. Cit., p. 876.

depois passar, em um segundo momento, à conceitualização propriamente estética da noção.

O embate inicial é com a ideia de poesia popular própria dos românticos, que Croce critica identificando ali uma "postura apriorística"[279], própria de quem não observa a poesia como algo de objetivo e histórico, mas como um símbolo. A princípio, a poesia popular é, para os românticos, símbolo de um *conceito estético*, no sentido em que se opõe, enquanto obra espontânea e não intelectual, ao racionalismo iluminista: natureza contra cultura. Em segundo lugar, o símbolo assume a forma de um *conceito político*, porque, sempre em oposição ao racionalismo, ao humanitarismo cosmopolita dos Lumes, a poesia popular é expressão de história, tradições, costumes, sentimentos dos *povos* e das *nações* que surgem prepotentemente no imaginário dos primeiros teóricos românticos como conceitos chave para ler a realidade político-social. Por fim, a poesia popular é elevada também, para os românticos, a *conceito moral*, já que o nacionalismo, em suas várias formas mais ou menos liberais ou conservadoras, refere-se a ideais estéticos bem precisos, entre os quais se destaca o antiegoísmo dos povos, verdadeira expressão do divino.

No momento em que apresenta a parte construtiva do discurso de Croce, Pasolini inicia uma espécie de diálogo com ele, colocando-se humildemente, mas não com menos firmeza em nota de rodapé, pronto a precisar algumas afirmações de Croce que merecem ser discutidas, aprofundadas, refutadas.[280] Croce rejeita essencialmente o dualismo poesia popular/poesia de arte, em nome da unicidade da verdadeira poesia, cujo fundamento permanece a *intuição lírica*. Croce, a quem elenca as características próprias da poesia popular ("impessoal, geral, típica, atécnica, anistórica, assintética"), "procura demonstrar como cada um desses atributos da poesia popular é

---

279 Idem, p. 874.
280 Mesmo levantando "inexatidões filológicas" na antologia pasoliniana, o antropólogo Giovanni Battista Bronzini considera "agudas" algumas observações de Pasolini sobre a poesia popular, e reporta em nota o 'taco a taco' entre Croce e Pasolini. Cfr. BRONZINI, Gian Battista. *Cultura popolare. Dialettica e contestualità* [Cultura popular. Dialética e contexto]. Bari: Dedalo, 1980, pp. 290-91.

também atribuível à poesia de arte, e como vice-versa, sem o a-privativo, cada um desses mesmos atributos da poesia de arte também é atribuível à poesia popular".[281] A verdadeira diferença entre os dois tipos de poesia seria apenas psicológica: não em essência, mas nas tendências ou preponderâncias das várias características que fazem a poesia ser o que ela é. A *simplicidade* torna-se o atributo que, sinteticamente, pode identificar e distinguir a poesia popular em relação à mais complexa, refinada, poesia de arte. Pasolini concorda no plano teórico, mas no plano concreto pensa que Croce cometa equívocos no uso de conceitos como *anônimo, impessoal, típico, atécnico, anistorico* em relação à poesia popular que, no final das contas, tem suas especificidades com respeito à poesia de arte. Por exemplo, Pasolini mostra claramente sua percepção de um povo (e de sua cultura) tradicionalmente excluído por uma ideia bem precisa de história, quando destaca que a impessoalidade da poesia popular é "universalmente pré-humana" (para Croce, ao contrário, a poesia é sempre "universalmente humana")[282]; a anistoricidade existe, e é entendida como exclusão da "história como ação e paixão das classes dirigentes"; a atecnicidade também faz parte desta exclusão, porque a poesia popular é "incapaz de inovações estilísticas"[283], trabalhando com o que recebeu da tradição culta.

Depois de Croce, no segundo pós-guerra, afirma-se a quarta fase dos estudos, a fase *técnica*, ou seja, especialista, da demopsicologia. Aumenta a pesquisa erudita, mas, paralelamente, não cresce a fortuna no gosto literário, área não especializada e potencialmente capaz de estimular a presença na cultura italiana *tout court* da poesia popular. Até 1945, à parte o caso isolado de Piero Jahier, ela vive "ameaçada, por um lado, qualitativamente, pelo perigo de estetização e do sentimentalismo implícito na mal compreendida categoria da simplicidade de Croce, e por outro lado sufocada pela coação antipopular

---

281 PASOLINI, Pier Paolo. *Saggi sulla letteratura e sull'arte*. Op. Cit., p. 876.
282 Idem.
283 Ibidem, p. 877.

e antiregional do fascismo".[284] Sempre em nota, Pasolini concorda com Gramsci que Croce nem sempre foi mal compreendido por seus continuadores, e que algumas falhas teóricas estão presentes em seu discurso, no qual existe um "'individualismo' artístico expressivo anti-histórico ou antinacional-popular" que pode causar degenerações.[285] Mesmo se, destaca Pasolini, é mais fácil que isso aconteça nas regiões literárias "baixas", na "província retardatária e insincera", não necessariamente nas regiões altas, onde há poetas que, mesmo adeptos do hermetismo, mostram algum refinado acento popular (Carlo Betocchi, Alfonso Gatto, Giorgio Caproni).[286]

A citação em nota às considerações de Gramsci sobre Croce em *Literatura e vida nacional* são o prelúdio para a conclusão desta parte introdutória, na qual Pasolini apresenta o papel da crítica marxista em relação à cultura popular. Na verdade, um papel marginal, se pensado com base no modo como Pasolini a estuda e a valoriza, visto que os marxistas ainda não conseguem ou não consideram necessário analisar a poesia e o canto popular em si, seja na pesquisa de tipo acadêmico ou na publicística de partido. Os marxistas não demonstram interesse pela poesia popular por ser a expressão "de um povo não moderno que, apesar de seu atraso, entra na esfera ideológica da sociedade oficial".[287] Os poetas comunistas, politicamente engajados, não valorizaram poesia popular e folclore. Para eles

> as características dos cantos tradicionais do povo italiano revelaram-se não utilizáveis, e certos dados folclóricos, que chegaram à consciência das elites intelectuais pela "questão meridional" e os documentários pós-bélicos, na assimilação assumiram tonalidades requintadas e de García Lorca.[288]

---

284 Ibidem, p. 878.
285 Ibidem, p. 879.
286 Ibidem.
287 Ibidem, p. 881.
288 Ibidem, p. 882.

A descoberta de Federico García Lorca, cantor do povo andaluz e jovem mártir do franquismo em 1936 (um ano antes do martírio de Antonio Gramsci por mão do fascismo), introduzido na Itália pelo crítico Carlo Bo, termina por dar um tom literário a escritos inspirados justamente no "estilo popular andaluz"[289], não alimentados por uma pesquisa autóctone profundamente sincera.

Os estudos pós-Gramsci são escassos, porque Gramsci efetivamente não se interessa por esse tipo de literatura popular, e sim por aquela que é produto e símbolo da afirmação na Itália de uma moderna cultura de massa: os romances de folhetim e o melodrama. Gramsci parece desconhecer os principais teóricos e estudiosos-compiladores de poesia popular do século XIX, o que, segundo Pasolini, limita sua possibilidade de um aprofundamento da questão. Além disso, Pasolini também pensa que a orientação revolucionária de Gramsci não possa levá-lo a enfrentar sistematicamente a poesia popular, mostrando, sob este ponto de vista, não aprovar totalmente a visão de Gramsci grande intelectual italiano que, ecumenicamente, era difundida entre os intelectuais nos primeiros anos do pós-guerra[290], considerando-o fundamentalmente um teórico político que usa os dados culturais para fins revolucionários.

Entretanto, Pasolini cita uma importante tabela retirada de *Literatura e vida nacional*, considerando-a, mesmo em sua brevidade, capaz de "apresentar toda uma nova acepção da ciência folclórica".[291] No texto de Gramsci há observações teóricas em relação ao que são propriamente os *cantos populares*, e se retoma uma tipologia de Ermolao Rubieri, patriota e escritor, autor de uma *Storia della poesia popolare italiana* [História da poesia popular italiana], publicada em Florença, em 1877. Para Rubieri, em matéria de cantos populares, pode-se pensar nesta tripartição: 1. Cantos compostos pelo povo e

---

289 Ibidem, p. 879.
290 Sobre a gestão e a criação de uma herança política e uma presença cultural de Gramsci na Itália no imediato pós-guerra, cfr. LIGUORI, Guido. *Gramsci conteso*. Op. Cit., especialmente os capítulos II e III.
291 PASOLINI, Pier Paolo. *Saggi sulla letteratura e sull'arte*. Op. Cit., p. 880.

para o povo; 2. Cantos compostos para o povo, mas não pelo povo; 3. Cantos não escritos pelo povo e para o povo, mas adotados pelo povo porque "de acordo com sua maneira de pensar e sentir".[292] Gramsci aceita a terceira categoria como própria do canto popular, porque é a visão da vida e do mundo, e não tanto o fato artístico, o que caracteriza o canto popular: um fator de cultura "em contraste com a sociedade oficial".[293] A nota de Gramsci publicada em *Literatura e vida nacional*[294] é muito importante e também é lembrada, com a mediação de Vittorio Santoli, por Italo Calvino em a sua introdução às *Fábulas Italianas* organizadas por ele para a Einaudi, e publicadas em 1956.[295] Gramsci escreve outras considerações sobre o folclore e a cultura popular nas notas de *Literatura e Vida Nacional*, mas Pasolini se detém somente no ensaio de Santoli de 1951[296], sem aprofundar diretamente o texto de Gramsci. De qualquer maneira, nos anos seguintes, o próprio Santoli e outros estudiosos de formação marxista irão aprofundar o discurso sobre a cultura popular em sentido amplo em relação ao marxismo, produzindo importantes estudos entre os anos 1960 e 1970.[297]

2.2. POESIA POPULAR COMO ATO POÉTICO

A parte teoricamente mais densa do ensaio introdutório é a segunda, *Il problema* [O problema], em que Pasolini enfrenta, depois das questões filológicas, as questões estéticas e morais relativas à poesia popular: qual é sua "origem como ato poético"?[298] O estilo adotado por ele é *em espiral* como o de Vico, no sentido em que propõe

---

292 Idem, p. 881.
293 Ibidem.
294 GRAMSCI, *Literatura*, Op. Cit., pp. 183-190. Pela tipologia de Rubieri cfr. p. 190.
295 Cfr. CALVINO, Italo. *Fábulas Italianas*. Trad.: Nilson Moulin. São Paulo: Companhia das Letras, 2006, pp. 35 e 51.
296 O ensaio de Vittorio Santoli é *Tre osservazioni su Gramsci e il folklore* [Três observações sobre Gramsci e o folclore]. IN: "Società", n. 7, 1951, pp. 389-97.
297 Ver pelo menos a coletânea de ensaios de RAUTY, Raffaele. *Cultura popolare e marxismo* [Cultura popular e marxismo]. Roma: Editori Riuniti, 1976.
298 PASOLINI, Pier Paolo. *Saggi sulla letteratura e sull'arte*. Op. Cit., p. 883.

muitas vezes o problema teórico central, buscando afinar, a cada vez, os conceitos, suas relações, sua leitura e interpretação do fenômeno *poesia popular*. Em uma situação em que não se podem fazer *experimentos*, mas só suposições sobre a origem desse tipo de poesia, alguns filólogos que entre os séculos XIX e XX se dedicaram a questão escolheram privilegiar a massa, ou seja, a origem coletiva dos cantos populares; outros o indivíduo, ou seja, a criação daqueles poetas que de algum modo podiam ser identificados. Em ambos os casos existem vícios teóricos e de interpretação.

No primeiro caso – e aqui Pasolini toma como referência uma definição de Giovanni Cesareo sobre a poesia como "necessidade" e não como "passatempo" de um povo pensado idilicamente como poeta por natureza – são identificados três vícios:

> primeiro, acepção italicamente romântico-geórgica da vida camponesa (o que significa, ajustando-se a definição em outros termos: acepção comodamente burguesa da vida do proletariado agrícola poetizado segundo uma ideologia que se desejaria que também fosse a sua); segundo, atribuição de uma atitude realista à poesia popular, quando não há estramboto ou *stornello* nas dezenas de milhares de poesias coletadas em toda a Península, em que o povo não faça dos dados familiares ou cotidianos dados abstratos, estilizações (...); terceiro, a hipóstase de um canto popular como efusão do secreto e do íntimo, se, ao contrário, o povo sempre adota, ao exprimir seus sentimentos, os modos mais genericamente convencionais, por um pudor que o burguês desconhece e por uma fidelidade – igualmente desconhecida ao burguês e que o homem do povo não pode transgredir, senão arriscando uma forma de desonra – às instituições linguísticas e estilísticas.[299]

Nesta visão romântica, o povo é "objeto de amor imediato, de conivência cordial e não política"[300] e, algumas vezes, até os seguidores

---

299 Idem, p. 884.
300 Ibidem.

de Croce não são imunes a isso. Mas é uma visão adequada ao século XIX, inspirado por Vico, não ao século XX.

No segundo caso, o da poesia popular compreendida como criação individual, a teoria de referência é a teoria anti-romântica do filólogo francês Joseph Bédier. A poesia popular não nasce do povo, mas é feita para o povo, e é principalmente de origem burlesca: só na cultura não popular "o indivíduo pode realizar-se como inventor linguístico".[301] O vício desta visão é

> ter tomado a coletividade dos românticos por uma coletividade física: enquanto é claro – mesmo se não era sempre claro nos inspirados teóricos do romantismo – que a massa 'inventante' não era entendida como numérica colaboração de 'povo miúdo' associado ao poetar, mas recaía sobre um indivíduo daquela massa que fosse 'tipo', étnico e ético, indiferenciado dos outros e, portanto, autorizado a inventar, a variar, o até mesmo a cancelar, para os outros, sendo ele também 'outro'.[302]

Neste ponto Pasolini se pergunta: "a poesia popular é um fenômeno da cultura popular ou da cultura burguesa?".[303] Para ele, a questão já está superada, porque a antítese entre *eu* e *massa* pode ser resolvida constatando, pelas épocas anteriores à contemporânea (em que o povo já está consciente de si e está em "contraste dialético" com a cultura elitista e de vanguarda), uma "relação de simples contato" entre a *retaguarda* da cultura tradicional e a *vanguarda* das *elites* aristocráticas e burguesas.[304] A cultura popular tem uma tendência "conservadora se não involutiva"[305], que assimila de forma irracional e complicada *camadas* das culturas *altas* anteriores. Essa realidade *pré-histórica* com respeito à sociedade considerada *histórica*

---

301 Ibidem, p. 886.
302 Ibidem, p. 885.
303 Ibidem, p. 886.
304 Ibidem.
305 Ibidem, p. 887.

(consciente), nos permite fazer paralelos com as comunidades humanas primitivas em suas características mágicas e supersticiosas, pré-analíticas e pré-experimentais. As classes dirigentes, pela força ou não, transferem assim a sua ideologia às classes dominadas, e enquanto estas prosseguem seu percurso inovador nos campos da arte e do saber, as classes inferiores unem a tradição precedente com a nova, permanecendo inevitavelmente para trás, exatamente na retaguarda. A relação entre as "vidas institucionais" das classes dominantes e das classes dominadas é "o índice do estado e da evolução de uma sociedade em sua totalidade"[306] e nos dá também como produto a poesia popular.

> Os dois termos que constituem essa relação seriam: na parte de baixo, uma mentalidade de tipo arcaico, primordial, capaz de produzir poesia mesmo nas comunidades humanas mais atrasadas – as tribos africanas, australianas etc. – poesia que se pode definir 'folclórica', invocada para sustentar a teoria romântica. Na parte de cima, uma mentalidade que se aproxima, por mimese, por influência, à vida moderna, histórica: por uma contribuição ideológica vinda da classe dirigente.
> O produto dessa relação, a poesia popular, é, portanto, completamente original: não é contaminação a não ser nos primeiros graus de sua fase ascendente ou descendente: fases de resto não reconstituíveis, dada a fenomenologia oral e evolutiva, migratória e instável. E reconhecível, se tanto, apenas em casos típicos de poesia popularesca ou semiliterária, cronologicamente determinados (por exemplo, os 'orbi' sicilianos), mas também utilizáveis como módulos de um processo ideal.[307]

Originalidade da poesia popular que também se vê no uso de esquemas métricos e dados estilísticos que, mesmo geralmente provenientes da alta cultura, são "assimilados segundo hábitos mentais

---
306 Ibidem.
307 Ibidem, pp. 887-888.

típicos de una cultura diversa"[308], pré-jogralista ou pré-humanista. Portanto, a cultura *inferior*, coeva e retardatária em relação à cultura *superior*, adapta os dados vindos desta última à "pré-existente poesia folclórica".[309] O poeta popular, movendo-se nesse contexto de contato, fluido, que para Pasolini não representa algo de antitético, mas teoricamente de "conciliação" (e aqui ele reconhece a contribuição teórica dos etnólogos italianos seus contemporâneos), pode ser tanto "*historicamente indivíduo*" quanto "*anistoricamente tipo*", ou seja, tanto a expressão das culturas "em evolução" quanto da cultura tradicional, "fixa e sem diferenciação".[310]

Nesse ponto, arrematando o discurso, Pasolini busca historicizar, contextualizar as reflexões teóricas refletindo sobre por que a produção de poesia culta e popular alto-medieval italiana é tão escassa, atrasada em relação a outras literaturas europeias. Os teóricos positivistas e eruditos identificam, a princípio, as razões deste atraso na forte presença de uma tradição latina na Itália, mas a seguir começam a supor uma herança da tradição romana, muito mais prática, na base da "geral aridez criativa da nação italiana medieval".[311] No caso específico da cultura popular, "o único elemento certo é que a prova documental da existência de uma poesia popular italiana medieval não existe": as provas se deduzem ou são indiretas. A hipótese que Pasolini propõe é que, mesmo

> se os testemunhos são muito insuficientes (...), indiretos, isso não exclui que se deva licitamente pressupor em toda a Idade Média, pelo menos uma abundante produção da poesia popular 'baixa' que chamamos de folclórica: cujas características essenciais não deviam ser tão diferentes das características da poesia popular que deixou traços do século XIV em diante e que constitui o patrimônio atual: nos referimos às características psicológico-estilísticas, que unem

---

308 Ibidem, p. 888.
309 Ibidem.
310 Ibidem.
311 Ibidem, p. 889.

em um plano absoluto, extra-histórico, a poesia popular europeia com a asiática, a antiga com a moderna etc.³¹²

Fica evidente, neste ponto, como as razões de uma forte presença ou não de uma poesia popular dinâmica e em ascensão na Itália e no resto da Europa dependam de questões extraliterárias, ou seja, políticas e sociais. Na França, Provença e Catalunha a vida político--cultural está em desenvolvimento, portanto é justo esperar "um florescimento coexistente de cultura latina e de cultura vulgar (...): não por interdependência recíproca, por recíproca casualidade, mas por uma base social que consentia a ambas".³¹³ Com a segunda em decidida ascensão, em detrimento da tradição latina. Na Itália, paralelamente, a depressão político-social conduzia a uma poesia vulgar (em dialeto) fechada em si mesma, uma vez que a alta cultura da classe *feudatário-episcopal* não era capaz de produzir literatura que não fosse artificial e narrativista, sendo também totalmente incapaz de se relacionar, por razões extraliterárias, com a cultura do povo. Antes do século XIII, os documentos encontrados relatam "apenas a existência na Itália de gente capaz de inventiva, de espírito."³¹⁴

Esta cisão político-social se redimensiona e atenua somente a partir do século XIII, com o enfraquecimento da ideologia dogmática e da estrutura social rígida da sociedade feudal, ancorada nos pilares institucionais do Papado e do Império. Com o florescimento da sociedade comunal, "momento mais alto da história política italiana"³¹⁵, tem-se uma mudança decisiva na estrutura de poder, que passa de uma aristocracia "teológico-barbárica" à nova classe burguesa de origem local.

> E se lembrarmos (...) que, para este período, 'burguês' ainda significa 'popular', essencialmente, enquanto a nova classe dirigente está

---

312 Ibidem.
313 Ibidem, p. 890.
314 Ibidem.
315 Ibidem, p. 891.

em formação e não se separou do povo a partir do qual está se produzindo, a 'relação' que citamos tem uma intensidade excepcional. É justamente nos séculos XIV e XV que pode nascer a poesia popular, como agora a temos e entendemos, enquanto trazida à luz pela consciência estética e literária da classe culta, e enquanto concebida pelo povo cantante por influxo daquela classe culta muito próxima a ele.[316]

Já estamos na parte final da introdução teórica, na qual Pasolini quer arrematar o discurso e, por um lado, dar uma *sinopse* que mostre sinteticamente as quatro possíveis interpretações das origens da poesia popular elaboradas, entre os séculos XIX e XX, pelos românticos, pelos classicistas, pelos positivistas e pelos idealistas. Por outro lado, pretende dar outra forma de interpretar a relação entre classes/culturas baixas e altas, a partir do conceito de bilinguismo de Giacomo Devoto e de Gianfranco Contini.

Em parte, as quatro teorias podem ser conciliadas, porque algumas características de uma podem não excluir as características de outra, em relação ao significado de coletividade, de nação; ao contexto histórico ou pré-histórico em qual colocar a origem da poesia popular etc. Em particular, podemos observar como os românticos e os positivistas estejam associados por uma visão coletiva da produção poética popular e por uma colocação proto-histórica e/ou pré-histórica de suas origens; os classicistas e os idealistas por uma colocação historicamente determinável das origens desta poesia (tarda Idade Média), mas com os classicistas mais insistentes sobre a origem individual desta produção, como subproduto da literatura culta, enquanto os idealistas a categorizam psicologicamente como resultante da *simplicidade* do povo (Croce).

Com referência ao bilinguismo, Pasolini precisa imediatamente o elemento que distingue seu uso desta noção em relação aos linguistas acadêmicos, e que consiste em uma visão *sociológica* que enriquece a

---

316 Ibidem.

paixão estritamente linguística com os dados sociais, nada marginais nessa sua construção teórica. Isso lhe permite dar uma outra versão, sociológica, da poesia popular como produto da relação entre duas classes sociais: não é poesia popular se é fruto de uma descida individual ou de grupo da classe alta para a baixa, porque isso produz uma poesia culta de tom, talvez, parodista, com uma linguagem *macarrônica* ou, como no caso de boa parte da poesia dialetal, refinada. Tem-se a poesia realmente popular quando o processo é ascendente, ou seja, quando esta é composta por um indivíduo ou um grupo de indivíduos das classes inferiores: "uma aquisição de dados culturais e estilísticos provenientes da classe dominante e uma sua assimilação segundo uma fenomenologia para ser estudada no âmbito de uma cultura inferior e primitiva".[317]

Portanto, nenhuma visão poeticamente criadora do povo *naturalmente poeta*. E Pasolini esclarece pouco depois:

> A poesia culta e a poesia popular são, portanto, devidas essencialmente a um só tipo de cultura, ou seja, do tipo histórico do mundo em evolução dialética, o qual adquire 'rebaixando' características atrasadas e primitivas.
> De fato, o povo por si – entendido como categoria, ou seja, supondo que, na circunstância histórica, não haja sobre ele outra classe social – não seria capaz de produzir outra poesia a não ser aquela que, por clareza, poderia ser chamada de meramente *folclórica*, que interessa mais ao etnólogo do que ao literato.[318]

Sob o plano linguístico, Pasolini elabora um esquema que reúne uma hipótese teórica de tipo extra-histórico (uma língua única inicial) à concreta difusão na história linguístico-social de diferentes formas ("camadas") mais ou menos relacionadas entre si (mas, me parece justo destacar, com uma hierarquia evidente em relação à história entendida como história das classes dirigentes):

---

317 Ibidem, p. 893.
318 Ibidem.

uma língua inicial única puramente hipotética – difusão desta segundo o imanente bilinguismo sobre duas camadas: alta e baixa (bilinguismo na espécie sociológica) – formação na camada alta de uma língua especial (literária, com sua evolução estilística livre) – descida desta língua especial para a camada baixa, conservadora, atrasada, dotada de uma atitude psicológica e estética já muito diferente – aquisição desta língua por parte da camada baixa através de diversas características estilísticas.[319]

Esta interpretação torna aceitável e adotável, além da já consagrada noção de "bilinguismo", também a noção de "biestilísmo". Neologismo que deveria simplificar o uso, feito por exemplo por Contini, de "bilinguismo estilístico", e que para Pasolini pode ser útil para identificar, se também entendido sociologicamente, "a humilde ala popular"[320], em que o estilo, sendo parasitário, devedor de uma instituição estilística alta, é capaz de *inventar*, mas não de *inovar*.

3. DE PASCOLI AOS NEO-EXPERIMENTALISTAS

Depois de ter introduzido e problematizado, com os dois ensaios panorâmicos, um discurso sobre literatura italiana que de fato amplia seu alcance, fazendo-a sair do puro *literário*, levando em consideração também a produção artisticamente menos bem-sucedida, mas culturalmente significativa como parte de um tecido policêntrico regionalista e de *pequena pátria*, espelho da Itália *real*, Pasolini volta ao contexto literário mais alto. Por meio de ensaios introdutórios, teóricos e resenhas de autores, apresenta uma visão própria da literatura italiana contemporânea que também é um modo de fazer sua história

---

319 Ibidem, p. 894.
320 Ibidem. Sobre o uso feito por Contini, ver: CONTINI, Gianfranco. "Un paragrafo sconosciuto della storia dell'italiano letterario nell'Ottocento" [Um parágrafo desconhecido da história do italiano literário no século XIX]. IN: *Varianti e altra linguistica*. Op. Cit., p. 216.

recente, mesmo se parece evidente, e alguém salienta isso sem usar meias palavras[321], que o resultado dessa enfiada de escritos teóricos e de análises de autores seja uma justificativa e promoção do próprio trabalho poético e da própria milícia cultural que, no final dos anos 1950, se demonstra derrotada (alimentando uma raiva *epigramática* contra vários detratores de sua obra[322]), não alinhada com as mudanças que, poucos anos depois, será capaz de ler e interpretar de maneira ao mesmo tempo obsessiva e magistral. Cesare Segre divide desta forma a segunda parte de *Passione e Ideologia*, considerando-o um volume fortemente unitário e coerente:

> Aberto com uma total imersão na história (...), ele dirige-se, então, ao grande precursor, Pascoli, e ao predileto iniciador da poesia contemporânea em dialeto, Giotti, e também ao mestre do novo macarrônico narrativo, Gadda. As outras análises – a série reunida com o título *Sui testi* [Sobre textos] – estão entre duas apaixonadas diagnoses da situação linguístico-literária italiana (*Osservazioni sull'evoluzione del Novecento* [Observações sobre a evolução do século XX] e *La confusione degli stili* [A confusão dos estilos]) e dois escritos programáticos que tiveram a merecida repercussão (*Il neo-sperimentalismo* [O neo-experimentalismo] e *La libertà stilistica* [A liberdade estilística]). Interpretação histórica e fundamentação teórica são assim concomitantes com o empenho do escritor e do homem de cultura.[323]

---

321 Cfr. NOVELLO, Neil. *Pier Paolo Pasolini*. Napoli: Liguori, 2007, pp. 39-43. "Por trás do apaixonado e impetuoso aprendizado do narrador e poeta estreante, o crítico desobstrui um campo literário em que quer se instalar. Orquestra a encenação de uma autêntica semeadura de venenos (na obra dos outros) à espera de inocular o antídoto (a própria obra)", p. 40.
322 Note-se que na revista "Officina" havia uma seção para esses epigramas, com o título dostoevskiano *Umiliato e offeso* [Humilhado e ofendido]. Um breve exame de Pasolini epigramista encontra-se em SARTORE, Serena. "Poesia in forma breve. Gli epigrammi di Pier Paalo Pasolini" [Poesia em forma breve. Os epigramas de Pier Paolo Pasolini]. IN: BORGOGNI, Daniele, CAPRETTINI, Gian Paolo, VAGLIO MARENGO, Carla (orgs.). *Forma breve*. Torino: Accademia University Press, 2016, pp. 277-85.
323 PASOLINI, Pier Paolo. *Saggi sulla letteratura e sull'arte*. Op. Cit., p. XXIX.

A síntese das próximas páginas pretende verificar como em Pasolini a crítica militante também se faz história literária e vice-versa.

3.1. *OBSESSÃO E EXPERIMENTALISMO:* OBSERVAÇÕES SOBRE O USO PASOLINIANO DA HERANÇA POÉTICA DE PASCOLI

A infeliz perda, durante a II guerra mundial, dos primeiros capítulos da tese de formatura sobre a pintura italiana contemporânea a ser desenvolvida, mesmo que indiretamente, sob a supervisão de Roberto Longhi, levou Pasolini a escolher outra disciplina para concluir sua graduação em Letras, em Bologna, com o professor de Literatura italiana Carlo Calcaterra. Neste momento, Pascoli já era o *seu* poeta, uma das estrelas polares de sua reflexão crítica sobre a poesia, e um inspirador no plano temático e estilístico de seus versos. Entretanto, é preciso dizer que a relação com o poeta da Romanha não foi linear. De fato, é possível observar como Pasolini muda de postura, em diversos momentos, com relação a autores que apreciava, e que usou muito em sua atividade artística e intelectual. Até mesmo um estudioso e crítico como Erich Auerbach é festejado por entusiasmos iniciais e, depois, causa desilusões parciais, quando Pasolini, em uma carta aos redatores da revista "Officina", de 16 de outubro de 1956, recomenda cautela com o estudioso alemão, para evitar "possíveis arrependimentos futuros", como aconteceu a ele, cujo "primeiro entusiasmo" começara "a desbotar".[324]

Na carta que endereça a Calcaterra, pedindo que ele seja orientador de sua tese de formatura, Pasolini destaca, mesmo se não de maneira acrítica, a "quase (...) fraternidade humana" que o liga a Pascoli. Nele, em sua poética do *Fanciullino* [Menininho][325], encontra "uma extraordinária solução, que não sei até que ponto pode ser justificável criticamente, isto é, uma espécie de conciliação da autonomia da arte (afirmada com tanto ardor pela crítica moderna), com

---

324 PASOLINI, Pier Paolo. *Lettere.* Op. Cit., p. 237.
325 Cfr. PASCOLI, Giovanni. *O menininho. Pensamentos sobre a arte.* Prefácio de Raúl Antelo, posfácio e trad. Patrícia Peterle. São Paulo: Rafael Copetti Editor, 2015.

uma moralidade humana própria que não exclui um fim utilitário, ou, de algum modo, quase estranho à poesia".[326] Na coluna *Dialoghi* [Diálogos], que manteve na primeira metade dos anos 1960 na revista semanal comunista "Vie Nuove" [Novos Caminhos], sua posição em relação à Pascoli é mais resoluto e duro. Afirma que não o aprecia muito, limitando-se a reconhecer em Pascoli, com respeito aos outros dois da tríade consagrada pela história literária, ou seja, Giosuè Carducci e Gabriele D'Annunzio, um verdadeiro poeta, no mínimo no sentido de "poeta da invenção linguística", com a qual faz frente à sua natureza humanamente "árida, inibida, infecunda".[327]

Uma opinião mais completa sobre o poeta da Romanha pode ser encontrada mais tarde na entrevista a Jon Halliday, na qual Pasolini responde a uma pergunta sobre a escolha de Pascoli como argumento de sua tese de formatura. Esta escolha, devida a um contexto acadêmico que ainda não incentivava as teses sobre poetas mais recentes, foi de fato um "mal menor". Pascoli estava próximo aos seus interesses do período e ao seu gosto, com suas representações de um "mundo mágico e *fortemente* artificial, enganosamente ingênuo". Além disso, com uma guinada tipicamente pasoliniana, conclui a resposta afirmando que o fato de Pascoli ter sido um monstro no plano moral e psicológico, pelo menos segundo o narrado pela irmã Maria[328], dá razão ao "fato de que tenha tido um papel tão importante na poesia italiana".[329]

No plano da interpretação e do uso crítico de Pascoli, nas mesmas linhas citadas acima de "Vie Nuove", Pasolini definia o texto de *Passione e Ideologia*, "Pascoli", o seu melhor ensaio crítico, porque,

---

326 PASOLINI, Pier Paolo. *Antologia della lirica pascoliana. Introduzione e commenti* [Antologia da lírica pascoliana. Introdução e comentários]. Torino: Einaudi, 1993, p. 219 (Lettera a Carlo Calcaterra del marzo 1944 [Carta a Carlo Calcaterra de março de 1944]). Aqui já existem ecos de uma polêmica anti-Croce e anti-Anceschi.
327 PASOLINI, Pier Paolo. *Le belle bandiere* [As belas bandeiras]. Roma: Editrice l'Unità, 1991, p. 123.
328 Cfr. PASCOLI, Maria. *Lungo la vita di Giovanni Pascoli* [Ao longo da vida de Giovanni Pascoli]. Milano: Arnoldo Mondadori, 1961.
329 As citações precedentes foram retiradas das entrevistas de 1968 e 1971, unificadas e reproduzidas em *Scritti sulla politica e sulla società*, Op. Cit., pp. 1292-93.

segundo ele, mais útil aos outros leitores e estudiosos do poeta da Romanha. Este ensaio foi publicado pela primeira vez como editorial de abertura da recém-nascida revista "Officina", em maio de 1955. É do final deste mesmo ano, mais exatamente de dezembro, outra intervenção crítica crucial para a retomada da crítica pascoliana: o discurso de Gianfranco Contini, em San Mauro di Romagna, no qual o célebre estudioso, retomando as percepções de início de século do crítico Renato Serra, chama a atenção para a "dilatação com o objetivo fonossimbólico, não semântico, de elementos semânticos"[330], como especificidade da poesia pascoliana.

Pasolini recolocou em circulação o nome de Pascoli de maneira diferente. Não queria escrever um manifesto programático ou um ensaio de poética, a seu ver um tanto banal e que "enche o saco", se feito pela via direta e oficial. De fato, escreveu na carta aos companheiros desta pequena empresa, Leonetti e Roversi:

> Pensei que todas as coisas que gostaria de dizer, a nossa posição etc., teriam sido mais eficazes e concretas se ditas indiretamente, mediadamente, ou seja, pensei em começar com um artigo sobre Pascoli (no centenário), pois é um importante acontecimento literário e cultural (assim entramos sem preâmbulos em *medias res*), além disso, Pascoli é emiliano, e uma certa coloração emiliana não fica mal em uma revista que quer ser historicamente mordaz, e não um fato que Gramsci chamaria de decadente ou cosmopolita: enfim, e sobretudo, Pascoli, se examinado em função da instituição linguística principalmente futura, é um ótimo pretexto para dar um olhar panorâmico sobre todo o século XX, com opiniões deduzidas dos fatos, e não com os costumeiros axiomas polêmicos ou panfletários de editorial.[331]

Graças à essas considerações, podemos tentar identificar os vários

---

330 CONTINI, Gianfranco. "Il linguaggio di Pascoli" [A linguagem de Pascoli]. IN: *Varianti e altra linguistica*, Op. Cit., p. 230.
331 PASOLINI, Pier Paolo. *Lettere*. Op. Cit., pp. 22-23 (28 de fevereiro de 1955).

temas e níveis de análise, e avaliar o núcleo militante presente no texto e na própria revista.

O estilo de Pasolini nestas páginas é de tipo circular: introduz um tema, liga-o a questões de caráter mais geral; depois inicia um outro, volta ao anterior naquilo que mais deseja afirmar ou demonstrar e que, em outros termos, introduziu anteriormente. No ensaio, o motivo teórico é constituído por dois pilares da crítica estilística italiana: Gianfranco Contini, pelo seu *fulgurante esquema* sobre o monolinguismo petrarquista e sobre o plurilinguismo dantesco; Giacomo Devoto, pelo concreto trabalho de exame verbal da língua pascoliana.[332] Entretanto, Pascoli é o motivo temático que une as questões que realmente importam para Pasolini. Este é o primeiro nível, o mais externo do discurso pasoliniano: Pascoli é importante porque representa um fenômeno estilístico plurilinguista crucial para os desenvolvimentos sucessivos da poesia italiana, de absoluto interesse para os intelectuais fundadores da revista "Officina", que se sentem partícipes da realidade social, sem esquecer de serem "'literatos', de formação e aspiração filológica".[333] A bibliografia crítica pascoliana, a seu ver, chegou à conclusão de uma primeira fase de estudos sobre o poeta, e agora oferece a possibilidade de uma revisão. E o que faltou até agora a essa crítica? Principalmente alguns elementos externos à obra em si, contextuais. Primeiramente, em sentido mais geral, "descuidou-se de circunstanciar exaustivamente Pascoli em um ambiente cultural mais imediato e específico"[334]: o seu ambiente de formação e atividade, talvez muito mais europeu do que geralmente se pensa. É justo destacar, como se fez competentemente no exterior no final do século XIX, que nas décadas de formação de Pascoli os estudiosos italianos estavam tardiamente engajados em indagar sobre as origens dos gêneros literários para dar-lhes uma espécie de patente de italianidade e, acrescenta Pasolini citando Gramsci, a vida

---

332 Cfr. Devoto, Giacomo. *Pascoli e la lingua italiana moderna* [Pascoli e a língua italiana moderna]. Firenze: Sansoni, 1937.
333 PASOLINI, Pier Paolo. *Saggi sulla letteratura e sull'arte*. Op. Cit., p. 997.
334 Idem, p. 998.

intelectual do período era de fato um simples reflexo da vida intelectual francesa em sua tentativa de entrar em contato com o povo, uma vez que faltara à Itália uma revolução com consequências sociais, culturais e antropológicas como a de 1789. Este dado já suscita um certo artificialismo dos intelectuais italianos, representa a premissa das "tendências involutiva"[335], a seu ver, evidentes nas décadas seguintes. No entanto, para balancear o discurso, Pasolini não hesita em reconhecer aos estudiosos e eruditos das primeiras décadas unitárias, como De Sanctis, Nigra, D'Ancona, Pitré, Comparetti e Rajna, o mérito de terem feito pesquisas fundamentais e terem lançado as bases filológicas para interpretar a história literária italiana. Este trabalho, desenvolvido com honestidade, "está na origem necessária, e por assim dizer profissional, de muita pesquisa e inquietude linguística de Pascoli", evidentemente não explicável, como foi feito pela crítica pascoliana até aquele momento, com "um exclusivo exame interno de sua psicologia"[336] de poeta atormentado.

Essa abordagem de Pasolini pretende inserir o poeta em seu tempo, estudar analiticamente esta relação, mas focalizando seu interesse em sua "história psicológico-estilística", isto é, sem afogá-lo no *mare magnum* da realidade externa à obra poética. E o faz a partir de uma hipótese teórica que, por sua fidelidade a suas primeiras abordagens críticas pascolianas, experimentadas na tese de formatura de dez anos antes, mostra o ambicioso desejo de, em certo sentido, reformular os estudos sobre Pascoli. De fato, quando Pasolini, depois de ter assimilado leituras de caráter psicanalítico e existencialista, escreve que em Pascoli (e é esta a hipótese teórica) coexistem "uma *obsessão*" (força irracional) que o mantém monótono e imóvel, sempre igual a si mesmo; e "um *experimentalismo*" (força intencional) que o renova e varia constantemente do ponto de vista estilístico, não faz mais do que retomar as considerações desenvolvidas na tese de formatura, sobre a "'contínua antinomia entre o gosto romântico pela

---

335 Ibidem, p. 999.
336 Ibidem, p. 1000.

língua falada, ou seja, romança, e a nostalgia pelo discurso, a sintaxe, a distância, a nobreza da língua clássica".[337]

Neste ponto, Pasolini está pronto para enfrentar a herança pascoliana do século XX: o experimentalismo, que dá vida às mais variadas "*tendências* estilísticas" no poeta da Romanha, influi, a seu ver, em variadas "seções literárias"[338] das décadas seguintes, esquematizadas em oito pontos. 1) Os crepusculares e seus epígonos, que usam a língua falada no sentido de *koiné* (língua média) na poesia; 2) Camillo Sbarbaro e Umberto Saba, com sua violência expressiva no uso da língua instrumental em poesia; 3) a "poesia média dialetal" (exemplificada por Cesare De Titta, Nino Costa, Giovanni Lorenzoni) do início do século XX, com seu léxico vernacular; 4) as formas impressionistas de Corrado Govoni; 5) as invenções analógicas que depois serão de Giuseppe Ungaretti; 6) o "vocabulário da metafísica regional ou terrestre de Eugenio Montale"; 7) uma religiosidade amenizada, mas também evidenciada suntuosamente nos órficos, como Arturo Onofri; 8) uma parte dos herméticos, condicionados pela *poética do Fanciullino* (Carlo Betocchi, Attilio Bertolucci, Alfonso Gatto).[339] O que me parece interessante notar é principalmente o fato de que o esquema se baseie mais em nomes do que em correntes literárias, em *fatos* (literários) e não em declarações panfletistas. Os crepusculares são citados, mas também os órficos e os herméticos. Mas são os exemplos vivos da poesia de Sbarbaro, Saba, dos dialetais do início do século XX, de Govoni, Ungaretti, Montale, Onofri, Betocchi, Gatto, Bertolucci que dão vida ao esquema e sem lhe dar um sentido de árida, analítica classificação acadêmica. O que indica como houve influência pascoliana sobre os principais autores do século XX, em um processo-percurso literário em que, e aqui Pasolini dá uma estocada

---

[337] Para estas considerações, ver o ensaio introdutório de Bazzocchi, Marco Antonio e Raimondi, Ezio. "Una tesi di laurea e una città" [Uma tese de formatura e uma cidade]. IN: Pasolini, Pier Paolo. *Antologia della lírica*. Op. Cit., pp. XX-XXI (XXI).
[338] PASOLINI, Pier Paolo. *Saggi sulla letteratura e sull'arte*. Op. Cit., p. 1000.
[339] Cfr. Idem, pp. 1001-002.

polêmica muito decidida contra toda uma tradição poética recente, a vida está "*reduzida à função poética*".³⁴⁰ Estamos diante do auge da questão que Pasolini mais quer enfrentar. As pistas já estão nas páginas anteriores, quando ele diferencia seu grupo de companheiros literatos dos cultores "de uma moral beletrista típica do século XX"³⁴¹; quando se refere às *tendências involutivas* cujos resultados se viu no início do século XX. O que são, então, esses poetas *pós-pascolianos*, que podem ser inseridos entre tardo vocianismo, rondismo³⁴² e hermetismo? Eles, de alguma maneira, continuam a história plurissecular da intelectualidade italiana autorreferencial, em que, citando de segunda mão o Manzoni das *Opere inedite o rare* [Obras inéditas ou raras]³⁴³, Pasolini afirma que o poeta, ser sobre-humano, dialoga com os fatos e despreza tudo, exceto os poderosos da vez. E, seguindo Gramsci, que os intelectuais concebem misticamente a própria atividade como uma profissão autônoma e independente da efetiva produção literária desenvolvida. Dadas estas considerações, a conclusão de Pasolini é clara:

> a literatura italiana é uma literatura de elites intelectuais, cuja história estilística é uma história de indivíduos protegidos, no *inventio*, por uma *koiné* "por literatura", de um lado e do outro por uma condição social que preserva o eu em sua paixão estética a cultivar ou as anormalidades de tipo religioso ou íntimo ou o *otium* clássico e refinado.³⁴⁴

No plano sociológico, esses literatos são "uma acepção burguesa, ou pequeno-burguesa, pós-romântica, da figura típica do escritor da sociedade italiana desde o Renascimento até nós".³⁴⁵ São o arquétipo

---

340 Ibidem, p. 1003.
341 Ibidem, p. 997.
342 Relativo às ideias pregadas pelos componentes da revista "La Ronda".
343 Cfr. MANZONI, Alessandro. *Opere inedite o rare* [Obras inéditas ou raras], org. Pietro Brambilla, vol. III, Milano: Fratelli Rechiedei, 1887, p. 169.
344 PASOLINI, Pier Paolo. *Saggi sulla letteratura e sull'arte*. Op. Cit., p. 1004.
345 Idem, p. 1003.

italiano, que com a revista "La Ronda" e o Hermetismo, regride em relação a Pascoli, para um "mais sombrio apoliticismo e misticismo técnico"[346], seguramente condizente com o clima cultural fascista. De fato, em Pascoli havia pelo menos uma tentativa nacionalista, e aqui Gramsci fornece um apoio valorativo a Pasolini, de resolver o dualismo literário tradicional entre povo e nação. Entretanto, apesar de seu revolucionário plurilinguismo verbal, Pascoli permaneceu dentro da tradição que privilegia a "vida íntima e poética do eu".[347]

O conceito geral que emerge diante da experiência pascoliana e de sua herança novecentista é, portanto, negativo. Se pensamos na atividade poética paralela de Pasolini que dará vida a *As cinzas de Gramsci*, notamos nele um experimentalismo que é sobretudo uma rebelião, uma "rejeição do subjetivismo ou da vanguarda anistórica de muita poesia do século XX italiano"[348].

Fica evidente, portanto, que Pasolini usa Pascoli para salientar o limite profundo da poesia italiana que se afirmou no século XX. Uma poesia que é, segundo ele, desprovida de uma visão do mundo correspondente ao alargamento linguístico que mesmo assim contribui para legitimar e a difundir. Para os participantes da revista "Officina", a tradição literária recente, graças à qual este alargamento linguístico não é simplesmente quantitativo, é a de Manzoni e Verga, ou seja, de literatos para os quais a atividade poética certamente não é a principal entre as diversas desenvolvidas durante a vida. Na obra deles, existe um "realismo de origem ideológica", uma "visão de mundo que pressupõe um ponto de vista de fora do mundo e a partir do qual o mundo fica aumentado e ao mesmo tempo unificado em sua imensa complexidade"[349] (linguística). É esta a tradição que Pasolini deseja reconhecer como inspiradora, porque é antes de tudo dota de um antecedente ideológico a experimentação-elaboração linguística, por

---

346 Ibidem, p. 1005.
347 Ibidem, p. 1006.
348 BERTELLI, Pino. *Il cinema in corpo. Atti impuri di un eretico* [O cinema no corpo. Atos impuros de um herético]. Roma: Edizioni Libreria Croce, 2001, p. 46.
349 PASOLINI, Pier Paolo. *Saggi sulla letteratura e sull'arte*. Op. Cit., p. 1006.

um pequeno grupo de literatos militantes e não conformados com a poesia como "'História da Palavra'"[350] de ascendência hermética.

Em conclusão, Pasolini resgata a antiga questão da *Autonomia ed eteronomia dell'arte* [Autonomia e heteronomia da arte], título de um livro de Luciano Anceschi, de 1936, bem conhecido por ele, que a problematizou de uma forma nova. Mesmo neste caso, a tese de formatura já havia sido um teste para sair das dificuldades da distinção entre poesia e não poesia da crítica pós-Croce mais ortodoxa[351], se, como podemos ler na já citada carta a Carlo Calcaterra, a tentativa de Pasolini era encontrar na obra de Pascoli "uma espécie de conciliação da autonomia da arte (...), com uma moralidade humana própria que não exclui um fim utilitário, ou, de algum modo, quase estranho à poesia".[352] Continuando, em 1955, a refletir sobre esses temas, ou seja, sobre a posição e o papel dos intelectuais como grupo, sobre serem ou não serem expressão e voz das classes populares, sobre a questão teórica da poesia como forma artística pura ou impura, Pasolini se demonstra ainda inevitavelmente inserido na cultura italiana mais tradicional dos anos 1950, em que é difícil perceber o início da modernização neocapitalista, que acabará com muitas das velhas questões teóricas, estéticas e sociais, e que o próprio Pasolini reconhecerá magistralmente no ensaio "Nuove questioni linguistiche" [Novas questões linguísticas], de 1964, aprofundando depois temas individuais em outros escritos de *Empirismo Eretico*.

---

350 Idem, p. 1003.
351 Crítica mais realista do que o rei, se levarmos em conta o fato de que em 1936 sai também um ensaio de Croce, *La poesia* [A poesia], que abranda os tons e reexamina em parte os argumentos estéticos da sua teoria original. Cfr. Anceschi, Luciano. *Autonomia ed eteronomia dell'arte. Saggio di fenomenologia delle poetiche* [Autonomia e heteronomia da arte. Ensaio de fenomenologia das poéticas]. Milano: Garzanti, 1992; CROCE, Benedetto. *La poesia. Introduzione alla critica e storia della poesia e della letteratura* [A poesia. Introdução à crítica e história da poesia e da literatura]. Milano: Adelphi, 1994.
352 PASOLINI, Pier Paolo. *Antologia della lirica pascoliana. Introduzione e commenti.* Op. Cit., p. 219.

4. UM CÂNONE PASOLINIANO DA LITERATURA DO SÉCULO XX. COM PASCOLI E ALÉM DE PASCOLI: ENSAIOS CRÍTICOS E RESENHAS EM *PASSIONE E IDEOLOGIA*

4.1. *A LÍNGUA DA POESIA*: OS DIALETAIS E EUGENIO MONTALE

Seguindo o esquema delineado no ensaio sobre Pascoli, Pasolini enfrenta uma série de autores que se adaptam à herança pascoliana, a partir de alguns dialetais apreciados por ele.

O valor do triestino Virgilio Giotti é reconhecido em uma resenha densa que, na verdade, é um autêntico ensaio, e reforçado por ser colocado ao lado de um dos maiores representantes da poesia em língua italiana, Eugenio Montale.

Giotti, com efeito, tem as características de um pós-pascoliano, que começa a ser ativo no início dos anos 1900, que são aqueles da primeira revista "La Voce", surgida em 1908, e publica sua primeira obra em 1914, com o título *Piccolo canzoniere in dialetto triestino* [Pequeno cancioneiro em dialeto triestino]. O quadro pasoliniano é útil para pensar toda a poesia do período, com a reimersão no legado pascoliniano. Em 1914, com a Itália já a um passo da guerra

> a experiência crepuscular está em crise, enquanto o carduccianismo e o d'annunzianismo estão, linguisticamente, superados de vez. A nação e a cultura italianas estavam, de fato, mudadas em uma crise de crescimento. Em certo sentido, agora contava mais a trabalheira interna e gratuita do século XIX menor (...) incluindo as experiências estilísticas 'menores' dos grandes. E tudo havia tomado uma cor pascoliana, arrastando-se no silencioso sulco da subversão estilística deste ambíguo, infantil, ferrenho inovador.[353]

Quase de maneira didática, Pasolini usa *indicadores estilísticos* para cruzar a poesia de Giotti com a matriz de Pascoli, e construir uma elegante análise estilística. Por exemplo, ele usa um verso da

---

353 PASOLINI, Pier Paolo. "La lingua della poesia". IN: *Saggi sulla letteratura e sull'arte*. Op. Cit., p. 1008.

poesia *Siora Teresa* [Senhora Teresa], "sul rosa de le 'rece" (sobre o rosa das orelhas)[354] que, passando por uma livre associação com Proust, leva ao Pascoli do "negro" das "nuvens".[355] Seguindo Contini, Pasolini indica em um verso como este a presença do Pascoli que, para além da tipização dos pascolianos, entra diretamente, no plano estilístico, "no coração do experimentalismo novecentista", de modo *pré-gramatical*, com uma "gramaticalidade deprimida" e hipergramaticalmente[356]. É um caminho pelo qual é transposto conscientemente (também graças à reflexão do pintor e poeta Ardengo Soffici) para o plano poético o impressionismo pictórico francês, que se torna um elemento próprio da poética do poeta triestino, adequado à sua pascoliana representação do cotidiano de uma dona de casa, como esta Teresa protagonista da poesia de Giotti. Mas o que há de diferente em relação à Pascoli nesta poesia? Fundamentalmente uma "simplificação" e "purificação" da ideologia sentimental, que com "criatividade" (como Govoni ou Palazzeschi) e "ironia" (crepuscular), *faz o verso*, caricaturiza o personagem humilde representado.[357] Algo impensável em Pascoli.

A hipótese forte de Pasolini é esta: tal criatividade e ironia talvez não derivem da influência da "nova onda inovadora novecentista", mas talvez sejam "qualidades internas e apriorísticas" próprias da "matéria dialetal"[358]: Na verdade, Giotti usa uma língua "absoluta, quase inventada", que nem parece mais dialeto, faz o leitor esquecer que está lendo poesia dialetal. É uma língua não "subsidiária", mas já no mesmo nível literário do italiano.[359]

No século XX, Giotti de início pratica a aspiração tipicamente pascoliana de passagem, não de regressão, ao dialeto. De fato, Pascoli havia se detido no rebaixamento de tom da língua maior, sem eliminar suas características literárias seculares, "até quase alcançar

---

354 Idem.
355 Cfr. a poesia *Temporale* [Temporal], de Pascoli.
356 PASOLINI, Pier Paolo. *Saggi sulla letteratura e sull'arte*. Op. Cit., pp. 1008-009.
357 Idem, p. 1010.
358 Ibidem.
359 Ibidem, p. 1012.

o falado como recente *koiné* nacional, ou mesmo como dialeto".[360] Giotti pode fazer isto, porque não é um poeta de simples tradição dialetal localizada, em Trieste decididamente marginal. Como para Saba, "ao invés de estudar a origem de Giotti em uma tradição dialetal", é preciso analisá-la "em um ambiente em que também os fatos de costume, de cor, de existência sejam pré-constituídos em uma formação cultural".[361] Há o filtro literário encontrável em Svevo, Slataper, Stuparich, Quarantotti Gambini, não a rústica consciência "da ambição de assumir uma função demiúrgica do espírito local".[362] E Giotti tem uma experiência direta e prolongada do *centro* literário italiano, tendo vivido na Toscana de 1907 a 1920. Identificados os primeiros períodos da poesia de Giotti e colocando-os, como era seu hábito crítico, sinopticamente, Pasolini reconhece que a influência do contexto cultural e linguístico florentino (das revistas, em particular da revista "Solaria") tenha se retardado nele, no sentido em que, mesmo trabalhando na Toscana, sua primeira produção poética "ainda se ressente notavelmente de expressividade dialetal".[363] Só depois de voltar a Trieste, Giotti canta mitos e paisagens "com uma veia melódica quase tradicional de tipo 'unilinguístico' segundo a experiência de Solaria e pré-hermética".[364] Indo além, a partir do final dos anos 1930, e libertando "a veia biográfica, a história da família e da casa, das pobres alegrias e das desgraças"[365], para concluir com suas "poesias supremas" dos anos 1950 (Giotti morre em setembro de 1957, poucos meses depois da publicação deste ensaio na revista "Paragone"), nas quais com a *redução* dialetal aos poucos particulares do cotidiano, "se condensa (...) um sentimento global da existência", uma "sabedoria terrivelmente igual a si mesma, obsessiva", "um desespero senil em um coração de menino".[366]

---

360 Ibidem, p. 1011.
361 Ibidem, p. 1013.
362 Ibidem, p. 1014.
363 Ibidem, p. 1021.
364 Ibidem.
365 Ibidem, p. 1022.
366 Ibidem, p. 1024.

As páginas conclusivas revelam uma forte consonância de experiências humanas e intelectuais, poéticas, que alimentam a empatia de Pasolini com Virgilio Giotti, e que são uma anamnese útil, *mutatis mutandis*, para uma autobiografia poética do próprio Pasolini.

> Giotti não apenas viveu culturalmente a fundo o seu período histórico, mas igualmente o sofreu a fundo: quanto de passivo foi nesse seu sofrimento, se de um lado o reduz, de outro o engrandece, o eleva ao nível dos melhores poetas contemporâneos a ele, ou seja, daqueles que talvez tenham *sofrido*, mas não tenham *traído*: estamos falando dos Sbarbaro, Rebora, Jahier, os poeta 'humilhados e ofendidos'; feridos, na origem, por uma coação interna, de caráter cultural: a coação de uma civilização em crise, que se fez – dentro das almas – impotência, aridez, desespero. Feridos bem mais profundamente, concretamente, pela reação do período fascista que tendia a lhes subtrair a única forma de salvação que restava em suas almas 'angustiadas', ou seja, a pesquisa incessante, a experimentação: a liberdade estilística.[367]

Giotti exemplifica tanto a injustiça sofrida quanto a "salvação"[368] possível a um poeta. Que não é o refugiar-se na "torre de marfim hermética, o que implica em uma orgulhosa e no fundo condescendente religião das letras"; mas estar pronto para pagar pessoalmente, evitando corresponsabilidade com os misticismos de "La Voce" e do *retorno à ordem*. "Desespero privado" diante da involução fascista e bélica, "participação necessária e contra vontade à sua história".[369]

Depois de Giotti, Pasolini decide colocar em evidência no livro, de maneira funcional ao seu discurso de valorização literária da dimensão não simplesmente local da poesia dialetal, outros três poetas entre os mais analisados no ensaio sobre a poesia dialetal italiana: Edoardo Firpo, Vittorio Clemente e Eugenio Cirese. Antes de tudo,

---

[367] Ibidem, p. 1025.
[368] Ibidem, p. 1026.
[369] Ibidem.

porém, decide colocar uma resenha contemporânea ao Montale de *La bufera e altro* [A tempestade e mais], seja porque Montale se presta bem para exemplificar o ponto 6) do esquema apresentado acima, seja porque um dos três dialetais seguintes, Firpo, é ligado a Montale pela origem lígure comum.

Para Pasolini, a poética de Montale é obsessivamente a mesma há quase trinta anos. *La bufera* representa, entretanto, uma renovação e uma superação da poesia anterior, em que o poeta lígure elencava de maneira densa e precisa fatos, coisas, fenômenos inspiradores, transformando estes dados práticos em dados metafísicos. Neste novo livro de versos, Montale opera "uma redução do mundo externo a alguns de seus dados" mínimos e justapostos em sua elegância; "uma dilatação desses dados para simbolizar a parte sensível do mundo".[370] Esta "redução que implica em dilatação" é a "típica operação de Pascoli", à qual se acrescenta um enriquecimento e uma complicação devidos "a uma consciência estética da qual Pascoli tinha em seus primórdios, em uma sua angústia provincial".[371] Aqui também, como com Giotti, temos um poeta, neste caso do *centro* e não da *periferia* dialetal, que segue e vai além de Pascoli. A renovação citada acima, acontece porque Montale "não está mais em relação com um fragmento do mundo, mas com o mundo visto em síntese", colocando-se "em relação não só com um mundo unificado em seus objetos, não arranhado pelo nada, mas com um mundo circunstanciadamente histórico, com a sociedade"; isto porque "seu racionalismo foi impulsionado para além dos confins da estética, até identificar um mundo vivo em seus objetos, objetivamente: o mundo histórico" do qual nos oferece "o parecer de uma alma": mesmo mantendo uma linguagem extra-histórica típica de "seu racionalismo de refinado, de ferido".[372]

---

370 PASOLINI, Pier Paolo. "Montale". IN: *Saggi sulla letteratura e sull'arte*. Op. Cit., p. 1028.
371 Idem.
372 Ibidem, pp. 1030-31. Sobre Pascoli e Montale ver também o ensaio homônimo de 1947, publicado na revista "Convivium", no qual Pasolini retoma substancialmente as posições da tese de formatura, argumentando como os dois poetas compartilham um

Agora Pasolini traz outro lígure, *completamente dialetal*, o afinador de instrumentos Edoardo Firpo (profissão adequada à "figura surrada e um pouco monstruosa do poeta dialetal"[373]), com este Montale lido em chave *pós-Pascoli*. A associação entre os dois não está ligada a pura coincidência de nascimento, mas é para Pasolini um dado profundo que, de pontos de partida diferentes, os conduz a resultados similares ou, quanto menos, confrontáveis. É uma resenha que realmente diz muito sobre Montale, sobre a visão que Pasolini amadureceu através dos anos (estamos sempre em 1957). Montale, com efeito enriquece com um aro a corrente, mediando em certo sentido a presença de Pascoli em Firpo. Não por acaso, Montale escreve uma premissa ao livro de Firpo de 1936, *O fiore in to gotto* [A flor no copo]. Firpo se move em direção centrípeta, da periferia para o centro poético, mas chega com atraso, "acreditando encontrar ali um hipotético Pascoli, mais crepuscular, extravagante e reservado (...), e, em vez disso, encontra Montale"[374], um pascoliano diferente, que atua no centro, mas que está sendo empurrado para os limites da periferia do viver cotidiano, das pequenas coisas, contraditos pela absolutez e eternidade que lhes atribuiu o poeta:

> Saindo da Itália para a terra italiana, Montale não podia deixar de se deparar com o dialeto: que se para Pascoli foi objeto de aspiração incessante e irrealizada, para Montale foi um recurso renunciado de má vontade, mas não essencial. O evasionismo de Pascoli não foi coerente até o fim por incerteza e medo; a de Montale porque era forçada pelas circunstâncias, não escolhida livremente. O verdadeiro amor de Montale era o centro, justamente porque para ele era impossível estar ali, trabalhar ali. Pascoli olhava com extrema e

---

fazer poético que reduz "as proporções do mundo a um objeto, a uma ocasião, em que esse mundo fica resumido" (Ibidem, p. 275.)
373 PASOLINI, Pier Paolo. "Un poeta in genovese" [Um poeta em genovês]. IN: *Saggi sulla letteratura e sull'arte*. Op. Cit., p. 1034.
374 Idem, p. 1032.

patética simpatia os confins, exatamente porque ao invés de estar e trabalhar no centro para ele era óbvio e obrigatório.³⁷⁵

Firpo, formado no mesmo âmbito cultural de Montale, tem em relação a ele "uma mais penosa e frágil casuística psicológica". Resignado e pouco agressivo, por sua própria "iniciativa e direta vontade, não fez, originalmente, nenhum passo para uma consciência de relações e trabalho literário". Mas o que realmente o une a Montale? Pasolini exemplifica esse contato entre almas lígures pela imagem de Genova, uma cidade que em a sua poesia é duplicada, real e espectral, onde Firpo "está fora do tempo", e as coisas, as pessoas, os objetos, "mesmo sendo extremamente definidos, locais, idiomáticos, são ao mesmo tempo absolutos". É nessa "absolutez do concreto-sensível" que está o ponto de encontro entre Firpo e Montale, uma convergência de realidades opostas. A "analogia do mundo deles" é na verdade "aparente: implica uma noção de mundo diferente, que se fez por turnos compreensível na zona franca".³⁷⁶ Firpo alcançou a plena maturidade poética só na última fase da vida, o que o deixou capaz de exprimir uma poesia à altura da poesia em língua italiana, a ponto de impressionar um poeta famoso como Montale. Sua cultura se enriqueceu, transformando-se em uma "tendência cultural", tomou consciência de sua extravagância, de seu evasionismo e da sua predisposição a estetizar, oferecendo no final "um cancioneiro perfeito, para atestar sua presença em nosso mundo".³⁷⁷ É o mundo dos poetas, naturalmente.

Os outros dois poetas dialetais da seção são Vittorio Clemente, do Abruzzo, e Eugenio Cirese, do Molise. Os dois são associáveis porque, junto com outros como Cesare De Titta e Alfredo Luciani, difundem uma "épica à *Myricae*" como parte "de uma apenas delineada,

---

375 Ibidem, p. 1033.
376 Todas as citações anteriores em Ibidem, p. 1034.
377 Ibidem, p. 1036.

mas já muito inconfundível, literatura do Abruzzo".[378] Esta literatura demonstra com exemplos sólidos que a "tradução em dialeto de Pascoli" é um dos mais importantes "processos literários do século XX", factível levando à consequências inevitáveis e coerentes o percurso de Pascoli, que no plano teórico teria uma grande influência sobre a "história literária do italiano", se não tivesse sido parado pelo julgamento de Croce, pelo "gosto de 'La Ronda'", ou suplantado por uma personalidade como a de Ungaretti.[379]

Clemente, em particular, dá vida a uma épica campestre pascoliano-d'annunziana, e é um dos últimos "realizadores da fala pascoliana"[380], e deve ser lido levando em conta tanto a história do Abruzzo quanto a história da língua italiana. Este poeta mostra claramente, "naquela pura, inútil e corajosa pesquisa de um mundo unicamente cognoscível pelos sentidos", o que o dialeto ainda pode oferecer à poesia, diante de um processo que depurou a língua italiana:

> A *intermittence du coeur* deve ao dialeto, como matéria na qual imprimir suas técnicas, do puro dado psicológico às resoluções literárias, uma exclusão inesperada, um levíssimo desvio de seus modos típicos, que lhe restituem uma lucidez insólita exatamente onde aquela matéria é mais acanhada, mais apagada. Porque, precisamente de uma tradição de imediatez que na língua italiana se disseminou, intervém, ao deslindar o primeiro, contraído núcleo da memória de dissolução em dissolução, em uma abertura de precisas se bem que mágicas recordações, um sentimento que está entre a sabedoria popular e a resignação, cujas inflexões linguísticas são, na língua italiana, desconhecidas.[381]

---

378 PASOLINI, Pier Paolo. "Un poeta in abruzzese" [Um poeta em abruzense]. IN: *Saggi sulla letteratura e sull'arte*. Op. Cit., p. 1038. A obra *Myricae* de Pascoli, que teve várias edições entre 1891 e 1903, representa uma poesia feita por meio de objetos humildes e de um ambiente natural cotidiano, campestre, lidos simbolicamente.
379 Ibidem.
380 Ibidem, p. 1039.
381 Ibidem, p. 1041.

E a disposição sentimental não é dialética, mas "está sempre, por definição, suspensa entre dois termos opostos, não superados, mas poeticamente fundidos".[382]

Também com Cirese, que passa por uma fase *mélica*, uma *socialista* e uma *refinada*, a relação entre dimensão local e nacional é complexa: ele trabalha, de certa forma, em um tempo "marginal e menor"[383] com relação à centralidade de "La Voce" e hermética, por razões linguísticas e de poética *retardatária* tipicamente dialetal. Entretanto, essa marginalidade é vivida pelo poeta "tão límpida e apaixonadamente a ponto de implicar uma complexidade" e a matriz cultural romântico-filológica tardo oitocentista, unida à vertente ideológica popular e progressista do início do século XX, não representam na verdade algo de menor, se pensarmos na fase de "fossilização da vida nacional durante os vinte anos" fascistas.[384] Pasolini identifica a contradição geradora de poesia em Cirese, na presença, por um lado, de uma essencialidade que, além de ser hermética e novecentista, é pré-existente, com referência à "'helenismo' mélico" não neoclássico, mas "vibrante e patético" típica do meridional.[385] Por outro lado, de um interesse para com a realidade entendida como "realista de formação gramsciana", que, de uma cerimônia pública para os mortos de guerra (a referência é a poesia *La 'nnaurazione* [A inauguração]), mostra desconfiança para com os "dados atuais" da situação, deslocando sua "simpatia para a dor não atual, mas eterna da mãe que chora pelos filhos", fundindo o "cotidiano e o engajado com o absoluto e o interior".[386] O dissídio poético de Cirese permite reconhecer, para Pasolini, uma componente de desconforto psicológico que não é só da poética do centro linguístico italiano, mas também pode ser encontrada nas periferias dialetais. Além disso, esta representa a concreta possibilidade do manifestar-se de uma *literatura*

---

382 Ibidem.
383 PASOLINI, Pier Paolo. "Un poeta in molisano" [Um poeta em molisano]. IN: *Saggi sulla letteratura e sull'arte*. Op. Cit., p. 1043.
384 Idem.
385 Ibidem, p. 1044.
386 Ibidem.

nacional-popular na Itália do início do século XX, mas de uma forma inevitavelmente impura, que não satisfaz os requisitos desse modelo.

A poesia de Cirese, mesmo não sendo um produto da revolução "formal" que envolveu aqueles que de resto continuam sendo os melhores escritores das primeiras gerações do século XX, não poderia nem ao menos ser definida com uma fórmula que esteja em polêmica com aquela "revolução".[387]

O seu contínuo aproximar e afastar dos módulos teorizados por Gramsci, "era talvez o que de melhor e mais sincero se pudesse fazer, no fundo, nas primeiras décadas deste século: e sua contradição entre uma objetivação socialista e uma introversão religiosa é a mais autêntica e fecunda".[388] Cirese também é elogiado por Pasolini como organizador de edições de poesia popular, de um ponto de vista socialista pré-fascista, ou seja, sem uma diferenciação classista delineada no mundo popular e dialetal. A dupla figura de organizador de antologias e poeta, de certa forma os aproxima, valoriza e contamina reciprocamente nos dois âmbitos de ação, cultural e literária, tanto que Cirese "ao fazer poesia é folclorista e ao fazer folclore é poeta".[389] Mas diferentemente de Cirese, Pasolini não tem uma ascendência originalmente dialetal, o que, aliás, permite ao poeta do Molise transfundir a sua "Biografia"[390] em um trabalho de escavação, que se torna um livro essencialmente pessoal por ser plenamente vivido, comparável às antologias do século XIX de Tommaseo e de Nigra.

4.2. "COLOCAR", NÃO "ANALISAR" CARLO EMILIO GADDA: DAS *NOVELLE* [NOVELAS] AO *PASTICCIACCIO* [AQUELA CONFUSÃO LOUCA DA VIA MERULANA]

Em uma ótica completamente classificatória, que faz parte de uma

---

387 Ibidem, p. 1045.
388 Ibidem.
389 Ibidem.
390 Ibidem, p. 1047.

genealogia de escritores que começa a se constituir já nas origens da literatura italiana como tradição paralela, senão como autêntica *antiliteratura* (contrária à oficial e triunfante) identificável a posteriori, encontramos enfim o Gadda de Pasolini dos anos 1950, escritor admirado e fonte de inspiração para os experimentos dialetais em prosa nos subúrbios romanos do Pasolini romancista. Não é uma linha estritamente pascoliana que aqui é averiguada, mas seu correspondente em prosa que liga Gadda ao século XIX de Alessandro Manzoni e Giovanni Verga, o que também se faz possível pela tardia publicação de um romance como *Aquela confusão louca da via Merulana*, que originalmente saíra em capítulos na revista "Letteratura", em 1946 e que, publicado em livro somente em 1957, consegue evitar a fase mais ativa e ideológica da atmosfera crítica neorrealista. E, ao mesmo tempo, Pasolini acaba por exaltar a *função Gadda* identificada por Gianfranco Contini como característica própria da violência expressiva do escritor lombardo, e que o associa ao seu personalíssimo exame do plurilinguismo literário italiano desde as origens até o século XX. Gadda prestou-se, como fenômeno literário, a uma operação de leitura por Contini da história literária que é a pesquisa de seus lados ocultos, conectada à reescrita da tradição a partir de uma "revolução da linguagem".[391]

Pasolini coloca, assim, diante de um livro como *Le novelle dal Ducato in fiamme* [As novelas do Ducado em chamas], resenhado em 1954, problemas literários e linguísticos de caráter geral, envolvendo

---

[391] Cfr. em geral, o ensaio recapitulativo de SEGRE, Cesare. *La tradizione macaronica da Folengo a Gadda (e oltre)* [A tradição macarrônica de Folengo a Gadda (e além)]. IN: *Opera critica* [Obra crítica]. Milano: Mondadori, 2014, pp. 838-855 (846); sobre a origem e a fortuna do conceito de 'função Gadda' ver a dissertação de MECOZZI, Lorenzo. *"Funzione Gadda". Storia di una categoria critica* ["Função Gadda". História de uma categoria crítica]. Siena: Università degli Studi. Facoltà di Lettere e Filosofia. Orientador: Prof. Guido Mazzoni. A. A. 2010-11. Disponível em www.academia. edu. Sobre a 'função Gadda' em Pasolini, ver BONIFACINO, Giuseppe. "Il gatto e l'usignolo. La 'funzione Gadda' in Pasolini" [O gato e o rouxinol. A 'função Gadda' em Pasolini]. IN.: *Allegorie malinconiche. Studi su Pirandello e Gadda* [Alegorias melancólicas. Estudos sobre Pirandello e Gadda]. Bari: Palomar, 2006, pp. 109-62.

"toda a paisagem histórica da prosa italiana".[392] Por meio de sugestões críticas e as hipóteses de interpretação de Alfredo Schiaffini e Gianfranco Contini, Pasolini não entende ter muito a acrescentar. Por isso seu objetivo é "colocar" Gadda no contexto histórico-literário italiano.[393] Gadda não é colocável pacificamente no século XX literário, pois sua prosa de arte diferencia-se substancialmente da de seus contemporâneos (como Emilio Cecchi); não é d'annunziano, mas seu estilo é um "barroco realista" pré-barroco, que o insere na "constante da literatura italiana que Contini define plurilinguismo em antítese ao unilinguismo de Petrarca", absoluto e anistórico, base da pureza da "literatura italiana-florentina".[394] Dos rimadores ítalo-provençais, passando pelo século XV macarrônico e o Romantismo, até Manzoni e Verga, o plurilinguismo, "o dantismo linguístico vicejava na vida literária militante, embebia-se de ressurgimento, de liberalismo, de socialismo".[395]

Para Pasolini, toda essa tradição, amontoado de fenômenos e experiências literárias, chega a Gadda, esquematicamente, deste modo: 1) uma componente manzoniana lombarda, de tipo romântico, tendencialmente cristã e democrática; 2) uma dialetal "em que se agigantam Porta e Belli, irônicos, não humoristas, expressionistas, não cromáticos"[396]; 3) uma scapigliata, identificada por Contini em relação à scapigliatura do Piemonte; 4) uma lírica de tipo realista de Verga. Os efeitos dessas componentes sobre sua escrita são assim descritos por Pasolini:

> da primeira, se deposita em Gadda um certo conformismo tanto em sentido provincial quanto nacional (...), e deixam traços, por exemplo, na figura do capitão (autobiográfica) do conto *Socer*

---

392 PASOLINI, Pier Paolo. *Le novelle dal Ducato in fiamme*. IN.: *Saggi sulla letteratura e sull'arte*. Op. Cit., p. 1049.
393 Idem.
394 Ibidem, p. 1050.
395 Ibidem.
396 Ibidem, p. 1051.

generque [Sogro e genro]. Da segunda, dialetal, um certo sabor, mesmo se muitas vezes divertido, de isolamento municipal. Da terceira, scapigliata, um excesso de psicologismo patológico, clínico. Da quarta, realista, uma não disfarçada crueza de contentamento pela linguagem e a abordagem científica: um despudorado odor de laboratório.[397]

Estas componentes de estilo chegam a Gadda, já ativo em uma época posterior, "esvaziadas de conteúdo": sobrevive apenas a "violência expressiva", que parece própria de um "super-homem sem vontade de poder".[398]
Pasolini identifica no exame da prosa de Gadda os mesmos resultados críticos, fruto de uma psicologia em que domina a "fixação narcisista" e uma "reação patológica ao contato com o mundo externo", tanto que seu antifascismo "poderia se dizer devido ao fato dos fascistas irritarem especialmente os nervos".[399] No plano estilístico, a prosa se mostra de modo evidente como "*contaminatio* de linguagens" e como "fúria analítica" que privilegia os *excursus*.[400] Voltando, como habitualmente, a uma questão anterior para aprofundá-la, Pasolini especifica, concluindo, em que consiste a diferença de Gadda em relação à prosa de arte do século XX. Ele se configura como um "clássico" que não se esquiva à influência dos modelos contemporâneos, mas, invertendo a relação realista (em Gadda é "o texto narrativo que produz o diálogo", não vice-versa), "coroa no século XX o realismo de Verga":

> dá respiro 'nacional' ao panfletarismo filológico e scapigliato, produto um tanto provincial do romantismo; e atua em concreto, por meio de seu portentoso maquinário linguístico, a sua 'hipertaxe'

---

397 Ibidem, p. 1051-52.
398 Ibidem, p. 1052.
399 Ibidem, p. 1053.
400 Ibidem.

(...), as teorias de [Graziadio Isaia] Ascoli em polêmica com o [Alessandro] Manzoni teórico.[401]

Para *Aquela confusão louca da via Merulana*, resenhado quando do lançamento em livro em 1957, valem como premissas as observações sobre as *Novelle*. Mas nesta resenha Pasolini pode aprofundar as considerações mais propriamente linguísticas e ligadas à presença do dialeto neste complicado *pastiche*. A complexidade é enfatizada paradigmaticamente por Pasolini para o fato de que ele, como crítico, não consegue aplicar a este livro o *clic* de Leo Spitzer, que corresponde ao "momento da leitura em que, em presença de um detalhe estilístico mesmo mínimo, acontece algo no leitor pelo qual, aquele detalhe, assume intuitivamente um valor paradigmático, resume em si toda a obra".[402] De fato, uma única página de Gadda faz uma "fuzilaria de clic", que torna o todo altamente dramático e contraditório. Tanto a análise da componente dialetal quanto a análise da componente sintática não permitem identificar um estilema ou uma forma sintática que representem toda a obra. Do ponto de vista dialetal há quatro elementos que se contradizem: 1) os tipos dialetais de Verga, com a regressão do autor ao ambiente descrito; 2) os tipos dialetais de Belli, em que o autor regride a um seu personagem inteiramente dialetal; 3) os usos dialetais que implicam a presença do discurso indireto livre, como se o narrador fosse, por exemplo, um personagem rústico de Gadda; 4) os usos literários, macarrônicos, puramente ornamentais, que *recriam a fala do falante* em forma de caricatura. Sob o ponto de vista sintático, Pasolini retoma o conceito de *hipertaxe* usado na resenha das *Novelle*, para mostrar que em Gadda não há linearidade e continuidade hipotática ou paratática.

Visto que a análise estilística não funciona, Pasolini pensa em se deter, mais do que no sintagma, em um trecho inteiro do livro,

---

401 Ibidem, p. 1054. Pasolini usa o conceito de "hipertaxe" especificamente para definir a prosa de Gadda, que, para ele, vai além da simples hipotaxe.
402 PASOLINI, Pier Paolo. "Il Pasticciaccio". IN.: *Saggi sulla letteratura e sull'arte*. Op. Cit., p. 1055.

que pode dar empiricamente a ideia do *"modo de contar"* de Gadda. Nesse ponto, para mostrar a diversidade de Gadda, torna-se necessário comparar seu estilo narrativo com o estilo narrativo clássico e decididamente linear de Manzoni, em que "o tempo narrativo e a escolha lógica"[403] coincidem perfeitamente, como se percebe pelo uso de *"perfeitos históricos* e de *perfeitos lógicos"*: o narrador "se explica em toda a sua extensão" convencido de captar "em sua constituição gramatical, e portanto em sua ideologia burguesa-democrática e em sua piedade cristã, o real".[404] O ritmo narrativo de Gadda não é assim, mas se pode esquematizar como um conjunto de presente histórico proustiano com obsessão pelo detalhe; de "síntese enunciativa à rebours", em que o acontecimento que deveria ser central é liquidado rapidamente para passar de um *excursus* a outro; de uso do *"tempo mais-que-perfeito"*, com o qual Gadda, caracterizando seu estilo de maneira original, "finge dar seu diagnóstico em um momento (...), quando as consequências da ação já aconteceram, e não há mais nada a fazer".[405] Tudo é nivelado, o marginal e o essencial dos fatos e das circunstâncias. O conteúdo permanece secundário em relação à figura do narrador, do qual o que conta é a língua, a técnica, o estilo, com um resultado literário altamente dramático. Dramaticidade que é um "choque violentíssimo"[406] entre a realidade objetiva do romance policial e a realidade subjetiva do narrador, incompatível com ela. É o eu que se embate com um mundo definido em mil detalhes, linguisticamente constituído de uma Babel que é a Roma de seu romance, realidade que Gadda não consegue representar em uma narração direta, lógica e histórica.

> Em Gadda subsiste a certeza de uma realidade objetiva que pode ser mimetizada e representada [à maneira de Verga] (...): mas é uma certeza sobrevivente da cultura positivista e laica em cuja

---

403 Para esta e para as citações anteriores ver: Idem, p. 1057.
404 Ibidem, p. 1058.
405 Ibidem.
406 Ibidem, p. 1059.

extremidade Gadda (que é engenheiro) se formou: a esta certeza se sobrepõe uma efetiva incerteza, o sentido lírico da vaidade e do nada, de tipo religioso e estóico que pertence à cultura em que Gadda por coação e por reação viveu e trabalhou.[407]

Em outras palavras, Pasolini destaca em Gadda o peso de "dois erros": uma sobrevivência de "positivismo naturalista" de matriz liberal pré-fascista e um "coagido lirismo deformante de um antifascista requintado e fragmentado pela luta desigual com o Estado".[408] Nenhuma perspectiva, apenas a pura representação de um mundo de angústia e neurose que se exprime sem dar espaço à esperança. A não atualidade que Pasolini via à época no trabalho de Gadda era outro indicador de sua classicidade.

5. ENTRE FILOLOGIA, POLÍTICA E EXPERIMENTALISMO

Antes de introduzir as resenhas dos autores em língua italiana, Pasolini insere dois ensaios ilustrativos da situação literária contemporânea e escritos pouco antes: "Osservazioni sull'evoluzione del Novecento" [Observações sobre a evolução do século XX] e "La confusione degli stili" [A confusão dos estilos]. Podemos sintetizá-los juntamente com os dois ensaios finais, "Il neo-sperimentalismo" [O neo-experimentalismo] e "La libertà stilistica" [A liberdade estilística], pois aqui também estão reunidas as posições que Pasolini e seus companheiros levam adiante na revista "Officina" nos momentos de maior atividade e combatividade do grupo, entre 1956 e 1957. Aqui o aspecto militante da crítica de Pasolini torna-se preponderante, mesmo não perdendo completamente a ânsia classificatória que lhes permitia defender, com o apoio do ensinamento de Contini, uma nova leitura abrangente e ampliada da literatura italiana, mas agora concentrada na atualidade. Pasolini vive plenamente seus anos

---

407 Ibidem, p. 1060.
408 Ibidem.

nos quais é evidente a crise do intelectual burguês, e a exigência de buscar um novo espaço de ação, que talvez se identifique substancialmente com uma zona franca em que agir de um ponto de vista eclético, empírico, epigônico.

> É a postura de quem não é mais ideologicamente católico e burguês, mas rejeita o conformismo comunista, não é mais hermético (...) mas repudia a coação neorrealista, colocando-se em um espaço intermediário entre essas polaridades opostas. O espírito filológico e empírico de Contini é assumido como princípio metodológico que abole qualquer *posição* rígida, crítica ou ideológica.[409]

No primeiro ensaio, de 1954, Pasolini parte de uma reflexão de Mario Luzi para responder às dúvidas do poeta florentino sobre a possibilidade da equação realidade-verdade, que considera distante da percepção moderna. É uma breve discussão publicada na revista hermética *La Chimera* [A quimera], e Pasolini irá considerar útil republicar este ensaio como articulação de sua visão coerente da literatura italiana em *Passione e ideologia*. Para Pasolini, o problema se coloca observando o ponto de vista da maior parte dos escritores italianos, que não é o de quem faz parte "das grandes fileiras do catolicismo ou do materialismo marxista"[410], como o católico Mario Luzi e naquele momento, mesmo se de maneira *herética*, o marxista Pasolini. Gadda serve para dar um tipo (bem sucedido) desse escritor estranho às *duas igrejas*, as quais, não é nem certo (nota Pasolini em um inciso) são capazes de fornecer linguisticamente uma solução válida para *seus* escritores: o "problema crítico geral" pode prever como "solução para um escritor burguês, que não é mais católico e não pode ser comunista (mas quais são os escritores que realmente, em

---

409 Santato, Guido. *Pier Paolo Pasolini. L'opera poetica, narrativa, cinematografica, teatrale e saggistica. Ricostruzione critica* [Pier Paolo Pasolini. Obra poética, narrativa, cinematográfica, teatral e ensaísta. Reconstrução crítica]. Roma: Carocci, 2012, p. 232.
410 PASOLINI, Pier Paolo. "Osservazioni sull'evoluzione del Novecento". IN.: *Saggi sulla letteratura e sull'arte*. Op. Cit., p. 1062.

seus efeitos linguísticos, são católicos ou comunistas?)", "um violento anticonformismo, cujo desespero encontre ressarcimento na consolatória capacidade expressiva, poética", ou no moralismo empírico.[411]

A atitude empírica representa principalmente, para Pasolini, naquele momento e também dez anos antes, a postura forçada diante da realidade, fora do materialismo marxista. Em um quadro crítico que se apresenta deste modo:

> carência de uma 'gnose' que unifique o mundo em que o 'burguês' persiste, usufruindo dos remanescentes dos grandes modos de conhecimento do passado, da contra-reforma ao positivismo e ao idealismo, com algumas pitadas (em referência ao burguês 'literato') de anarquia (na linha pós-romântica, decadente, crepuscular), conformismo e restauração, e, por fim, daquele comunismo de companheiros de estrada cujo produto é exatamente o neorrealismo.[412]

Neorrealismo no qual Pasolini vira mais um lado estetizador do que uma efetiva reconexão ao realismo de Verga.

Pasolini mostra um sentimento de desorientação que é precursor de poesia, para ele que permanece burguês, apesar de tudo. E não quer ou não pode ser comunista, ou seja, aceitar o neorrealismo que tem da "realidade somente uma aspiração visual, um sabor":

> para nós, esta situação que vivemos cotidianamente, de escolha não realizada, de drama não resolvido por hipocrisia ou fraqueza, de falsa "descontração", de descontentamento por tudo aquilo que deu uma inquieta plenitude às gerações que nos precederam, parece suficientemente dramática para que possa produzir uma nova poesia.[413]

Uma nova poesia que seja desprovida "da mística da traição de

---

411 Idem, p. 1063.
412 Ibidem, p. 1064.
413 Ibidem, p. 1068.

classe, do messianismo populista"[414], próprios do burguês que vai de sua classe para o partido de outra; e não seja ao mesmo tempo "por escolha estética, mera história interior".[415]

La confusione degli stili, publicado na revista "Ulisse" no outono/inverno de 1956, já é um trabalho mais complexo, voltado para esclarecer melhor em quais problemas se embate o ambiente cultural italiano, como já se percebe pelo título, que remete à recente leitura de Auerbach por Pasolini[416], que começa a usar os conceitos do estudioso alemão, e os de Leo Spitzer, com sua típica maleabilidade e criatividade. Seu modo de enfrentar a relação estilo-língua-literatura já antecipa as reflexões dos anos 1960, mesmo se ainda ligado às possibilidades cognoscitivas e criativas de uma literatura não ainda subvertida pela revolução neocapitalista e por sua língua homologadora.

Pasolini, mesmo detendo-se mais no pós-hermetismo do que no neorrealismo, está de fato interessado em mostrar os limites e as incongruências estilísticas desta última corrente artística e literária, e as contradições próprias da política cultural dos marxistas ligados ao PCI [Partido Comunista Italiano]. O neorrealismo é para Pasolini "anti-experimental"[417], tende a ter uma visão aproblemática, desprovida de dores e dúvidas, mesmo querendo inovar. Mas essa inovação, baseada em negar e depurar os fenômenos literários imediatamente precedentes (hermetismo, prosa de arte, estilo refinado do *culto da Palavra*), leva-o a "readotar um material linguístico superado e frequentemente murcho".[418] Portanto, como se pode dar vida a uma literatura "nacional-popular", se se usa a língua surgida depois da unidade nacional "como língua franca, *koiné* instrumental de um Estado ainda sem tradição linguística senão limitada às elites aristocráticas,

---

414 Ibidem.
415 Ibidem, p. 1069.
416 AUERBACH, Erich. *Mimesis. A representação da realidade na literatura ocidental*. São Paulo: Perspectiva, 2001.
417 PASOLINI, Pier Paolo. "La confusione degli stili". IN.: *Saggi sulla letteratura e sull'arte*. Op. Cit., p. 1071.
418 Idem.

e vivo apenas, linguisticamente, em seus dialetos?".[419] Pasolini cita justamente Gramsci para sustentar uma hipótese forte e irritante para os dirigentes culturais comunistas, lembrando que ele associava a "pacotilha literária"[420] aos burocratas, e desvalorizava as ascendências democráticas da burguesia italiana, artificiosas e puro reflexo da vida francesa, ou seja, de uma nação em que houve uma verdadeira revolução burguesa. Assim, a nova literatura não deve combater somente contra os resultados do novecentismo, mas também contra o que o precede, não menos politicamente conservador, quando não reacionário:

> Uma inovação literária, determinada por uma nova cultura em seu fazer-se, pensamos que deveria se apresentar como ato político contrário a essas duas tradições, a das elites de vanguarda e a instrumental, em sua acepção baixamente literária.[421]

Não se pode colaborar (ou aceitar), senão com finalidade puramente de pesquisa científica (por *gramáticos*), com essas duas tradições, quando se tem uma concepção heterônoma da literatura.

Dito isto, Pasolini destaca que Gramsci não forneceu indicações claras e vinculadoras sobre como um escritor deve perseguir em sua obra "o ideal nacional-popular: ele se mantém em uma posição objetiva, problemática, de possibilidades, com uma postura de verdadeira largueza filológica".[422] Pasolini pode insistir com maior liberdade depois das conhecidas revelações do *relato secreto* de Khrushchov ao XX Congresso do PCUS [Partido Comunista da União Soviética], sobre o antidogmatismo de Gramsci, usando-o contra o dirigismo *stalinista* (com o qual os identifica poucas páginas depois) dos intelectuais-dirigentes do PCI. Um ano depois dos disparos contra o seu *Meninos da vida* por parte dos dirigentes comunistas, Pasolini pode

---

419 Ibidem, pp. 1071-72.
420 Ibidem, p. 1072.
421 Ibidem.
422 Ibidem, p. 1073.

sustentar indiretamente a licitude de sua operação linguístico-literária, apoiando-se exatamente sobre inequivocáveis reflexões do consagrado mártir do comunismo italiano.[423]

O que Gramsci ensina fundamentalmente é que "toda vez que aflora, de um modo ou de outro, a questão da língua, significa que se está impondo uma série de outros problemas".[424] Esta observação de Gramsci, que assume às vezes o valor de axioma em Pasolini e nos estudiosos gramscianos, é uma daquelas continuadas *fulgurações cognoscitivas* que Pasolini absorverá, repetirá e adaptará, parafraseando-a, a outros contextos críticos e artísticos da sua vasta produção sucessiva. Pelo momento, observemos como parece claro que Pasolini esteja plenamente consciente que a adoção de uma língua literária em uma ótica de classe não possa ser algo previsível e feito de maneira rígida, dado que o risco do artifício e da pura imposição é sempre possível, senão provável.

Para mostrar melhor os limites e as contradições da opção realista do segundo pós-guerra, Pasolini volta atrás, às origens dos movimentos literários do início do século XX, caracterizados de maneira só residual e clandestinamente pelo romantismo e pelo naturalismo (Manzoni, Verga, um certo Pascoli), mas fundamentalmente classicistas e decadentes. Neles prevalecem o "período hipotático, a separação dos estilos (...), a dilatação semântica" mais do que a "desgramaticalização irracional e ingênua de Pascoli", as "tumefações, expressionistas, do romantismo sobrevivente, decadente".[425] Nessa

---

[423] Para as críticas e as sugestões dos comunistas, em particular de Carlo Salinari, cfr. SANTATO, Guido. Op. Cit. pp. 258-59; SICILIANO, Enzo. *Vita di Pasolini*. Op. Cit., p. 246.
[424] PASOLINI, Pier Paolo. *Saggi sulla letteratura e sull'arte*, Op. Cit., p. 1073. Neste mesmo ensaio, pouco mais adiante, a propósito da sensação de transformação social geral percebida no imediato pós-guerra dominado por um "espírito revolucionário", reformula a ligação língua-sociedade nestes termos: "uma vez que uma 'escolha facultativa', em sede linguística, é o produto de um momento de novidade interior e de regeneração do mundo externo, todo um sistema de escolhas facultativas, com tendência a transformar as instituições linguísticas, só poderia derivar de um novo sistema ideológico" (p. 1081).
[425] Idem, p. 1077.

situação literária confusa, corresponde "a mais árdua confusão, ideológica e política".[426] Tanto que as contradições, segundo Pasolini, fazem encontrar no vocianismo de vanguarda e revolucionário, antitradicionalista, formas tradicionalmente antipopulares; e, nas formas olímpicas e isoladas da literatura dos vinte anos do fascismo, elementos de resistência cultural ao fascismo.

Em síntese, Pasolini destaca que o século XX literário que se afirma durante o fascismo leva a uma elevação da prosa a nível da poesia (Vincenzo Cardarelli e Emilio Cecchi); enquanto a tendência oposta, de Gramsci e Piero Gobetti, "antinovecentista", que prevalece depois da guerra e a queda do regime fascista e é verificável literariamente em Gadda e Alberto Moravia, se demonstra "regressiva" com relação às inovações do século XX, "enquanto ligada às experiências ideológicas e estilísticas do século anterior".[427]

Depois da guerra surge o neorrealismo, que substitui a retórica e a "distinção estilística" pela "antiretórica e a mistura de estilos".[428] À hipotaxe sucede a parataxe, voltam os discursos diretos e indiretos, redescobre-se o "concreto-sensível" dos vivos e falantes, desaparecido por vinte anos da Itália.[429] O meio de expressão que parece corresponder melhor a essa nova onda artística é o cinema, porque coloca "sem mediação os sentidos diante do objeto material da representação".[430] Acredita-se, neste momento de renascimento, que o espírito revolucionário da Resistência consegue fazer tábula rasa de um "mundo estilístico" já visto come definitivamente superado.[431] Infelizmente, dez anos depois, Pasolini só pode constatar a falência dessa nobre aspiração. A Itália real não seguia as aspirações das minorias dirigentes e operárias, e até as expressões, as formas estilísticas da nova onda artística e literária, retrospectivamente mostram todas

---

426 Ibidem.
427 Ibidem, pp. 1078-79.
428 Ibidem, p. 1080.
429 Ibidem.
430 Ibidem, p. 1081.
431 Ibidem.

as suas insuficiências e contradições em relação a um passado que se queria eliminar:

> A nova instauração estilística em direção a um estilo grosso modo nacional-popular, mostrou-se como uma utopia, uma prolepse verbal. Quanto do fictício alargamento linguístico em sentido humilde e popular devido a Pascoli permaneça no neorrealismo é muito fácil demonstrar; e também é fácil demonstrar quanto de tipicamente 'evasivo' e requintado permaneça na literatura dialetal. (...) Mas há mais: além do aristocrático e crepuscular populismo sobrevivente no neorrealismo (fenômeno observado sobretudo pela aproximação do discurso livre indireto, pela inaptidão do monólogo interior) são detectáveis até mesmo traços rondistas e herméticos.[432]

Os próprios marxistas não veem o falado e o dialeto como línguas úteis "para uma luta política taticamente conduzida em escala nacional"[433], que deve acontecer no âmago da *koiné* das classes médias.

Neste ponto Pasolini exemplifica estas contradições citando vários escritores que podem ser rotulados como neorrealistas ou, mais genericamente, realistas, construindo com poucas pinceladas alguns retratos sintéticos que justificam suas reflexões precedentes. Leonardo Sciascia, por exemplo, concretiza em formas hipotáticas e requintadas sua pesquisa documental e de denúncia; Rocco Scotellaro ou se anula completamente no documento, deixando-o falar diretamente, ou se confirma como "observador pertencente à classe alta" usando uma "prosinha leve, caprichosa e divertida"[434]; Giorgio Bassani mostra um caráter político e um moralismo que "tendem a apresentar e julgar um mundo visto sempre sob uma espécie da eternidade, e

---

432 Ibidem, pp. 1081-82.
433 Ibidem, p. 1082.
434 Ibidem, pp. 1082-83.

portanto lírico".[435] Italo Calvino, expoente severo e elegante de uma tradição turinense "iluminista e laica, fundamentalmente aristocrática", é também ele "comprometido", apesar de ser o "mais compacto, lúcido e unitário da última geração".[436] De fato, nele, não se sabe "até que ponto chegue uma ordem superior, racional, iluminista e aristocrática (...) e em que ponto comece uma ordem superior marxista, e por assim dizer 'dirigista'".[437]

E seria exatamente uma linha piemontesa, urbana e regional, Calvino-Pavese, que poderia suplantar, com sua "modernidade sem preconceitos" o "desgastado gosto neorrealista", no qual o burguês *engajado*, mesmo saindo politicamente da ideologia de sua classe, não tema em usar suas instituições estilísticas.[438] Pasolini, entretanto, quer se apresentar como simples *descritor*, não quer ser normativo, e pouco antes, escrevendo sobre Calvino, declara não estar fazendo crítica literária e que não pretende exprimir juízos de valor.

Assim, movendo-se hipoteticamente, o conjunto das contradições que Pasolini identifica se caracterizam, nos melhores casos, como aqueles elencados, por uma "sobreposição dos estilos" consciente no autor; nos piores, há inteiras coleções editoriais dominadas por "uma verdadeira confusão de línguas".[439] Os católicos acabam por promover os *autonomistas* da literatura, enquanto os comunistas, com fins táticos e "stalinistas", subvertem "a com certeza não rígida noção gramsciana da literatura nacional-popular".[440] Pasolini tenta refletir *spitzerianamente* (e *auerbachianamente*), por meio do *Zirkel im Verstehen*[441], sobre quais possam ser os resultados dessa confusão no plano literário, mas tudo permanece hipotético e incerto: poderia haver um realismo típico das transições, com um "estilo 'médio',

---

435 Ibidem, p. 1084.
436 Ibidem, p. 1085.
437 Ibidem.
438 Ibidem, p. 1086.
439 Ibidem, p. 1087.
440 Ibidem.
441 Expressão alemã que significa "circularidade do processo intelectual" usada pelo filósofo alemão Friedrich Schleiermacher. No século XX além da crítica estilística, a filosofia hermenêutica também usa o conceito além da aplicação na crítica textual.

'da criatura' no limite inferior, 'prospectivista' mais do que figural, no limite superior"[442]; ou então se pode observar a divisão interna do mundo político-social atualmente burguês, no futuro socialista, seguindo o "serpentear" da linha divisória nos vários âmbitos, de maneira pontual, fundamentalmente empírica, à procura de um "tom histórico" mesmo no drama da divisão.[443]

Os últimos dois textos teóricos de *Passione e ideologia*, "Il neo-sperimentalismo" [O neo-experimentalismo] e "La libertà stilistica" [A liberdade estilística], servem, por fim, apenas para caracterizar e esclarecer melhor aos outros críticos e escritores a ideia de experimentalismo que Pasolini e os outros redatores de "Officina" tentam defender.

Diante da divisão tripartida dos experimentalismos: 1) o neo-experimentalismo em sentido estrito, psicológico ou patológico, decadentista, ou melhor, expressionista; 2) aquele derivado da sobrevivência hermética, novecentista; 3) aquele da nova pesquisa *engajada*, mas sem partido, Pasolini se declara pertencente ao primeiro grupo. Este é constituído pelos "'experimentadores' puros, predestinados, próximos, portanto, em sua paixão linguística pré-constituída na psicologia, para a operação, se não exatamente inovadora, subversora e anárquica".[444] É um experimentar que mantém um momento negativo e contraditório, ou seja, "indeciso, problemático e dramático" devido à independência ideológica, que priva um intelectual e escritor da segurança de um católico, de um comunista ou de um liberal; e um momento positivo, em que o experimentar se identifica com o inventar, ao qual se conecta uma "oposição crítica e ideológica aos institutos precedentes, ou seja, uma operação cultural (...) idealmente anterior à operação poética"[445], em que um dos efeitos pode ser a readoção de módulos estilísticos pré-novecentistas. Todavia, o que me

---

442 PASOLINI, Pier Paolo. *Saggi sulla letteratura e sull'arte*, Op. Cit., pp. 1087-88.
443 Ibidem, p. 1088.
444 PASOLINI, Pier Paolo. "La libertà stilistica". IN.: *Saggi sulla letteratura e sull'arte*. Op. Cit., p. 1230.
445 Idem, p. 1234.

parece mais interessante em uma ótica crítica de tipo militante, são as consequências psicológicas desta concepção, que tendem a superar os limites, sempre mais frágeis (se pensados como especialistas), da crítica literária, desaguando em uma autêntica crítica político-ideológica não desprovida de nuances apocalíptico-revolucionárias, mostrando uma possível direção futura ao crítico ainda fundamentalmente imerso no contexto literário italiano:

> Esses modos estilísticos tradicionais tornam-se recursos de um experimentar que, na consciência ideológica, é absolutamente anti-tradicionalista: a ponto de colocar em discussão, com violência e por definição, a estrutura e a superestrutura do Estado, e condenar delas, com uma ação provavelmente tendenciosa e passional, a tradição, que, do Renascimento à Contra-reforma e ao Romanticismo, seguiu sua involução social e política, até chegar ao fascismo e às condições atuais.[446]

5.1. SOBRE TEXTOS: HERMETISMO VS PRÉ-HERMETISMO

Das numerosas resenhas que Pasolini reúne na seção "Sui testi" [Sobre textos], faço aqui uma sintética reconstrução, que não inclui todos os poetas resenhados, mas traz uma amostra que acredito ser suficiente daquilo que Filippo La Porta definiu "retratos memoráveis" de boa parte dos principais poetas da primeira metade do século XX[447], em que o objetivo crítico de Pasolini parece redimensionar a força autônoma do Novecentismo, encontrando nele ascendências tardo-oitocentistas presentes e cruciais em sua poética e prosa crítica dos anos 1950.

Os autores resenhados fazem parte substancialmente daquela tipologia de oito itens que vimos analisando o ensaio sobre Pascoli. A exceção é Giosuè Carducci, talvez inserido mais por respeito a uma reconhecida *auctoritas* literária, mas do qual se destacam as

---
446 Ibidem, p. 1235.
447 LA PORTA, Filippo. *Pasolini*, Bologna: il Mulino, 2012, p. 77.

inquietudes e o experimentalismo, entre classicismo e romantismo vivenciados como antítese fundamental não percebida plenamente pelo poeta. Tanto que, mesmo se colocando em uma "linha tradicional", ele não deixa "um instante de ser experimental, de tentar audácias métricas e estilísticas de efeito forte e cru": indício de "uma inquietude linguística em contraste com o olímpico classicismo perseguido".[448]

As referências à melhor poesia do século XX, ou seja, a Ungaretti, Saba e Montale, são constantes. Eles servem para avaliar o valor global de escolhas de poética e desempenho lírico de poetas, na maioria jovens, que Pasolini contribui para lançar. Alguns deles, como Giorgio Caproni, Vittorio Sereni e Sandro Penna, conseguirão ocupar um espaço próprio entre as várias experiências poéticas da segunda parte do século.

De Ungaretti, um dos maiores, Pasolini demonstra preferir as poesias dos anos 1930, vistas talvez em chave autobiográfica pelo tipo de sofrimento interior do qual são testemunho. A postura de Ungaretti, que oscila tortuosamente entre "nostalgia por culpa" e auto absolvição, que coloca Deus em uma dimensão própria da infância, parece remeter à ingênua passionalidade que continuamente queima o desejo de rigor em Pasolini.[449]

O problema religioso é reconhecido como central da poética de Ungaretti e Pasolini se interroga sobre por que razão – fazendo uma espécie de crítica das variantes de Contini, mesmo indo *além* Contini (ou seja além do dado filológico) – o poeta recupera uma variante de 1916 de uma poesia, colocando uma pergunta no lugar de uma afirmação de uma variante posterior ("ardo por Deus por quê?" e não "porque ardo por Deus").[450] Aqui, segundo ele, há em Ungaretti a "consciência de inserir melhor a lírica no curso de sua evolução

---

448 PASOLINI, Pier Paolo. "Noterella sul Carducci" [Notinha sobre Carducci]. IN.: *Saggi sulla letteratura e sull'arte*. Op. Cit., p. 1090.
449 Idem, p. 1103. "Un poeta e Dio" [Um poeta e Deus]. Sobre esta comparação LA PORTA, Filippo. *Pasolini*, Op. Cit., p. 78.
450 Ibidem, p. 1096. Tradução do verso por Haroldo de Campos. IN.: Revista USP, São Paulo (37): 186-191, março/maio 1998.

interior", que naquele momento (em 1916) representava a dúvida e não a certeza em relação à fé em Deus.[451]

Das várias considerações sobre Umberto Saba e sua poesia, destacamos como Pasolini evidencia a falta de realismo, dada por uma condição personalíssima, não associável a de outros poetas anteriores e contemporâneos: "a impossibilidade de realismo" em Saba não é a mesma de Pascoli, dos crepusculares, dos vocianos, de um Jahier, de um Montale. Saba não tem saudade de qualquer mundo passado, move-se anarquicamente, testemunhando desespero com um tom "rés do chão" e manifestando uma alegria "demasiado íntima para se objetivar de alguma forma fora do dia-a-dia", e seus elementos realistas remetem à "épica de uma humilde aventura biográfica".[452] Se devemos falar de realismo, para contrapô-lo à obscuridade hermética, ele pode ser entendido apenas como "'realismo sentimental': que explique tanto o imediato efeito dos sentimentos sobre a língua, quanto a normalidade logo reconhecida e compartilhada desses sentimentos".[453]

Montale volta fortemente na resenha dedicada à antologia organizada por Luciano Anceschi, *Linea lombarda* [Linha lombarda]. Os seis poetas da antologia são vistos em parte como montalianos e em parte como crepusculares. Fora as questões estilísticas, e a consciência de que são poetas contemporâneos, ou seja, que vivem as angústias de seu tempo, o que aproxima Montale, os crepusculares e os *seis*, sob o rótulo do vasto e unitário século XX, é "a necessidade psicológica de escrever versos não como libertação, mas como testemunho de uma dor sem saída".[454]

Estes poetas mostram uma Lombardia liberada de uma fase menor, infantil, sensual, aflitiva na recordação, por meio do intelectualismo,

---

451 Ibidem.
452 Ibidem, p. 1123. "Saba: per i suoi settant'anni" [Saba pelos seus setenta anos].
453 Ibidem, p. 1124.
454 Ibidem, p. 1173. "Implicazioni di una 'Linea lombarda'" [Implicações de uma 'Linha lombarda'].

não em um "plano realista".⁴⁵⁵ Anceschi, apresentando-os, incentiva esta operação, porque sua Lombardia também é "uma elegantíssima estilização: uma vez que a região dos lagos já é em sua premissa um irreal, pungente e cultural 'lake district'".⁴⁵⁶ Além disso, Anceschi também vê neles uma forte "porção ungarettiana", que, no entanto, Pasolini não considera "essencial".⁴⁵⁷ De modo que tentando lê-los fora da moldura, nobremente europeia, indicada por esse crítico, Pasolini vê neles o "produto extremo do hermetismo", uma poesia perturbada pelo realismo. Mesmo se eles não são realistas, sua Lombardia non é "puramente 'para poesia'", não têm "capacidades naturais de canto" e, portanto, são pouco ungarettianos.⁴⁵⁸ Neles, a tradição regional lombarda é fortíssima, não predisposta ao canto, mas violentamente expressionista: "a mesma força expressiva que dá a violência novecentista e a scapigliatura", já deu "em tempos mais felizes os esplêndidos realismos de Porta e de Manzoni".⁴⁵⁹ Um narrativismo regional que é "disposição natural" capaz de dar resultados poéticos contrapostos, como no caso do realismo e do hermetismo.⁴⁶⁰

O jovem Giorgio Caproni é para Pasolini um poeta que tem em si um modelo "altamente literário", que estimula o uso de um "'fechamento métrico'" em que ele emprega uma "matéria substancialmente exclamativa e patética".⁴⁶¹ Caproni é atraído com *violência nostálgica* por este modelo, quase por um "imperativo estético", tão provincial e marginal nele (positivamente).⁴⁶² Há nele fortes influências pré-herméticas, vocianas, apesar dele *simpatizar* com o hermetismo. Seu trabalho de marginal quase parece feito "aos pés da nossa Literatura", e está louvavelmente longe de "casuísticas psicológicas ou moralistas",

---

455 Ibidem, p. 1174.
456 Ibidem.
457 Ibidem.
458 Ibidem, p. 1175.
459 Ibidem, p. 1177.
460 Ibidem.
461 Ibidem, p. 1166. "Caproni".
462 Ibidem.

o que o faz "um dos homens mais livres de nosso tempo literário".[463]

Sandro Penna, ligado a Pasolini por uma duradoura amizade e cumplicidade nas noites romanas, é lido para além da crítica hermética, em que Pasolini constatou seu caráter de poeta "delicioso", suspendendo o juízo crítico, ou seja, detendo-se em "uma espécie de desvinculada consciência de seu valor".[464] Pasolini destaca que a poesia de Penna é "infinitamente mais dramática e complexa", em seus versos *serpenteiam* tanto a angústia quanto a alegria.[465] Nele, a alegria inunda sua vida tornado os versos "extáticos e risonhos", "é uma forma da religiosidade, ou da moral religiosa, que em Penna permaneceu esmagada ou mistificada pela neurose".[466] Sua poesia é resumida por Pasolini como "sem religiosidade, feita, na íntima confusão, religião dos sentidos", atemporal *fulguração* do amor sensual.[467]

---

[463] Ibidem, p. 1169.
[464] Ibidem, p. 1148. "Come leggere Penna" [Como ler Penna].
[465] Ibidem.
[466] Ibidem.
[467] Ibidem, p. 1149.

CAPÍTULO III
A LÍNGUA COMO *ALFA E ÔMEGA* DA CRÍTICA MILITANTE: CONSIDERAÇÕES SOBRE ENSAÍSTICA LINGUÍSTICA E LITERÁRIA EM *EMPIRISMO ERETICO*

Empirismo Eretico é uma coletânea de ensaios, artigos, notas, publicados entre 1964 e 1971, dividida em três seções – Língua, Literatura e Cinema – che saiu pela editora Garzanti, em 1972.[468] Cada seção apresenta um Anexo e é interessante notar como "Pasolini experimenta aqui pela primeira vez um modelo de composição por constelações: série de ensaios com anexos que gravitam entorno dos ensaios principais".[469] Para entender esse modelo, podemos ler a "Nota introduttiva" [Nota introdutória] a outro livro, *Scritti corsari* [Escritos corsários], que ilustra seu significado, como uma espécie de guia para o uso, em que o leitor deve ter uma função ativa de intérprete e de filólogo, pronto a se lançar em pesquisas posteriores que o livro sugere. Mas vejamos o que Pasolini escreve:

> A reconstrução deste livro está confiada ao leitor. É ele que deve reunir os fragmentos de uma obra dispersa e incompleta. É ele que

---

[468] Existe uma tradução portuguesa do livro: PASOLINI. Pier Paolo. *Empirismo hereje*. Trad.: Miguel Serras Pereira. Lisboa: Assírio e Alvim, 1982. No Brasil o ensaio *Nuove questioni linguistiche* foi publicado com o título de *Novas Questões Lingüísticas* em *Diálogo com Pasolini*. Trad.: Nordana Benetazzo. São Paulo: Nova Stella/Instituto Cultural Ítalo-Brasileiro, 1986.
[469] PASOLINI, Pier Paolo. *Saggi sulla letteratura e sull'arte*. Op. Cit., p. 2939.

deve juntar passos distantes, mas que se integram. É ele que deve organizar os momentos contraditórios buscando sua unidade substancial. É ele que deve eliminar as eventuais incoerências (ou seja, pesquisas ou hipóteses abandonadas). É ele que deve substituir as repetições com as eventuais variantes (ou caso contrário aceitar as repetições como anáforas apaixonadas).

Há diante dele duas "séries" de escritos, cujas datas, dispostas em colunas, mais ou menos correspondem: uma "série" de escritos *principais*, e uma "serie" mais modesta de escritos complementares, corroborantes, documentais. O olho deve evidentemente correr de uma a outra "série". Nunca aconteceu em meus livros, mais do que neste de escritos jornalísticos, pretender do leitor tão necessário fervor filológico. O fervor menos difundido do momento. Naturalmente, o leitor também é remetido a outros lugares, além da "série" de escritos contidos no livro. Por exemplo, aos textos dos interlocutores com os quais polemizo ou aos quais com tanta obstinação replico ou respondo.[470]

Mesmo se, como dizíamos, estas linhas são pensadas para os *Scritti corsari*, não há dúvida de que também se adaptem perfeitamente a *Empirismo Eretico*, uma vez que os conteúdos dos ensaios do volume, mesmo voltados para um público não necessariamente especialista, requerem de fato um aprofundamento posterior e uma análise que cruze os diferentes ensaios para descobrir ligações e contradições, além das autênticas *obsessões* de Pasolini. Alimentadas, entre outros, por algumas palavras chave de seu vocabulário que não estão apenas

---

470 PASOLINI, Pier Paolo. *Scritti sulla politica e sulla società*, Op. Cit., p. 267. Em português existe uma coletânea portuguesa dos *escritos corsários* e das *cartas luteranas* de Pasolini, *Escritos Corsários – Cartas Luteranas. Uma antologia*. Lisboa: Assírio & Alvim, 2006. No Brasil foi publicada a coletânea, organizada por Michel Lahud, *Os jovens infelizes. Antologia de ensaios corsários*. Tradução de Michel Lahud e Maria Betânia Amoroso. São Paulo: Brasiliense, 1990. Na coletânea poética PASOLINI, Pier Paolo. *Poemas*. Alfonso Berardinelli e Maurício Santana Dias (orgs.), trad. de Maurício Santana Dias, com um ensaio de Maria Betânia Amoroso. São Paulo: Cosac Naify, 2015, foi publicado *Il romanzo delle stragi (frammento)* [*O romance dos massacres (fragmento)*], pp. 248-251.

nesses escritos, ma já nos escritos dos anos 1950, e são fruto de seus estudos sobre escritos de Contini e Auerbach, aos quais se juntam outros estudiosos conhecidos ou que foram aprofundados mais recentemente, por exemplo, Roland Barthes, Roman Jakobson, Lucien Goldmann, Georges Gurvitch, Claude Lévi-Strauss, Giulio Herczeg. Além deste indicador indireto de como ler o livro, Pasolini já dá no próprio livro, mesmo que em forma *precária* (na sobrecapa da primeira edição de *Emprirismo Eretico*), uma chave de leitura específica que, entre outros, lembra um procedimento já presente na apresentação de *Teorema* e na "Nota" de fim de *Passione e ideologia*. Neste caso, a leitura sugerida por Pasolini tem um significado fortemente político ou, como diria Foucault, *biopolítico*, porque mostra a fratura interna do livro, o inconciliável, "também psicológico" entre os textos inseridos a seguir no Anexo III, *Guerra civile* [Guerra civil] e *Il PCI ai giovani!!* [O PCI aos jovens!!][471], ou seja, entre um texto em prosa bem escrito, mas perfeitamente conforme com as expectativas do pequeno círculo de pessoas ao qual é destinado; e outro em versos mal escritos, mas escandaloso e inutilizável apesar de conter verdades "pragmáticas". Esse inconciliável violento pode ser visto em todos os textos de *Emprirismo Eretico*, e tem a ver com 1968 e seus efeitos, suas revelações. Como em *Trasumanar e organizzar* [Transumanar e organizar][472], da mesma época, em que Pasolini não quer apresentar um "produto", mas um texto com vocação pedagógica para peripatético "em cujas costas os escolares se dão cotoveladas", atual por alguns temas, "desesperadamente inatual" pela forma como se apresenta.[473]

Este inconciliável também é rapresentado pelo desdobramento do autor, "que aos poucos tende a fazer de sua ambiguidade duas vidas".[474] Pasolini crítico maduro e afirmado é um homem dilacerado,

---

471 *O PCI aos jovens!!*, in PASOLINI, Pier Paolo. *Poemas*, Op. Cit., pp. 234-247.
472 In *Poemas*, Op. Cit., se encontra a tradução de alguns poemas do livro. Cfr. pp. 190-221.
473 As citações foram retiradas da edição prefaciada por Guido Fink para a coleção *Elefanti* da editora Garzanti, 2010 (I ed. 1991), pp. 299 e 301, que traz o texto publicado em 1972 somente na sobrecapa com o título *Dall'edizione del 1972* [Da edição de 1972].
474 GARBOLI, Cesare. *La stanza separata* [A sala separado]. Milano: Scheiwiller,

que mantém, expandindo-a, a vitalidade "mortuária" destacada por Cesare Garboli nos tempos das "Cinzas de Gramsci".[475]

> Como crítico, este autor se divide nitidamente em um homem que experimenta, trabalha e contempla, e em um homem que é incapaz de experimentar, que usa o trabalho como droga, e que não pode se abster de intervir. Ou: em um homem que aceita conformadamente referências e *topoi* hipócritas, que se espera sejam as mesmas de um leitor comportado, e em um homem raivosamente desligado de tudo, sem qualquer política de alianças. Ou ainda: em um homem qu aceita e vive o conformismo marxista e completamente de extrema esquerda, como a contrapartida ativa dos *otia* que se concede com um certo espírito científico e professoral, e um homem cujo idealismo desiludido o torna agastado com tudo, até quase assumir posturas reacionárias...[476]

Os dois personagens Carlo, de *Petrolio* [Petróleo], já estão sob alguns aspectos, antecipados por citações como estas, mas aqui interessa destacar que este segundo homem drogado, obsessivo, obscuro, cruel, irritado é o que coloca em xeque e desorienta, se seguirmos Pasolini, as partes conclusivas dos escritos reunidos em *Empirismo eretico*, "turvam a fluência, às vezes límpida e plena, do discurso".[477] Ou, talvez, impedindo o discurso de terminar, de se concluir, de se tornar autosuficiente. Mas vejamos o ensaio da seção "Língua", endereçado diretamente *Al Lettore* [Ao leitor]. Neste caso Pasolini também avisa (já estamos em 1972, e ele está comentando os escritos linguísticos de 1964-65) que os escritos anteriores são documentos de um discurso aberto, de um *livro branco*, contendo a *dedução* do nascimento do italiano como língua nacional, e a *profecia* do que será este italiano: língua sinalizadora, "sucursal da grande evolução

---

2008, p. 61.
475 Idem.
476 PASOLINI, Pier Paolo. *Dall'edizione del 1972*, Op. Cit., p. 300.
477 Idem, p. 301.

antropólogica referente ao desenvolvimento do capitalismo em todo o mundo industrializado".[478]

Como argumenta Antonio Tricomi, em muitos de seus ensaios Pasolini é realmente associável ao "luxuriante" D'Annunzio, porque parece querer conquistar, como o célebre *vate*, "a impunidade", *precavendo-se* e avisando o leitor do caráter particular dos textos que está para ler, que deve de algum modo completar ou contestar autonomamente, recebendo, entretanto, as regras do jogo sugeridas pelo autor, que aceita se reconhecer pacificamente só como "poeta entre poetas".[479]

> De resto, Pasolini está convencido de que falar em nome próprio e de uma diversidade inclassificável, e, portanto, em nome daquele corpo autoral que se está produzindo em uma *performance* linguística, signifique lembrar ao público que ele ainda deve esperar textos e literatura dele. E isto também quando ele dá a seus leitores resenhas ou ensaios, no mínimo pedindo-lhes para também colocá-los em relação com outras obras mais claramente literárias. O desafio dele é considerar um escrito seu sempre socialmente útil por ser sempre literário, nunca desprovido de algum valor estético. Este é seu verdadeiro "movimento do cavalo", para citar (...) [Alberto] Arbasino, porque lhe permite, acima de tudo, reivindicar a inexaurível função civil de toda literatura e de toda a arte, e então esquivar seus interventos ensaísticos de um juízo de mérito que poderia invalidá-los.[480]

Nas "Note e notizie sui testi" [Notas e notícias sobre testos] de

---

[478] PASOLINI, Pier Paolo. *Saggi sulla letteratura e sull'arte*. Op. Cit., p. 1305.
[479] TRICOMI, Antonio. *Pasolini: gesto e maniera* [Pasolini: gesto e maniera]. Soveria Mannelli: Rubbettino, 2005, p. 96.
[480] Idem. Mas ver também as páginas 42-43, em que Tricomi sintetiza bem o sentimento operacional de Pasolini em relação à própria produção literária e como a crítica, literária ou não, se coloca "servilmente" com respeito ao seu ser poeta e ao seu promover e defender as próprias obras e razões artísticas por meio da valorização de outros escritores e poetas do século XX italiano.

Scritti sulla letteratura e sull'arte, os organizadores Walter Siti e Silvia De Laude fornecem uma sintética reconstrução da gênese da antologia de ensaios que permite fazer algumas importantes considerações.

Em primeiro lugar, assinalam que originalmente os ensaios publicados em revistas entre 1964 e 1966-67 deveriam fazer parte de um livro de 1967, que sairia pela editora Garzanti e teria como título *Laboratorio*, "volume de ensaios e poesias ensaísticas – a questão linguística e todas as outras coisas que escrevi e vou escrevendo para Nuovi Argomenti".[481]

Em segundo lugar, que os materiais preparatóros e datilografados relativos ao volume, estão em grande parte em uma pasta intitulada *Nuove questioni linguistiche* [Novas questões linguísticas].

E terceiro lugar, que o ensaio que deveria dar o primeiro título pensado para o livro (ao menos parcialmente), ou seja, *Dal laboratorio (appunti "en poète" per una linguistica marxista)* [Do laboratório (apontamentos "en poète" para uma linguística marxista)], fora publicado em duas partes na revista "Nuovi Argomenti", em 1966, sendo a primeira "Appunti "en poète" per una linguistica marxista" [Apontamentos "en poète" para uma linguística marxista] e a segunda "La sceneggiatura come struttura che vuol essere altra struttura" [O roteiro como estrutura que quer ser outra estrutura], ou seja, um ensaio que depois teria sido colocado na seção "Cinema" de *Empirismo eretico*.

Estes elementos nos fazem entender como o fio condutor do livro é, mesmo se a publicação retardada de fato enriqueceu e modificou significativamente a estrutura, a língua: a língua escrita e falada (oral) tradicional e a nova língua do cinema. Alguns ensaios de *Empirismo eretico* tornaram-se famosos e contribuiram para inserir ou revitalizar a presença de Pasolini ensaísta e crítico militante no debate italiano e internacional. As considerações sobre o italiano contemporâneo ligadas aos ensaios linguísticos e literários reacenderam o debate que já parecia superado (e talvez, em parte, o fosse) sobre passado,

---

481 PASOLINI, Pier Paolo. *Saggi sulla letteratura e sull'arte*. Op. Cit., p. 2939.

presente e futuro da língua nacional, estimulando intervenções de especialistas, escritores, intelectuais e jornalistas, principalmente nos primeiros meses de 1965, depois reunidas em diversas antologias nos anos seguintes.[482] Sobretudo, sua semiologia aplicada ao cinema, da qual se proclamou o primeiro intérprete na Itália[483], reforçou, também sob o plano teórico, sua crescente fama internacional, ainda recente com o sucesso alcançado em muitos países com o filme *O evangelho segundo são Mateus*. O ensaio "Il 'cinema di poesia'" [O "cinema de poesia"] foi publicado prontamente no Brasil na "Revista Civilização Brasileira"[484], contribuindo para o debate teórico local e favorecendo a visão de um Pasolini *fundamentalmente* cineasta que ainda hoje perdura fora do âmbito acadêmico, mas que nos últimos anos está cedendo lugar a uma mais complexa, multifacetada, que inclui o poeta, o escritor, o crítico e o pintor.[485]

Nas páginas seguintes, comento os principais ensaios das seções "Língua" e "Literatura" de *Empirismo eretico*, destacando as fortes ligações entre eles, também derivadas do debate suscitado pelas teses linguísticas e *dantescas* expostas por Pasolini.

Faço poucas menções às questões cinematográficas, especificamente quando o próprio Pasolini se move em um plano interdisciplinar, misturando as linguagens em seu argumento, repleto de metáforas e similitudes extra-literárias.

---

482 Lembramos duas delas: Parlangèli, Oronzo (org.). *La nuova questione della língua* [A nova questão da língua]. Brescia: Paideia, 1971; Vitale, Maurizio. *La questione della língua* [A questão da língua]. Palermo: Palumbo, 1978.
483 Cfr. PASOLINI, Pier Paolo. *Dall'edizione del 1972*. Op. Cit., p. 301.
484 O título da tradução é *A poesia do novo cinema*, n. 7, maio 1966, pp. 267-287.
485 Remeto à bibliografia que está em KACTUZ, Flavio (org.). *Pasolini ou quando o cinema se faz poesia e política de seu tempo*. Rio de Janeiro: Banco do Brasil, 2014, pp. 158-63:
http://culturabancodobrasil.com.br/portal/wp-content/uploads/2014/10/Cat%C3%A1logo-Pasolini.pdf.
Para as traduções das obras de Pasolini no Brasil, pode-se consultar o *Dicionário Bibliográfico de Literatura Italiana Traduzida no Brasil*: http://www.dlit.ufsc.br. Lembramos, especialmente, a recente tradução de uma antologia de poesias de Pasolini em: PASOLINI, Pier Paolo. *Poemas*. Op. Cit.

1. AS *NOVAS QUESTÕES LINGUÍSTICAS* SEGUNDO PASOLINI

O ensaio que abre *Empirismo eretico* sai pela primeira vez na revista ideológica do PCI "Rinascita", em 26 de dezembro de 1964, acompanhado por uma *Nota* que ressalta ser provisório e esquemático, um autêntico ponto de partida para estudos futuros. Foi pensado para ser divulgado oralmente nas conferências itinerantes da Associação Cultural Italiana, tanto que, depois da primeira conferência, em Turim, 27 de novembro de 1964, esta foi replicada em Milão, Roma e Nápoles, o que propiciou uma precoce difusão das ideias contidas nele antes da efetiva publicação em revista. O ensaio é conhecido no Brasil, e é oportuno lembrar que no início dos anos 1990 a "Revista de italianística" da Universidade de São Paulo (USP) foi lançada com um número monográfico sobre Pasolini que incluiu três ensaios sobre as questões linguísticas.[486]

Sintetizar este ensaio é fundamental para recuperar os elementos de sustentação do pensamento de Pasolini com relação à língua italiana e as ligações, mesmo na contraditória e complexa articulação do livro, que ele mantém com outros ensaios de teor linguístico e literário.

O estilo crítico de Pasolini, quando ele pode se exprimir sobre questões de mais amplo alcance cultural, é analítico e em espiral. Ele enfrenta os temas separada e alternadamente, voltando a eles para acrescentar ou subtrair, modificar considerações anteriores, em formas didaticamente, obsessivamente repetitivas. Pasolini deseja convencer, e quer atingir o imaginário do ouvinte da conferência que este ensaio, com as devidas modificações, é o testemunho escrito,

---

[486] Cfr. "Revista de italianística", a. 1, n. 1, jul. 1993. Os ensaios sobre a língua são: *Nuove questioni linguistiche: Pier Paolo Pasolini scandalizza linguisti, filologi, scrittori, critici e intellettuali* [Novas questões linguísticas: Pier Paolo Pasolini escandaliza linguistas, filólogos, escritores, críticos e intelectuais], de Teodoro Negri; *Retroscena della polemica sulla lingua: gli esempi di Calvino e Pasolini* [Bastidores da polêmica sobre a língua: os exemplos de Calvino e Pasolini], de Andrea Lombardi; *Il friulano di Pasolini: creazione linguistico-letteraria o dialetto?* [O friulano de Pasolini: criação linguístico--literária ou dialeto?], de Loredana de Stauber Caprara.

não concebido como tal. Pasolini lamenta-se muito com os jornalistas que enfatizam algumas frases em letras garrafais retirando-as do contexto: é claro que, diante de uma (mesmo não estrondosa) solene declaração como "com alguma insegurança, e não sem emoção, me sinto autorizado a anunciar, *que nasceu o italiano como língua nacional*"[487], torna-se facilmente previsível um uso jornalístico igualmente enfático e apelativo para os leitores dos jornais.[488]

A pergunta da qual parte o discurso de Pasolini é uma preocupação tanto linguística quanto literária: qual é a relação entre os escritores e o italiano médio?

Os dois temas recorrentes que se alternam em espiral são a questão da língua italiana nacional (a *koiné*) e a questão da língua literária nacional, que, na Itália, até aquele momento histórico, não eram absolutamente a mesma coisa, mesmo sendo patrimônio da mesma classe burguesa e pequeno burguesa que não têm uma representatividade e uma hegemonia nacionais com relação às outras classes sociais. Não existindo na Itália, uma autêntica língua italiana nacional, mas um dualismo língua falada/língua literária, devemos refletir justamente sobre o elemento social que unifica, porque usa ambas as línguas. O nível médio da língua é atribuído por Pasolini a este tipo burguês que usa a *koiné* no falado, o italiano literário no escrito. Mas o que quer dizer falta de representatividade e hegemonia nacionais, concretamente e em relação à língua? Significa que, sendo o corpo social de referência fragmentado, não nacional, a língua falada e a literária também não possam se considerar nacionais, no sentido de corresponderem à realidade nacional.

> A língua falada é dominada pela prática, a língua literária pela tradição; tanto a prática quanto a tradição são dois elementos não

---

487 PASOLINI, Pier Paolo. *Saggi sulla letteratura e sull'arte*. Op. Cit., p. 1265.
488 Cfr. PASOLINI, Pier Paolo. "Un articolo su 'L'Espresso'" [Um artigo em "L'Espresso"]. IN: *Saggi sulla letteratura e sull'arte*. Op. Cit., pp. 1271-75, no qual Pasolini polemiza e corrige com uma longa citação do próprio texto original uma frase do jornalista Andrea Barbato, que sintetizara o discurso de Pasolini definindo a nova língua italiana como "aquela da burguesia tecnológica" (p. 1271).

autênticos, aplicados à realidade, não expressos pela realidade. Ou melhor, exprimem uma realidade que não é nacional: exprimem a realidade histórica da burguesia italiana que nas primeiras décadas da unificação, até ontem, não soube se identificar com toda a sociedade italiana. A língua italiana é, portanto, a língua da burguesia italiana, que por determinadas razões históricas não soube se identificar com a nação, mas permaneceu classe social: e sua língua é a língua de seus hábitos, de seus privilégios, de suas mistificações, em suma, de sua luta de classe.[489]

Aqui, estamos diante da antiga questão dos limites do processo de unificação italiano, das dificuldades de criar uma consolidação política e cultural efetiva entre as diversas camadas da sociedade a nível social e também geográfico. Parece estarmos diante a uma decadência mais geral (se fala da classe burguesa em si, não dos intelectuais) e, ao mesmo tempo, já que colocada sob o ponto de vista linguístico, mais específica, daquela que Gramsci interpretara como a falta de uma literatura nacional-popular na Itália unida, e que Pasolini já tocara outras vezes discutindo e criticando a tradição literária italiana em *Passione e ideologia*. Em *Literatura e vida nacional*, Gramsci aborda os limites de uma intelectualidade burguesa que não consegue exprimir as exigências do povo, representar seus valores e modos de vida, porque se sente classe eleita, corpo separado da sociedade, e porque é alimentada por espíritos cosmopolitas seculares. Tanto que o modo de se colocar na sociedade, o modo de se reportar ao próprio trabalho artístico e literário, denotam claramente a "separação entre intelectuais e povo"[490] específico da Itália unificada, de 1861 até os anos 1930. À fragmentação burguesa identificada por Pasolini, corresponde em Gramsci à "desagregação dos intelectuais em igrejinhas e seitas de 'espíritos eleitos'", ou seja, uma

---
489 PASOLINI, Pier Paolo. *Saggi sulla letteratura e sull'arte*. Op. Cit., p. 1246.
490 GRAMSCI, Antonio. *Literatura e vida nacional*. Trad.: Carlos Nelson Coutinho. Rio de Janeiro: Civilização Brasileira, 1978, p. 65.

desagregação que depende precisamente da não aderência à nação-povo, do fato de que o "conteúdo" sentimental da arte, o mundo cultural, é alheio às correntes profundas da vida popular-nacional, de que esta permaneça desagregada e sem expressão.[491]

A seguir, Gramsci destaca como é necessária uma *ida ao povo* para modificar esse estado de coisas em sentido revolucionário; enquanto Pasolini deve se limitar, no restante de seu ensaio, a constatar como a mudança acontecera sem que houvesse uma ação organizada pelas forças sociais guiadas pelos comunistas, surgindo autonomamente dentro dos novos mecanismos tecnocráticos do neocapitalismo.

Pelo momento, entretanto, Pasolini mantém seu discurso sobre a tradição literária e, para ilustrar os efeitos sobre a literatura do dualismo linguístico do fragmentado panorama burguês italiano, na passagem seguinte do texto mostra em um gráfico a posição dos escritores da metade do século XX, colocando-os acima ou abaixo de uma linha reta representando a *koiné*. No citado número monográfico da "Revista de Italianística", Teodoro Negri esboça utilmente o gráfico dos "níveis de língua dos escritores italianos do século XX"[492], a partir das indicações de Pasolini. Por comodidade, reporto o gráfico a seguir. A presença de uma linha reta horizontal da *koiné*, distante tanto da alta literatura em língua italiana, quanto da literatura dialetal e naturalista-realista (colocada na parte inferior, mas sem significar uma literatura de baixa qualidade, dado que também inclui tanto os melhores dialetais, quanto efetivamente um tipo de língua diferente, dialetal ou mimeticamente popular), ilustra claramente a distância que Pasolini vê neste momento entre a cultura literária com valor artístico e a inautêntica, correspondente à língua média da burguesia, em que encontra espaço "a literatura puramente escolar-acadêmica".[493] Essa distância do nível médio, que é o compreensível e aceito pelo conformismo, pela obtusidade reacionária e fascista

---

491 Ibidem, p. 73.
492 NEGRI, Teodoro. *Nuove questioni linguistiche: Pier Paolo Pasolini* cit. p. 14.
493 PASOLINI, Pier Paolo. *Saggi sulla letteratura e sull'arte*. Op. Cit., p. 1247.

da pequena burguesia que o persegue judicialmente desde os tempos de *Meninos da vida*, alude a uma distância de relações *reais* entre o crítico e esse grupo social, pois Pasolini, como dirá em uma transmissão televisiva no início dos anos 1970, não frequenta os burgueses, mas só os intelectuais e o povo simples, quase iletrado, aproximados por aquela *graça* que existe efetivamente somente nos incultos e nos muito cultos, nunca na *meia cultura* conformista, retórica e escolar.[494] A determinação do que se pode inserir na língua média e na que está abaixo da língua media é para Pasolini facilmente sintetizável:

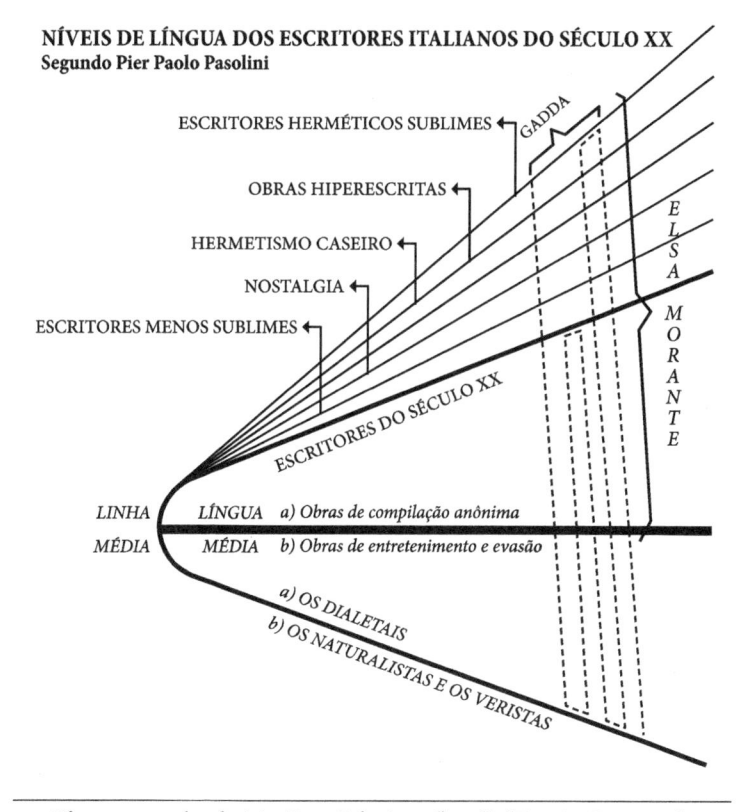

NÍVEIS DE LÍNGUA DOS ESCRITORES ITALIANOS DO SÉCULO XX
Segundo Pier Paolo Pasolini

- ESCRITORES HERMÉTICOS SUBLIMES ← GADDA
- OBRAS HIPERESCRITAS ←
- HERMETISMO CASEIRO ←
- NOSTALGIA ←
- ESCRITORES MENOS SUBLIMES ←

ELSA MORANTE

ESCRITORES DO SÉCULO XX

LINHA MÉDIA | LÍNGUA MÉDIA
a) Obras de compilação anônima
b) Obras de entretenimento e evasão

a) OS DIALETAIS
b) OS NATURALISTAS E OS VERISTAS

---

[494] Cfr. programa de televisão *Terza B facciamo l'appello* [Terceiro B, vamos fazer a chamada], transmitido em 1971, que tem como convidado Pasolini e alguns de seus ex-colegas de colégio. Um trecho pode ser visto no Youtube: https://www.youtube.com/watch?v=p_uH1X4hwZU (consultado em 26/01/2019). Eis a resposta de Pasolini

Sobre a linha média, vemos colocarem-se: a) as obras de compilação anônima, pseudoliterária, tradicionalista, do lado literário (por exemplo, toda a retórica fascista e clerical); b) as obras de entretenimento e de evasão, ou timidamente literária (algo pouco mais do que o jornalismo), do lado do falado (a prosa do romance contemporâneo à prosa de arte, de Panzini, em parte incluso, até, cito ao acaso, Cuccoli [Zuccoli?], Cicognani etc. etc.).

Sobre a linha baixa: a) os dialetais (dos de primeira ordem, Di Giacomo, Giotti, Tessa, Noventa etc. aos ínfimos); b) os naturalistas ou realistas de origem verguiana (todos de segunda ou terceira ordem, e portanto, irrelevantes, a não ser como fenômeno).[495]

A linha alta, aquela dos escritores em língua italiana do século XX, é a que merece mais a atenção de Pasolini, seja porque é a que ele mesmo pertence e na qual se reconhece sem titubear, seja porque se revele a mais atingida, do ponto de vista do papel e do prestígio como guia cultural, pelas mudanças econômico-sociais em curso na Itália dos anos 1960. Descendo do alto em direção a uma língua mais próxima do nível médio, vemos seguirem-se: 1) os herméticos mais sublimes, centrifugados pelo italiano médio "por razões endógenas à língua, não críticas com respeito à sociedade". Eles usam uma língua para poesia, e são reacionários mesmo se não aceitam ou colaboram com o fascismo, na medida em que identificam o mundo

---

à pergunta de Enzo Biagi: "Quem são as pessoas que você gosta mais?": "O tipo de pessoas de que gosto mais são as pessoas que possivelmente não tenham feito nem a quarta série, ou seja, as pessoas absolutamente simples. Mas não considere retórica esta minha afirmação: não falo por retórica, falo porque a cultura pequeno-burguesa – pelo menos na minha nação, mas talvez também na França e na Espanha – é algo que sempre leva à corrupção, às impurezas, enquanto um analfabeto, alguém que só fez os primeiros anos da escola, tem sempre uma certa graça que depois é perdida pela cultura. Depois a reencontra em um altíssimo grau de cultura, mas a cultura média é sempre corruptora". Outro exemplo desta visão, que aproxima os extremos da cadeia social, está em uma resenha do livro de Giorgio Soavi, *La giovane signora e la sua bicicletta* [A jovem senhora e sua bicicleta]. PASOLINI, Pier Paolo. "Descrizioni di descrizioni" [Descrições de descrições]. IN: *Saggi sulla letteratura e sull'arte*. Op. Cit., pp. 2056-58 (em particular p. 2058).
495 PASOLINI, Pier Paolo. *Saggi sulla letteratura e sull'arte*. Op. Cit., pp. 1247-48.

com a interioridade entendida como sede de um misticismo estético. Aqueles que aceitam os riscos desta operação a seu modo classicista e restauradora, tentando de reincluir o mundo em sua poesia, são linguisticamente classicistas-crepusculares (como Mario Luzi); 2) os autores de obras *hiper-escritas*, cujo mito ideológico é o estilo, não a poesia. Entre eles Pasolini inclui Elio Vittorini, Anna Banti, Roberto Roversi: seus conteúdos não são "a própria literatura, mas a vida histórica com seus problemas, levada a um clima de tensão literária tão violenta a ponto de ser uma espécie de maneirismo na acepção de Roberto Longhi da palavra"[496]; 3) depois temos outro nível hermético, que Pasolini define "do pé de casa", que ironiza o dannunzianismo, que usa o falar toscano como "preciosidade literária", exemplificado pela prosa de Emilio Cecchi, Vincenzo Cardarelli, Raffaello Baldini; 4) os escritores *nostálgicos*, que juntam a um estilo sublime a língua falada dos pais burgueses, enobrecendo-a por meio de uma recordação de tipo proustiano. É o único caso que permite um efetivo enobrecimento do italiano médio burguês, através do filtro da memória, que chama "com o fascínio de um lugar prometido e perdido".[497] Amostras dessa língua são Carlo Cassola e Giorgio Bassani; 5) depois temos os escritores menos sublimes e experimentais, mais próximos do italiano médio por serem menos críticos em relação a ele. Mario Soldati aceita o italiano médio enquanto língua oitocentista, assim como Antonio Delfini, no qual é mais forte a desilusão pelo que se perdeu da boa vida burguesa do Norte das décadas

---

[496] Esta citação e a anterior: Idem, p. 1249. De Roberto Longhi é útil ver "Ricordo dei manieristi" [Recordação dos maneiristas], sobre a mostra napolitana de 1952, *Fontainebleau e la maniera italiana* [Fontainebleau e a maneira italiana], publicado em 1953 na revista "L'Approdo" de janeiro-março, e agora em longhi, Roberto. *Da Cimabue a Morandi* [De Cimabue a Morandi]. Milano: Arnoldo Mondadori Editore, 1982, pp. 727-734. Escreve Longhi: "O que eles tinham no corpo? Não gostaria de fazer horóscopos artísticos, como hoje está na moda, com acontecimentos e várias calamidades do tempo; mas sabe-se certamente que mais de um dos "maneiristas" trabalhou em Roma com a lança dos mercenários germânicos nas costelas; de alguns outros que se salvou fugindo (quando não foi morto), quase poderíamos dizer que estavam "traumatizados" pelo Saque de Roma!" (p. 731).
[497] PASOLINI, Pier Paolo. *Saggi sulla letteratura e sull'arte*. Op. Cit., p. 1249.

passadas. Em Attilio Bertolucci, a língua representa "aquele sentimento inenarrável que pode dar uma existência familiar burguesa quando esta se identifique com toda a existência".[498] Alberto Moravia usa uma língua que é uma "invenção" do italiano médio, e vive o equívoco que Pasolini ilustra como, de um lado, desprezo pela condição burguesa e, do outro, "aceitação da língua da burguesia como uma língua normal, como um instrumento neutro" quase não produzido por ela, mas encontrado "paradigmaticamente na história".[499] Invenção porque, de fato, ele faz dela inconscientemente uma língua europeia neutra, com características não italianas. Calvino também está inserido neste grupo de escritores, porque sua relação com o italiano médio é de aceitação de sua normatividade, mas colocado em um quadro francês, através do distanciamento irônico. Muito bonita, merecedora de ser transcrita integralmente, é a identificação do italiano de Elsa Morante:

> ela ocupa todos os níveis acima da linha média: do nível que toca a língua média, até o nível altíssimo ocupado pelos escritores em estilo *sublimis*. De fato, Morante aceita o italiano enquanto corpo gramatical e sintático místico, prescindindo da literatura. Coloca em contato direto a gramática com o espírito. Não tem interesses estilísticos. Finge que o italiano exista, e seja a língua que o espírito lhe propôs neste mundo para se exprimir. Ignora todos os elementos históricos, seja enquanto língua falada ou enquanto língua literária, e retira dela só o absoluto. Seu italiano também é pura invenção.[500]

Todos esses escritores citados criam sem dificuldade a "condição estilística de um discurso indireto livre", porque "seus heróis são burgueses como eles, e seus ambientes são burgueses, como o deles".[501] Há facilidade de identificação, livre acesso ao espírito de seus

---

498 Idem, p. 1250.
499 Ibidem.
500 Ibidem, p. 1251.
501 Ibidem.

personagens. E a "língua de seus personagens torna-se, no final das contas, literária, enquanto a língua do escritor – que se identifica com seu personagem – não é nada mais do que dinâmica o expressiva".[502] Neste ponto, Pasolini também deve enfrentar, inevitavelmente, a questão dos personagens que não são expressão do ambiente burguês. Nesse ensaio, as considerações que ele deve fazer se mostram bastante neutras e desprovidas de consequências específicas para a ideologia burguesa encarnada pelos escritores citados.

> No caso do herói ser um herói popular, sua língua, vivenciada pelo escritor, não é mais do que a língua do escritor rebaixada de um só grau, não uma autêntica *mimeses*, mas una espécie de longa "citação" atenuada. É o caso, por exemplo, da *Ciociara* de [Alberto] Moravia, dos leves piemontesismos dos personagens de [Mario] Soldati, dos sotaques emiliano do falar burguês de [Giorgio] Bassani etc. etc.[503]

O "fenômeno relevante" de um autor burguês que revive "*completamente* o discurso falado de seu personagem" popular é usado por Pasolini para caracterizar melhor o ponto de vista exposto com esta sequência de autores, que é o que se desenvolveu nos anos 1950 pela experiência da revista "Officina", na qual a pesquisa ideológica tinha ambições racionalistas, de revisão da literatura dominante nos anos anteriores (neorrealismo, hermetismo); mas não rejeitava a contradição de um experimentalismo "que continha os elementos expressionistas do decadentismo e os elementos sentimentais do neorrealismo que se desejava ideologicamente superar".[504] Temos, portanto, dois autores que se movem a *serpentina*, do alto para baixo, no gráfico de Pasolini. O primeiro é Carlo Emilio Gadda, grande inspirador do poeta bolonhês, no qual a imersão completa nos níveis baixos da língua significa, por meio do uso do discurso indireto livre, uma restituição aos níveis altos da língua da experiência no *submundo*, que assume

---

502 Ibidem.
503 Ibidem, pp. 1251-52.
504 Ibidem, p. 1253.

literariamente um caráter expressivo ou expressionista. No segundo autor, o próprio Pasolini, a descida ao falante popular e a volta ao nível da língua alta, tem uma função "objetiva ou realista"[505], ligada à vocação engajada à esquerda com que Pasolini se exprimia naquele momento:

> com relação à Gadda, a operação era fortemente simplificada: no entanto, na zona alta, faltavam os plurilinguísmos tecnológicos e a altitude literária se configurava como uma língua única. Além disso, na zona baixa, os falantes eram escolhidos com uma função específica de pesquisa sociológica e de denúncia social: também aqui nada de pluridialetalismos, mas um dialeto único em uma situação circunstanciada. O discurso indireto livre era apenas um meio, antes, de conhecer e então fazer conhecer, um mundo psicológico e social desconhecido à nação.
>
> A ampliação de conteúdo era um efeito da poética do realismo, e portanto do empenho social, a ampliação linguística era uma contribuição *a uma possível língua nacional através da operação literária.*[506]

Este é o ponto crucial. Hoje a literatura teorizada e produzida nesses termos não pode mais contribuir para una nova consciência social e a uma língua nacional italiana que seja realmente tal. O empenho e a ação linguística dos anos 1950, e aqui a autocrítica se faz mais forte, já surgem nos anos 1960 como "retóricos", "inadequados", ilusórios.[507] Mais adiante, voltando a esse ponto, Pasolini destaca como, no fim das contas, Gadda sobreviva no novo contexto, mesmo se não pela presença em suas obras do "quantitativo alocutório popular-dialetal", mas pelo elemento linguístico que pertence ao "quantitativo culto e tecnológico".[508] Enquanto os "Riccetti e os Tommasi se movem dis-

---

505 Ibidem, p. 1252.
506 Ibidem, pp. 1253-54.
507 Ibidem, p. 1254.
508 Ibidem, p. 1255.

tantes como em uma urna grega"; assim como os "delirantes discursos interiores" de personagens atualíssimos como o operário Albino Saluggia, de Volponi, pertencem a um mundo de "bondade e solidariedade ultrapassados pela vertiginosa evolução da própria fábrica"; e a burguesia enobrecida por Cassola, Bassani, Soldati, Prisco "parece se situar além de um limite histórico", desprovida de destinatários cumplices dos nostálgicos escritores, mostrando de fato o sentido reacionário e anacrônico do neopurismo dos napolitanos reunidos na revista "Le ragioni narrative" [As razões narrativas].[509] A grave crise que desagrega esse posicionamento literário é resumida por Pasolini deste modo: a) desapareceu o mundo literário ainda reconhecível e passível de ser revisto nos anos 1950, apresentando-se agora come neovanguarda, a qual não é absolutamente comparável a seus precedentes novecentistas; b) no que concerne à língua, o discurso indireto livre e a contaminação linguística estão superados, "por uma imprevista descoloração dos dialetos como problema linguístico e, portanto, como problema social".[510]

A vitalidade das neovanguardas é para Pasolini apenas aparente, e oculta em parte a seriedade da crise, quando é lida como fenômeno ligado aos anteriores movimentos de vanguarda. Não é possível colocá-los no gráfico, pois partem de uma base externa à literatura. As vanguardas clássicas desejavam subverter o presente, substituir uma sociedade estável e estática por uma alternativa igualmente estável e estática, conduzindo sua ação subversora antilinguística com instrumentos literários, com um inovacionismo voltado a elas mesmas. As neovanguardas, ao contrário, são messiânicas, dessacralizam uma situação pré-futura, algo que pode tranquilamente *integrá-las* no

---

509 Ibidem, p. 1256. Com "Riccetti" e "Tommasi" Pasolini se refere paradigmaticamente a Riccetto e Tommaso, protagonistas dos seus dois romances romanos, *Meninos da vida* e *Uma vida violenta*. A revista "Le ragioni narrative" foi publicada como bimestral entre 1960 e 1961, e teve entre seus colaboradores Michele Prisco (diretor), Mario Pomilio e Domenico Rea, Luigi Compagnone, Luigi Incoronato, Gian Franco Vené. Além de desenvolver uma análise crítica da literatura italiana e estrangeira do século XX, a revista pretendia apresentar aos leitores uma nova geração de narradores meridionais.
510 Ibidem, p. 1254.

presente: e o fazem propondo uma ação antilinguística com bases diretamente linguísticas e não literárias, colocando-se "em um ponto linguístico zero para reduzir a zero a língua, e portanto os valores".[511] Contra o "Significado" e não contra a "tradição".[512] Mas este ponto zero é, segundo Pasolini, apenas aparentemente fruto de uma escolha livre, quando na verdade deriva de passividade e coação.

Portanto, a crise é sintetizável como crise do *mandato do escritor* (citando Maiakovski apud Franco Fortini), os escritores seguem cada um "uma história particular própria, como uma ilha linguística ou uma zona conservadora". Esta não pode ser interpretada, não é possível encontrar suas cause, em "sede sócio-moralista", mas por meio das novas ciências, a pesquisa linguística ou, como melhor se especifica mais adiante, as disciplinas limítrofes da literatura: "a sociologia e a linguística".

Então Pasolini volta a refletir diretamente sobre a língua, sem mais mediações literárias, já inúteis, senão daninhas, para entender o presente. É necessário dar "uma olhada sociolinguística no panorama italiano" recente.

Não sendo estritamente seu campo, o crítico deve andar às apalpadelas, movendo-se empiricamente com observações próximas ao seu dia a dia e experiência de escritor e de homem (claro indício metodológico do título definitivo do livro). O percurso é descendente, da língua do intelectual (ele mesmo) à língua comum. Pasolini inicia apresentando exemplos da nova língua que está se afirmando na Itália, e o primeiro referre-se à sua linguagem, a sua "prosa enunciativa", impregnada de tecnicismos mesmo se ele não é especialista. De modo que, para descrever a atual situação caótica da literatura na Itália, além dos clássicos *empréstimos* linguísticos e conceituais "da medicina, da psicanálises, das ciências econômicas e principalmente do marxismo"[513], deve recorrer à terminologia da indústria cultural e da sociologia. Fica, portanto, evidente que hoje a linguagem crítica

---

511 Ibidem, p. 1257.
512 Ibidem.
513 Esta e as citações anteriores em Ibidem, p. 1258.

está em osmose com a da ciência, não mais com o latim. Além disso, a linguagem já é vista, pelas próprias ciências linguísticas, sob o perfil da sua instrumentalidade.

Linguagem especiais como a do jornalismo e da televisão exemplificam assim essa passagem: o jornalismo deve ser comunicativo a partir de um "muito restrito" sistema linguístico (calcado em modelos ingleses e franceses), não *escandalizante*, mas aprovado a partir da demanda de massa, calculado com base estatística, reconstituindo a gramática sobre esta base, que exclui os elementos expressivos da gramática tradicional; a televisão tem uma língua baseada na "pura e simples seletividade"[514], mesmo devendo se ocupar de tudo, não tendo competências especiais. A seleção é feita usando instrumentos retóricos e estilísticos bastante evidentes: "o eufemismo, a reticência, o *cursus* pseudofalado, a desdramatização irônica".[515] Aqui também, no lugar do bom italiano de matriz purista, "a comunicação prevalece sobre qualquer possível expressividade, e aquele pouco de boba e pequeno-burguesa expressividade que permanece é em função de uma instrumentalidade brutal".[516] A língua da televisão também condiciona enormemente a nova língua média, com sua monotonia que faz crer às pessoas de baixa cultura que "o italiano seja falado assim, por meio de uma série de proposições do diagrama possivelmente unificado até na pronúncia".[517] O mesmo tipo de língua encontramos nos discursos dos políticos, em substituição ao velho discurso enfático. Isso mostra, mesmo se Pasolini não o diz explicitamente nesses termos, a nova face do poder. O discurso de Aldo Moro, de 1964, por ocasião da inauguração da *autoestrada do Sol*, mesmo sendo voltado ao público em geral, é pleno de tecnicismos. Não tem uma simples função circunstancial, mas junto com a ideia do desenvolvimento de infraestrutura italiana, deve dar e requerer confiança aos italianos, usando palavras de especialista, de técnico que sabe resolver a situa-

---

514 Ibidem, p. 1259.
515 Ibidem, p. 1260.
516 Ibidem.
517 Ibidem.

ção em um momento em que a Itália havia entrado, depois de vários anos de crescimento econômico constante (o *boom* econômico), em uma fase de estagnação então chamada de *conjuntura*, e que exigia sacrifícios por parte de todos. Não era mais o latim enfático que podia ajudar um homem político a tornar aceitável o seu discurso à nação baseado nos sacrifícios solicitados aos cidadãos (na verdade, não realmente a todos), mas "a linguagem tecnológica da sociedade altamente industrializada"[518]: não uma linguagem *distanciadora* de tipo tradicionalmente humanista, mas uma *homologante* aquela política às outras linguagens, em cujos centros de criação e difusão estavam as empresas, não as universidades. O slogan publicitário é para Pasolini o típico exemplo da nova língua, hiper-instrumental mesmo se conserva uma mínima expressividade, a qual, porém, sendo submetida ao fim de comunicação instrumental (a venda do produto), "se fossiliza" dando vida ao "*monstrum*" definível como "expressividade de massa".[519]

O último elo da cadeia de exemplos de Pasolini é, como dito acima, a língua comum, a "santíssima dualidade italiana"[520] (dialetizada em baixo e latinizada no alto) não nacional.

Também neste caso, qualquer pessoa pode constatar empiricamente, ouvindo discursos de pessoas no Norte industrializado, que os tecnicismos estão na linguagem cotidiana, mesmo que de maneira ainda branda, e nas linguagens dos ofícios, das profissões, das trovas comerciais, da vida empresarial, nos quais tendem a constituir formas do *jargão especialista*. Pasolini encontra exemplificada essa linguagem em uma página literária caricatural de Ottiero Ottieri, no livro *L'impagliatore di sedie* [O empalhador de cadeiras], de 1964, de sabor quase iniciático, se lida fora do contexto das transações econômicas e das funções e atividades próprias das empresas modernas.

---

518 Ibidem, p. 1262.
519 Ibidem.
520 Ibidem, p. 1263.

Esta testemunha o que é a nova Itália "industrial e europeizada".[521] Essas trocas linguísticas:

> trazem novas características àquela pseudo-unificação que haviam dado ao italiano as linguagens burocráticas e comerciais: novas características devidas à novidade espiritual do fenômeno. Nem burocracia, nem comércio eram fatos espiritualmente novos no homem e no italiano: a técnica sim.
>
> Além disso: novas características surgiram várias vezes na longa história de nossa nação, mas a língua sempre reagiu adotando essas novidade como novas camadas linguísticas a serem acrescentadas às outras: tratava-se de uma língua somente literária e não nacional, de modo que não podia nem fagocitar, nem superar as antigas camadas com as novas, e se limitava a amontoá-las, aumentando contínua e absurdamente seu patrimônio gramatical e lexical.[522]

Estas linhas são fundamentais para conhecer o ponto de chegada do pensamento de Pasolini na metade dos anos 1960, em que são reutilizados conceitos já empregados em outro contexto nos anos 1950 e outros ainda não bem definidos, que terão sua forma definitiva nos anos 1970. Em primeiro lugar é bom destacar o papel decisivo da *técnica* na mudança de uma época por ele reconhecida pelo estudo das mudanças linguísticas italianas contemporâneas a ele. Aqui é provável que tenha pesado muito a leitura (também de segunda mão) dos teóricos da escola de Frankfurt, que justamente entre o final dos anos 1950 e o início dos anos 1960 começam a circular no debate cultural e filosófico italiano de maneira consistente, sublinhando, entre outras coisas, os efeitos antropológicos da sociedade altamente tecnológica. Pasolini lembra, em uma entrevista dada a Ferdinando Camon e publicada em 1969, ter lido, "por mérito de Fortini", os livros de

---

521 Ibidem.
522 Ibidem, pp. 1263-64.

Herbert Marcuse antes que se tornasse moda.[523] Theodor Adorno é citado por Pasolini em duas entrevistas, com relação às teorias estéticas de Lukács, já em 1959.[524] A técnica muda profundamente tanto o italiano-língua como o italiano-homem, modifica seu *espírito*: aqui está um prenúncio da futura constatação de uma *mutação antropológica* nos italianos, e sobre isto, dali a uma dezena de anos[525], Pasolini construirá parte de sua fortuna de escritor *corsário*. Mas já vimos, citando na introdução a este capítulo a advertência *Al lettore*, em que Pasolini, em 1972, já fala da validade antropológica das mudanças em curso, só que naquele caso utiliza ainda o termo científico *evolução*, com conotação positiva no sentido comum, mesmo se o contexto em que o usa é substancialmente neutro. O conceito de *mutação*, que ele escolhe mais tarde para descrever o fenômeno, é utilizável, se pensarmos cientificamente, de maneira *neutra*: adaptação às novas condições para poder sobreviver em um ambiente não necessariamente hostil, mas seguramente diverso do anterior; ou em maneira *negativa* (esta parece ser a opção de Pasolini): então podemos remeter, juntamente com a ideia de mutação, à geração de algo monstruoso, de aberrações, de seres desumanos ou que alimentam os piores aspectos (atos e pensamentos) da humanidade. Sabe-se que o perigo atômico era muito forte e presente naqueles anos, fazia parte de uma angústia coletiva ainda sustentada pela fresca ferida bélica e pelas tensões e guerras *quentes* alimentadas pela guerra fria. O próprio cinema, entre os anos 1950 e 1970, reforçava um imaginário de destruição e mutação, transformando em filmes de sucesso assuntos de caráter apocalíptico, pós-apocalíptico, distópico, tendência que continua a prosperar no século XXI.

---

523 PASOLINI, Pier Paolo. *Scritti sulla politica e sulla società*. Op. Cit., p. 1642.
524 Cfr. PASOLINI, Pier Paolo. *Saggi sulla letteratura e sull'arte*. Op. Cit., p. 2738 e seg.
525 Cfr. pelo menos *Studio sulla rivoluzione antropologica in Italia* [Estudo sobre a revolução antropológica na Itália]. IN: PASOLINI, Pier Paolo. *Saggi sulla letteratura e sull'arte*. Op. Cit., pp. 307-12. Artigo publicado no jornal "Corriere della sera" de 10/06/1974. Neste momento, como se vê no próximo parágrafo, surge o conceito ao plural, mais genérico, de "mutações antropológicas".

Pasolini nestas páginas também muda em parte o uso do conceito de *estratificação* linguística. Se, por exemplo, tomarmos o ensaio sobre a poesia popular publicado em *Passione e ideologia*, veremos como, naquela circunstância (estamos em 1955), Pasolini destaca este elemento de estratificação falando especificamente da língua popular que vem de cima, de maneira incoerente e inconsciente, "'camadas' das culturas 'altas' anteriores" (cfr. Cap. II). Linguisticamente, isto, dez anos depois, não lhe parece mais possível, uma vez que a força da "língua técnico-científica" se qualifica como "*homologadora das outras estratificações linguísticas e até mesmo como modificadora das linguagens*".[526] Não há mais rebaixamentos, ou acúmulos, mas uma tendência à substituição e achatamento em todos os níveis da língua. As *camadas* permanecerão como "involuções, regressos, resistências, sobrevivências do antigo mundo italiano", mas a este ponto, ao mesmo tempo da afirmação de uma burguesia hegemônica por meio da "tecnocracia do Norte", Pasolini pode dizer que nasceu "*o italiano como língua nacional*".[527] Fornecendo uma análise marxista sintética e simplificada, mas de acordo com seu raciocínio anterior. De fato, ele declara que a *base estrutural* desse princípio homologador e regulador de todas as linguagens nacionais é, hipoteticamente, o "momento ideal em que a burguesia paleo-industrial se faz neocapitalista, pelo menos *in nuce*, e a linguagem patronal é substituída pela linguagem tecnocrática"[528]: a burguesia consegue concluir o processo de identificação com a sociedade italiana, hegemonizando-a.

Ainda não se sabe bem o que é ou o que poderá ser esta nova língua, Pasolini é muito cauteloso a este propósito. Mas tenta previsões, considerando como novos centros irradiadores da cultura e da língua nacional Milão e Turim, não mais Florença, Roma e Nápoles. O Norte não propõe suas formas dialetais (come acontecera com o romanesco-napolitano), mas as linguagens técnicas homologadoras

---

526 PASOLINI, Pier Paolo. *Saggi sulla letteratura e sull'arte*. Op. Cit., p. 1264.
527 Ibidem, p. 1265.
528 Ibidem.

e instrumentalizadoras do italiano "como novo espírito unitário e nacional".[529] Historicamente houve a vitória dos *periféricos*, da Itália real sobre a Itália retórica:

> uma primeira onda periférica romanesco-napolitana correspondente ao primeiro momento real da Itália antifascista, mas ainda semidesenvolvida e paleo-burguesa, e agora uma segunda definitiva onda setentrional, correspondente à definitiva realidade italiana, que se pode proclamar à Itália do futuro iminente.[530]

O novo italiano *tecnológico* será, provavelmente, mais ligado aos hábitos das "línguas românicas mais adiantadas"[531]: suas formas se simplificarão empobrecendo-o, tornando-o mais normativo para os fins da comunicação técnica; acabará a osmose com o latim, que o tornava uma língua elitista; prevalecerá o fim comunicativo sobre o expressivo, como em todas as línguas "de alta civilização e de poucos níveis culturais"[532], com a substituição da literatura pela técnica nas funções de guia da língua.

Para encerrar o assunto, Pasolini volta a falar especificamente sobre literatura, sobre seu futuro em um contexto caótico e de vazio histórico. E o faz ainda mantendo uma certa confiança, entrevendo *caminhos* e uma possível função para os escritores.

As vanguardas fizeram sua parte, encaminhando a tomada de consciência para a revolução linguística do italiano contemporâneo. Mas agora, "somente por meio de um aprofundamento desta consciência, um escritor poderá encontrar sua função, postular uma 'renovação de mandato'".[533] O que em outros países com o capitalismo mais avançado e com uma língua nacional plurissecular (como na Inglaterra e na França) é uma questão de *evolução* da concorrência

---

529 Ibidem, p. 1266.
530 Ibidem, p. 1267.
531 Ibidem.
532 Ibidem, p. 1268.
533 Ibidem, p. 1269.

entre literatos, tecnologia e ciência, na Itália é uma verdadeira *revolução*, que requer do literato aprender praticamente do zero uma nova língua, tornando-se ele mesmo *cientista*, que trabalha com hipóteses e não mais com *perspectivas* palingenéticas e ilusórias.

> Dentro desta nova realidade linguística, o fim da luta do literato será a expressividade linguística, que irá coincidir radicalmente com a liberdade do homem em relação à sua mecanização. E sua luta não será árida e veleitária, se ele tomar como problema próprio a língua do novo tipo de civilização.[534]

Pasolini parece estar convencido de que um literato burguês de *ideologia* burguesas não possa sobreviver a essa luta: será "eliminado da língua criada por aquele mesmo poder ao qual ele não se opõe e contra o qual não combate", depois de uma "longa agonia formal".[535] Somente um literato *não ideologicamente* burguês (parece significativo que Pasolini aqui não diga *marxista*, talvez indicando neste sentido a não exclusividade do marxismo como ideologia avançada não-burguesa, claro indicador da sua ideologia heterogênea) poderá ter uma *chance* nesta luta se, seguindo Gramsci, conhecer com clareza e coragem a realidade italiana que produz a nova língua nacional. A poesia já é um problema *cultural* (adjetivo usado em sentido antropológico) e *político*, que requer um "modo de saber científico e racional".[536]

2. ITINERÁRIO DE UM ITALIANO NA LÍNGUA NACIONAL *PRÉ-TECNOLÓGICA*: O *CASO* GRAMSCI, O AUTOBIOGRAFISMO E A *ESTRANHA* TENTATIVA DE UMA LINGUÍSTICA MARXISTA

Como dizíamos, *Empirismo eretico* é um livro feito por *constelações*,

---
534 Ibidem, pp. 1269-70.
535 Ibidem, p. 1270.
536 Ibidem.

representadas em artigos em itálico usados para rebater acusações aos detratores, fazer detalhamentos, esclarecer questões deixadas obscuras ou pouco desenvolvidas na discussão do ensaio principal. Walter Siti e Silvia De Laude destacam que o mundo cultural italiano, com nuances e motivos diferentes, rejeita de fato as observações e as conclusões de Pasolini, para alguns, fruto de uma mudança da poética pessoal do crítico, para outros, superficiais ao tratar as mudanças linguísticas que se alteram em tempos longos. Para outros ainda há uma espécie de descoberta da água quente, com a repetição de coisas já identificadas por outros (as vanguardas, a *literatura industrial* descoberta e promovida por Elio Vittorini).[537]

Se acompanharmos a análise do livro como *obsessão e repetição*, além de como desenvolvimento de temas citados no ensaio introdutório, na seção "Língua" do volume encontramos outro grande ensaio, o maior da antologia, o já citado "Dal laboratorio (Appunti *en poéte* per una linguistica marxista)". É um ensaio de difícil leitura, provavelmente o mais teórico e abstrato dos ali reunidos, e não é sempre fácil acompanhar o fio lógico do autor que, como sempre, admite os limites *diletantes*[538], os dados provisórios, os aspectos hipotéticos de suas reflexões. Mas é também um texto heterogêneo, em que a prosa oscila entre a aridez de um relatório científico, por meio do uso *flexível* das categorias do estruturalismo e da linguística de Ferdinand de Saussure, além do empirismo de Georges Gurvitch; e o dado poético obtido ao percorrer duas vias paralelas, pensadas como experiências linguísticas que empiricamente fornecem os dados de partida para o discurso central do ensaio, que substancialmente deseja complicar, tornar mais afim à realidade efetiva das coisas, a distinção que se afirmou nos laboratórios linguísticos entre *langue* e

---

537 Cfr. PASOLINI, Pier Paolo. *Saggi sulla letteratura e sull'arte*. Op. Cit., pp. 2942-44.
538 Em um autor como Pasolini, o conceito de diletantismo pode ser entendido no sentido que lhe dá Roland Barthes: o diletante é "um 'tipo bastardo', um 'escritor-escrevente' que se exime da obrigação da 'especialização' da escrita e acrescenta ao caráter de autor, e portanto de mestre da arte e do estilo, aquele de intelectual, pelo contrário homem de pensamento e de intervenção", que toma posições sobre questões de interesse para a comunidade. TRICOMI, Antonio. *Pasolini: gesto e maniera*. Op. Cit., p. 66.

parole. Este contraste entre prosa científica e prosa poética é um traço que caracteriza muito bem os anos 1960, em que a confiança em si mesmo dos defensores do novo cientifismo aplicado à análise literária, tendia a transformar a crítica realmente em um experimento de laboratório. Pasolini decide também entrar no laboratório, mas para mostrar os limites desses procedimentos ou, pelo menos, o que ele ainda considera, na metade dos anos 1960, o melhor modo de agir para um escritor e um intelectual já *diversamente engajado*. É interessante notar que em um texto em que Pasolini não fala diretamente de literatura, ele tenha sentido necessidade, por meio do retrato *linguístico* de Gramsci e a inserção proposital das próprias lembranças, de enriquecer a fria racionalidade do discurso técnico, com o irracional frescor da palavra literária, alcançando uma forte sensação de *contaminação funcional* entre literatura e crítica.

Entretanto, não sendo um texto diretamente concentrado em questões literárias, tentarei resumi-lo suscintamente, anotando as questões mais úteis ao nosso discurso. O estilo em espiral de que falamos, que vagueia em direção à conclusão juntando o essencial do discurso de Pasolini por meio de sínteses sucessivas, é aqui baseado em dois elementos *literários* alternados – que se pode perceber parcialmente na primeira parte sobre a língua de Gramsci e depois, de modo decididamente mais poético, na recordação da palavra em friulano *rosada* [orvalho] e da infantil *teta veleta*[539], na dança e nos gritos de Ninetto Davoli que descobre a neve[540] – e da *análise científica*, baseada principalmente na discussão do estruturalismo de Lévi-Strauss e da linguística de Saussure no caso italiano e no caso francês da Revolução, em confronto com a proposta marxista.

A apresentação do itinerário linguístico de Gramsci, da Sardenha

---

539 Pasolini usou essas palavras quando tinha 3 anos para identificar as primeiras sensações ligadas ao seu homossexualismo. Elas não tinham um significado racional, mas Gianfranco Contini identificou a palavra "teta" com o grego *thethe*, no sentido de "necessidade" ou "falta", associável à pulsão sexual.
540 Ninetto Davoli, na época jovem ator descoberto na periferia romana por Pasolini e ligado a ele além da colaboração profissional, viu pela primeira vez a neve em uma viagem com Pasolini.

camponesa e dialetal à grande cidade industrial do italiano tecnicizado e do humanitarismo socialista e depois mais robustamente marxista, à política nacional e à plena maturidade humana e intelectual, exemplifica bem como era difícil na Itália, antes da revolução linguística neocapitalista, pensar de maneira unificada e unívoca a língua nacional. O italiano escrito aprendido por Gramsci em um primeiro momento, na escola, é enfaticamente literário; depois, com a presença da língua do humanitarismo proto-socialista, nos anos turinenses até 1919, mostra-se principalmente "humanista do 'lado' romântico", tanto que neste período, na maior parte dos escritos, as ideias são tomadas em seu "momento sentimental ou apaixonado".[541] A seguir, a linguagem da ciência (francesa) aprendida durante os estudos universitários, começa a enfraquecer a ênfase *expressivo-humanitária*, que, entretanto, apenas a experiência da Nova Ordem de 1919-20, vivenciada e pensada originalmente em primeira pessoa, transforma em uma língua própria, de "possível" a "absoluta"[542], graças à sua funcionalidade (o objetivo é a revolução socialista), mesmo talvez não sendo linguisticamente *bela*. O "quase religioso aprendizado de racionalidade" leva Gramsci a superar "a irracionalidade da língua literária adotada pela burguesia italiana com a unificação"[543], diminuindo progressivamente a "*casualidade expressiva*"[544] do próprio italiano ainda devida à inexperiência política e aos limites do socialismo do qual deriva. O momento mais alto alcançado pela língua de Gramsci está nas *Cartas do cárcere*, não por acaso livro vencedor do prêmio literário Viareggio em 1947. Pasolini o descreve assim:

> Só nas cartas do cárcere, já no fim da vida, ele consegue fazer coincidir irracionalidade e exercício da razão: mas não se trata da irracionalidade que endeusa ou segue, como por um ímpeto sentimental ou raiva polêmica, a razão do pensamento político. Porque nesse

---

541 PASOLINI, Pier Paolo. *Saggi sulla letteratura e sull'arte*. Op. Cit., p. 1308.
542 Idem, p. 1309.
543 Ibidem.
544 Ibidem, p. 1310.

caso, a irracionalidade esconde sempre uma insuficiência ideológica, a falta de nexo na argumentação. (...)

Trata-se mais, já no fim da vida, de também dar voz de conto ou evocação a fatos mais modestos e casuais da vida, àquele tanto de misterioso e de irracional que toda vida tem em abundância, e que é a "poeticidade natural" da vida.[545]

O "elemento irracional dominado", o "mistério que a razão reconhece" mostra traços patéticos que Pasolini associa a certas passagens de Umberto Saba.[546]

A língua oral de Gramsci (e a língua oral torna-se o *fio condutor antropologicamente caracterizado* neste ensaio), entretanto, é decididamente inferior – mais incerta, pobre, mísera, genérica, em relação à "segurança, à riqueza, à absolutez de muitas páginas escritas por ele", e isto a torna exemplo de uma condição própria de "todo homem de cultura italiano".[547] Em Gramsci estão "a pronúncia dialetal sarda, a pronúncia dialetal piemontesa, a pronúncia da pequena burguesia burocrático-profissional italiana que começa a criar uma *koiné também oral* em torno do cânone oral florentino".[548] Na Itália também acontece o contrário, ou seja, a dicção, a pronúncia, pode superar ou completar o texto escrito, e os exemplos são artistas como Eleonora Duse, Ettore Petrolini e, no plano político, Benito Mussolini, que não pode ser simplesmente lido, mas é preciso escutar seus discursos para poder reconstruir seu sistema de significantes. Com estas e outras observações empíricas, Pasolini chega à conclusão que, por um lado, os italianos vivem a "*tendência de uma estrutura a ser outra estrutura*"[549], ou seja, mesmo vivendo fonicamente em uma *koiné* dialetizada, tendem a se adaptar a outras estruturas fonéticas reais,

---

545 Ibidem.
546 Ibidem.
547 Ibidem, p. 1312.
548 Ibidem.
549 Ibidem, p. 1315. Pasolini transforma esta constatação antropológica sobre os italianos, em uma concepção válida para os roteiros cinematográficos. Cfr. *Saggi sulla letteratura e sull'arte*. Op. Cit., pp. 1489-1502.

como a da cidade em que vivem (o bolonhês Pasolini em Roma) ou a de "uma possível instituição linguística nacional – o famigerado florentino culto": "inquietação motora" de uma estrutura não estável, mas alimentada por uma "necessidade de metamorfose". Por outro lado, há a tendência a uma contradição entre língua oral e língua gráfica "violenta, substancial, filosófica", que os linguistas não levaram em consideração a não ser em experimentos de laboratório. Visto que na Itália há este forte contraste entre língua oral e gráfica, "certos fenômenos, não apenas linguísticos, são usados e compreendidos *somente considerando a língua oral como uma língua em si*, que só casualmente e episodicamente torna-se *também* escrita".[550]

Pasolini usa o primeiro de seus exemplos pessoais para descrever poeticamente a lembrança de quando, ainda antes dos vinte anos, ouvira pela primeira vez a palavra *rosada* da boca de um jovem camponês, nunca escrita até aquele momento e, portanto, *puro som*, que o havia impressionado tanto a ponto de estimular sua criatividade poética em friulano. O exemplo está na base da questão central do ensaio: Pasolini se pergunta, vinte cinco anos depois, fulminado por esta recordação proustiana "de um puro som, emitido pelas bocas de puros falantes"[551], a causa de seu amor pela língua oral, que o fez considerá-la uma categoria distinta das categorias de *langue* e *parole*. A pergunta não tem resposta, mas é o pretexto para atacar nova e pesadamente a burguesia, também fatalmente racista com os *falantes puros*. E é também o pretexto para introduzir um novo conceito com respeito às distinções comumente aceitas: a marxista de língua da estrutura e língua da superestrutura e a estruturalista e da sociolinguística, ou seja, *langue* e *parole*. Assim Pasolini esquematiza sua teoria linguística:

> A distinção principal que eu gostaria de propor é: língua *oral e língua oral-gráfica*. Isto colocaria em relação, separando seus elementos, as

---

550 Esta e as citações anteriores: Ibidem, p. 1316.
551 Ibidem, p. 1318.

outras duas distinções tradicionais, de cuja fusão resultaria que a real distinção de uma língua poderia ser a seguinte: *langue* oral-gráfica estrutural, e *parole* oral-gráfica superestrutural. (...) Praticamente, uma língua de uso se distingue assim: da *langue* oral-gráfica para baixo e da *langue* oral-gráfica para cima.
Para baixo está a língua puramente oral e apenas oral.
Para cima estão as línguas de cultura, as infinitas *paroles* (que todavia *nunca* são, como a língua oral, *somente escritas e apenas escritas*: também continuam sempre a ser orais).[552]

É a oralidade da língua que representa o elemento que permanece, "momento histórico arcaico" da língua oral-gráfica.[553] Esta representa o momento comunicativo, necessário, enquanto a língua oral-gráfica, superestrutural, o momento comunicativo e expressivo. Pode-se colocar em relação histórico-antropológica a relação entre estas duas línguas, nos termos sugeridos por Lévi-Strauss: o "salto de qualidade entre as duas línguas é o momento ideal da passagem do homem da fase pré-histórica à fase histórica (...). A passagem da pura e simples relação oral com a natureza, à relação oral-escrita com o trabalho e a sociedade".[554] Outra distinção, porém, emerge entre as duas línguas, e é relativa ao tipo de estratificação presente nelas. Na língua oral tem-se uma *unidade meta-histórica*, uma continuidade em que as várias estratificações se amalgamam e não podem ser completamente separadas. Na língua oral-gráfica pode-se analisar as estratificações, pode-se separar os acontecimentos históricos que incidem sobre ela e que causam revoluções e restaurações, avanços e retrocessos. No caso de uma revolução político-social (francesa ou russa), enquanto a língua oral tende a se manter *idêntica*, a língua oral-gráfica tende a mudar, mas essa mudança é retardada pela presença do elemento oral. Qual é o tipo de revolução que intervém radicalmente sobre a língua,

---

552 Ibidem, pp. 1319-20.
553 Ibidem, p. 1320.
554 Ibidem, p. 1321.

incidindo, no limite, também sobre a oralidade? Aqui Pasolini não tem dúvidas em afirmar que, a partir de seu esquema que distingue um *acima* e um *abaixo* com respeito à língua oral-gráfica, a

> *revolução externa* [marxista] (...) tende a agir e trazer modificações sobre as línguas que estão acima do limite oral-gráfico (e entre essas principalmente sobre a língua literária); enquanto a *revolução interna* (neste caso concreto a nova sociedade tecnológica e tecnocrática em sua evolução revolucionária) tende a agir e trazer modificações também e principalmente das línguas orais-gráficas para baixo, até o limite da vocalização (o sotaque italiano do calabrês que emigra para Turim, e ali se instala linguisticamente, levado por uma das linhas-mestras da 'revolução interna do neocapitalismo': ou seja, a conservação cinicamente programada de zonas subdesenvolvidas como reservas de mão de obra com baixo salário).[555]

A revolução interna ao mundo capitalista parece incidir em nível mais profundo do que a marxista, tanto que Pasolini considera nela "o momento mais importante da humanidade depois da primeira semeadura ao longo do rio Nilo há doze mil anos": as línguas das "*infraestruturas*" (dos técnicos, da produção capitalista) substituem as das "*superestruturas*" (das elites intelectuais humanistas – lei, religião, escola, literatura).[556] Esta revolução não é uma simples evolução do sistema, "porque a transformação de uma sociedade de capitalista a neocapitalista coincide com a transformação do 'espírito científico' na 'aplicação da ciência'", o que leva a "mutações antropológicas".[557] Eis como Pasolini, por meio da análise linguística e a *tradução* (de cunho gramsciano) das linguagens de estritamente linguísticas a histórico-sociais, colocando em diálogo as diversas ciências humanas com as quais estava entrando em contato naqueles anos, chega, na metade dos anos 1960, a perceber aquela mudança radical do homem

---

555 Ibidem, p. 1328.
556 Ibidem, p. 1325.
557 Ibidem, p. 1327.

que, no momento relegado a um genérico plural, se tornará nos anos seguintes, a *mutação antropológica* dos italianos. Esse novo poder da linguagem das infraestruturas é o fenômeno "mais novo e escandaloso" da reestruturação capitalista, e age em âmbito europeu.[558]

Os outros exemplos pessoais que Pasolini usa no texto, dar nome de *teta veleta* ao seu sentimento nascido dos "primeiros desconfortos do amor sexual"; o "grito de alegria orgíaco-infantil" de Ninetto em Pescasseroli, enquanto dança ritmicamente sobre a neve recém descoberta, têm a função de "liberação em laboratório do elemento puramente vocal enquanto passada, mas presente realidade histórica da língua".[559] Neste sentido, poeticamente, entre *langue* e *parole*, pode-se teorizar o *"terceiro termo"*, que não é mais do que *"o 'momento puramente oral da lingua'"*.[560] Pasolini previne as críticas de quem poderia contestar sua ideia de dar uma contribuição à linguística marxista, recordando que ele é um burguês italiano nascido nos anos 1920, e isto pesa em sua formação e em suas matrizes culturais, assim como a consciência do fato que os "devotos de uma nação unida antes literariamente do que socialmente desejam a todo custo ver em cada camponês subdesenvolvido um poeta, e no poeta que escreve um difusor de criações linguísticas"[561], e se esquecem que a maior parte dos italianos na época da unificação não sabia ler. O *terceiro termo*, o momento oral introduzido por ele "por um íntimo fascínio à maneira de Vico e poético da coisa"[562], representa o momento individual, pré-histórico, necessário, anterior à *cultura* (no sentido de civilização), entretanto presente. A língua oral salva a autenticidade pela arbitrariedade. Perceber a arbitrariedade da língua oral-gráfica, das *langues* civis, torna-se inevitável e isso talvez resolva "o dilema sincronia-diacronia das 'relações semânticas' estruturalistas".[563]

---

558 Ibidem, p. 1336.
559 Ibidem, pp. 1330, 1332.
560 Ibidem, p. 1333.
561 Ibidem, p. 1334.
562 Ibidem.
563 Ibidem, p. 1336.

Encerrando nossa síntese: o que aproxima o marxismo e Pasolini? Porque Pasolini se sente fanaticamente marxista e não, mesmo usando categorias e conceitos destas filosofias, estruturalista ou empírico como Gurvitch?[564]

No fim das contas, a conclusão a que ele chega parece frágil, no sentido em que o texto anterior mostra uma diferença entre suas escolhas como crítico, poeta e intelectual, com relação ao racionalismo dialético marxista. Todavia, Pasolini quer contestar a onda cultural estruturalista e empírica, porque vê nelas o "renascimento europeu neocapitalista" ao qual se opõe depois de tê-lo delineado, desenvolvendo algumas considerações já presentes em "Novas questões linguísticas", como uma nova forma de exploração e de colonialismo capaz de mudar profundamente o ser humano, bem mais do que as autoproclamadas revoluções da época moderna e contemporânea. Mesmo contestando as posições linguísticas de Stalin, na verdade só um pretexto para iniciar uma mais ampla reflexão sobre a língua, como acontecerá depois com a resenha do livro de Gyula Herczeg sobre o discurso indireto livre, Pasolini ainda identifica no marxismo um companheiro de luta, uma força com a qual dialogar contra as forças do capital mundial, além de uma parte de si mesmo, um *duplo* seu. O estruturalismo constitui uma espécie de "'geometria do magma'" (da vida), mas não entra nele como o faz o poeta-Pasolini, que o experimenta diretamente e não se detém no ato de conhecê-lo. O marxista-Pasolini também não se contenta em "conhecer e descrever uma geometria" da realidade, "mas quer ordená-la, tanto no conhecimento quanto na ação". O problema a ser enfrentado é "preencher de valores" da ideologia marxista os esquemas estruturalistas entendidos como processo.[565] Somente quem participa, de um lado por experiência de vida direta, e do outro como observador crítico,

---

[564] Sobre o pensamento de Georges Gurvitch, sociólogo francês de inspiração marxista morto em 1965, Pasolini diz que ele tem "uma noção ontológica e, portanto, irracionalista-empírica da sociedade", ibidem, p. 1338.
[565] Esta e as citt. anteriores em Ibidem, p. 1341.

consegue enfrentar este problema. E, para Pasolini, nesse momento, é ainda quem tem "o olhar" da consciência de classe.[566]

3. UM DÍPTICO: "INTERVENTO SUL DISCORSO LIBERO INDIRETTO" [INTERVENÇÃO SOBRE O DISCURSO LIVRE INDIRETO] E "LA VOLONTÀ DI DANTE A ESSERE POETA" [A VONTADE DE DANTE DE SER POETA]. FAZER MILITÂNCIA CULTURAL COM A TRADIÇÃO LITERÁRIA

Os dois ensaios que abrem a seção "Letteratura" de *Empirismo eretico*, "Intervento sul discorso libero indiretto" e "La volontà di Dante a essere poeta", estão fortemente ligados entre eles pelo desenvolvimento do discurso crítico de Pasolini, que deveria se completar no segundo[567], pelos temas literários tratados, em particular as referências à obra de Dante, pela reflexão sobre a neovanguarda, sobre a burguesia e sobre o discurso indireto livre, que são o ponto de contato com a seção "Lingua" do livro e dão substância à dimensão interdisciplinar, experimental e mais claramente sociocultural da análise crítica pasoliniana. Além disso, ambos entram em conflito com a crítica de tipo *acadêmico*. Com efeito, o segundo texto alimenta uma polêmica bastante forte, que toca o lado pessoal de alguns críticos, e é fruto da violenta tensão ideológica que, em rajadas, permeia as principais contribuições de *Empirismo eretico*. Em particular, Cesare Garboli e Cesare Segre intervêm para contestar ou desmentir algumas tomadas de posição de Pasolini em relação às reflexões sobre Dante e ao uso desinibido de algumas categorias estilísticas e gramaticais. Segre percorre em parte os momentos polêmicos com a distância do tempo passado e ajudado pelo filtro ensaístico das páginas

---

566 Ibidem, p. 1342.
567 Talvez se possa falar efetivamente em um tríptico, se acrescentarmos a intervenção posterior, causada pelas críticas de Cesare Segre, publicada com o título "La mala mimesi" [A má mimese], em 1966, na revista "Paragone" de abril, agora em *Saggi sulla letteratura e sull'arte*. Op. Cit., pp. 1391-99, e que revê as posições sobre Dante do ensaio anterior.

introdutórias escritas por ele para *Saggi sulla letteratura e sull'arte*, como veremos nas próximas páginas.

A questão do *discurso livre indireto*, modo preferido de Pasolini para definir este traço estilístico da literatura moderna e contemporânea (expressão geralmente usada, por especialistas, *discurso indireto livre*, e, emprestado do alemão, *discurso revivido*), é central na economia de *Empirismo eretico*, porque Pasolini é um autor que exalta a função literária como forma expressiva e passionalmente intensa, e vê neste traço estilístico um modo para desmascarar os escritores burgueses inautênticos e incapazes de simpatia com seus personagens, quando pertencentes a classes sociais diferentes da deles. Pessoalmente, Pasolini se sente parte do pequeno grupo de autores que o usa, tentando realmente representar os pensamentos e as palavras das classes populares (como Moravia e Gadda, por exemplo, mesmo que eles o façam de modo diferente do dele).

Decidir partir da resenha do livro do italianista húngaro Gyula Herczeg[568], significa se interessar por uma questão que divide bastante os estudiosos de literatura e linguística do século XX. Alguns insistem no aspecto gramatical, outros no aspecto estilístico do discurso indireto livre; alguns o analisam principalmente como procedimento do autor, outros como mimese deste nos personagens; alguns encontram traços do discurso indireto livre na Idade Média românica, outros só a partir da Idade Moderna. Como é habitual neste livro, Pasolini não está tão mais interessado nas diatribes entre estudiosos, tanto que declara recuperar um exemplo *escolar*, quando decide escolher Dante como protótipo de autor que o usa nos primórdios da literatura italiana. Mais uma vez, a ideia da resenha é realmente um pretexto, um ponto de partida para falar de algo muito mais amplo, que parte do uso da língua passando por exemplos literários ou não, até voltar à questão da neovanguarda e da nova, futura, língua italiana. É evidente que a obsessão de Pasolini por alguns temas, por algumas de suas descobertas (verdadeiras ou supostas) de natureza

---

568 HERCZEG, Gyula. *Lo stile indiretto libero in italiano* [O estile indireto livre em italiano]. Firenze: Sansoni, 1963.

literária ou sociocultural, não é tão forte e dramática apenas nos anos 1970, mesmo se a plateia deste período é maior, porque os meios de divulgação utilizados são mais populares (lembremos da revista semanal de atualidades "Tempo" e, principalmente, do jornal "Corriere della Sera", onde publica pela primeira vez os *escritos corsários*).

Sabemos que o discurso indireto livre é uma estrutura narrativa que mistura enunciados do narrador e dos personagens, combinando as características dos discursos direto e indireto. Como se sabe, quando usamos em um texto o discurso indireto livre, não colocamos um *sinal* gramatical específico, não há um verbo declarativo, como "disse" ou "pensava", que indica a passagem do pensamento e das palavras do autor para o pensamento e as palavras do personagem, e também falta a conjunção subordinante "que". O discurso indireto livre mantém a afetividade e a expressividade típicas do discurso direto, unindo-as aos verbos, advérbios e pronomes usados no discurso indireto. Representa o mundo interior dos personagens, dando a sensação de que o narrador penetra em seus pensamentos, revelando-os ao leitor. Provavelmente, os exemplos mais célebres de uso do discurso indireto livre estejam no romance oitocentista, com Jane Austen, Gustave Flaubert, Émile Zola e, na Itália, Giovanni Verga.

No início do ensaio, Pasolini manifesta sua insatisfação para com uma crítica acadêmica, como a de Herczeg, em que dificilmente podem-se encontrar "as razões reais de um uso gramatical e de um procedimento estilístico que implicam em tão grandes intenções, conscientes e inconscientes".[569] A sua abordagem contestatória e militante expande o significado que ele dá ao discurso indireto livre, bem maior do que as simples funções estilísticas e gramaticais. Em princípio, Pasolini se concentra sobre o uso de tempos verbais como o infinitivo, o pretérito perfeito e o pretérito imperfeito, e constrói sua visão do discurso indireto livre a partir de alguns célebres versos do libretista Lorenzo Da Ponte (1749-1838) sobre a vida dura das pessoas humildes.[570] O infinitivo usado no discurso indireto livre

---

569 PASOLINI, Pier Paolo. *Saggi sulla letteratura e sull'arte*. Op. Cit., p. 1345.
570 Os versos são do libreto de *Dom Giovanni* de W. A. Mozart: Notte e giorno *faticar/*

tem para ele, tanto uma função épica quanto uma função *incoativa*, ou seja, de descrição de ações repetidas, habituais. Este modo tem uma normatividade especial, por causa do *coro* de destinatários das mensagens, que compartilham regras próprias de uma determinada classe social. É uma experiência popular que se institucionaliza, porque é "típica de todas as normatividades dos provérbios ou dos cantos de ofício – e (...) pode chegar a algum tipo de forma épica".[571] O elemento *incoativo* reforça a normatividade, suscitando "sentimentos de simpatia em outras pessoas que não só tiveram experiências semelhantes, mas que não têm nem a possibilidade de pensar, para si, experiências diferentes".[572] Em consequência, o uso do discurso indireto livre representa a simpatia do autor não só pelo falante, mas, quase em sentido *sindical*, por todos os que fazem parte de seu mundo. O que mais interessa a Pasolini do discurso indireto livre é a forma que assume quando o "escritor-narrando (...) entra logo em seu personagem narrando *tudo* através dele".[573] Em um livro que use apenas este estilo, o narrador indireto, escolhido pelo autor entre os personagens, usa inevitavelmente o pretérito perfeito. Além disso, encarna uma técnica literária usada por duas razões totalmente opostas: 1) tornar objetivo de modo fictício o que quer dizer por meio do personagem, como uma sua visão de mundo particular (o personagem de Nano, de Günther Grass, ou Anteo Crocioni, de Paolo Volponi); 2) tentar dar efetiva objetividade à narração de um mundo objetivamente diferente do mundo do escritor. Pasolini está, pensando em sua experiência de romancista dos anos 1950 (especialmente em *Uma vida violenta*), no segundo motivo em companhia de Verga dos *Malavoglia*. Pasolini aprecia o romance de Verga pela maneira épica alcançada ao transmitir a experiência de vida de uma classe social diferente. Logo

---

per chi nulla sa gradir;/piova o vento *sopportar*,/*mangiar* mal e mal *dormir*./Voglio fare il gentiluomo/e non voglio più servir [Noite e dia *trabalhar*/para quem nada agrada;/chuva ou vento *suportar*,/comer mal e mal *dormir*./Quero ser um cavalheiro/e não quero mais servir]. Os itálicos no texto são de Pasolini.
571 PASOLINI, Pier Paolo. *Saggi sulla letteratura e sull'arte*. Op. Cit., p. 1346.
572 Idem.
573 Ibidem, p. 1347.

se vê como o contexto extra-literário invada sua análise crítica também neste caso, especificamente com o discurso ideológico que rege, segundo ele, o trabalho de Verga escritor:

> Todos os pretéritos perfeitos de Verga são 'épicos': são tempos de um discurso revivido coletivamente em todos os seus personagens: e a 'condição estilística' para tal discurso é dilatada compreendendo todo o livro. Esta operação chegava em Verga como uma ilusão naturalista ainda não separada das regressões românticas nos falantes, do mito romântico do povo: mas era claro que havia algo que regia essas duas operações pertencentes à ideologia literária, às correntes do pensamento estético. Eu diria, pouco originalmente, que se tratava (inconscientemente para Verga) da presença da visão classista da história de Marx.[574]

Neste ponto, Pasolini pode entrar em uma análise da literatura italiana cujos polos são, de uma parte, a *consciência sociológica* da qual é indício o discurso indireto livre usado por diferentes escritores; e, de outra, o discurso indireto livre *dilatado* em sentido irônico e mimético.

Ainda seguindo Herczeg, Pasolini aceita a descoberta de 60 discursos indiretos livres em Ariosto como indício de uma ideologia presente em todo o *Orlando furioso*. E aqui parece parafrasear Gramsci, especificamente em uma das citações mais usadas por ele, e que provavelmente contribuiu para difundir no sentido comum intelectual daqueles anos por meio de intervenções públicas e dos *diálogos* de sua coluna na revista semanal comunista "Vie Nuove" [Novos caminhos][575]: "Certo é que cada vez que se tem o Livre Indireto, isto

---

574 Ibidem, p. 1348.
575 Eis a citação por extenso em GRAMSCI, A., *Literatura e vida nacional*, Op. Cit., p. 172: "Tôda vez que aflora, num ou noutro modo, a questão da língua, isto significa que se está colocando uma série de outros problemas: a formação e a ampliação da classe dirigente, a necessidade de estabelecer relações mais íntimas e seguras entre os grupos dirigentes e a massa popular-nacional, isto é, de reorganizar a hegemonia cultural". Pasolini cita a primeira parte, até "...outros problemas", em "La confusione degli stili"

implica em uma *consciência sociológica*, clara ou não, no autor".[576] Aliás, esta é a "característica fundamental e constante" do discurso indireto livre.[577]

Mas qual consciência sociológica? Entre dois gigantes da literatura italiana canonizada, Ariosto e Dante, o segundo é o que mostra "uma clara consciência das categorias sociais" na *Divina Comédia* "que é profundamente democrática, dada a sua ascendência provável às experiências corporativistas, e às lutas sociais ligadas a estas".[578]

Ariosto mostra, em um "jogo" entre "linguagem alta e linguagem média", uma "nuance infinita, em que a consciência sociológica é só uma sombra, poderosa, que sombreia o resto e dá relevo a todo o maravilhoso jogo da ironia de Ariosto".[579] Em seu poema, Ariosto fala de si mesmo, burguês "funcionário, administrador, proprietário de uma pequena casa"[580], não distingue os personagens, mostrando suas características psicológicas e sociais específicas. Ou seja, "traz ao seu nível de burguês árido e cético, com um horizonte de vida bastante breve (...), a língua da cavalaria idealizada na língua da poesia: dessacraliza pela cavalaria a própria poesia; começa a longa obra de erosão do humanismo que terminará, em nossos dias, por degenerar no pragmatismo, no "qualunquismo [indiferentismo]".[581]

[A confusão dos estilos], em *Passione e ideologia*, (*Saggi sulla letteratura e sull'arte*. Op. Cit., p. 1073), como se viu no Capítulo II. Esta citação é retomada do ensaio e lembrada ao leitor de "Vie Nuove", Dino Guelfi, que lhe pergunta sobre novos caminhos da narrativa e sobre possibilidade do desenvolvimento de uma literatura em sentido gramsciano. Cfr. PASOLINI, Pier Paolo. *Le belle bandiere*. Op. Cit., pp. 85-88 (28 de janeiro de 1961). A carta e a resposta de Pasolini podem ser lidas em português na dissertação de Aline Greff Buaes. Cfr. BUAES, Aline Greff. *Protegido pelas contradições – Coletânea de crônicas jornalísticas de Pier Paolo Pasolini (1960 a 1965)*. Dissertação de mestrado. Orientador Maurício Santana Dias. São Paulo: FFLCH-USP, 2009. http://www.teses.usp.br/teses/disponiveis/8/8148/tde-03022010-173749/pt-br.php.
576 PASOLINI, Pier Paolo. *Saggi sulla letteratura e sull'arte*. Op. Cit., p. 1349.
577 Idem.
578 Ibidem, p. 1352.
579 Ibidem, p. 1351.
580 Ibidem, p. 1350.
581 Ibidem. A palavra italiana "qualunquismo" tinha uma conotação negativa, ligada ao movimento político "Uomo Qualunque" [Homem qualquer], ativo por um breve período depois da II Guerra Mundial e que afirmava o papel do Estado como

Como dizíamos acima, a postura de Dante era bem outra. De fato, se do mesmo modo de Ariosto, a *consciência sociológica* se manifesta "antes de tudo na relação revolucionária entre língua alta e língua falada, ou seja, entre o latim da cultura teológica e o florentino da burguesia citadina"[582]; Dante consegue representar o fervilhar do mundo de seu tempo por meio do discurso indireto livre mais lexical (os vários jargões, dos mais elevados aos mais triviais) do que gramatical, alusivo, visto que a *Comédia* é uma viagem em primeira pessoa que não admite intromissões alheias. Assim Pasolini sintetiza sua convicção de poder considerar o estilo de Dante já assimilável pelo uso do discurso indireto livre:

> O uso [de jargões linguísticos] é, portanto, mimético, e se não se trata de uma autêntica *mimeses* vivida gramaticalmente, é certamente uma espécie de emblemático Livre Indireto, do qual há a condição estilística, não a gramatical que depois se tornou comum: este é muito mais lexical, e sacrifica a expressividade típica do Livre Indireto à expressividade derivada da homologação no tecido linguístico de quem narra com o tecido linguístico dos personagens: não como um recurso técnico anormal, mas como um dos tantos recursos naturais expressivos; de modo a não perturbar o estado de espírito linguístico dominante, altíssimo e desprovido de ironia e sentimentalismo.[583]

O discurso sobre Dante depois é retomado no ensaio específico sobre ele, mas já podemos ver a distorção conceitual, a desenvoltura de Pasolini ao se apropriar de conceitos codificados pelos estudiosos e críticos acadêmicos para fins literários e de sociologia literária.

A fratura entre estes dois autores e o século XX é para Pasolini

---

exclusivamente administrativo e livre da presença ativa dos partidos políticos. Michel Lahud, utiliza, para este fenômeno, a palavra "indiferentismo" em seu livro. *A vida clara: linguagens e realidades segundo Pasolini*. São Paulo/Campinas: Cia das Letras/ Editora Unicamp, 1993, p. 133.
582 Ibidem, p. 1352.
583 Ibidem, pp. 1351-52.

evidente não só em termos cronológicos, mas pelo problema linguístico que acompanha a Itália a partir da unificação e que ele tentou analisar em *Nuove questioni linguistiche*. Aqui tenta mostrar de um ponto de vista mais específico as consequências na literatura desse problema histórico e da mudança de época acontecida com o estabelecimento do neocapitalismo. De fato, enquanto Dante e Ariosto, com suas referências a línguas faladas em seus contextos de vida, podiam não pensar em problemas relativos a uma língua média nacional, os escritores mais recentes precisaram acertar contas com sua ausência, porque era uma necessidade histórica não satisfeita pelos limites da unificação. Portanto, há um limite nas análises críticas que refletem no uso do discurso indireto livre até a época de Pasolini: estas dão "*por axiomático um nível médio e normal do italiano (falado e literário)*", de modo que o autor que escolhe a mimese dialetal desceria, se pensarmos no gráfico que vimos no início, ao nível dialetal para então subir a esse nível médio. Na verdade, o nível médio do italiano para Pasolini estava, tradicionalmente, fora do espectro literário, tanto que, o que acontecia realmente, era que os escritores desciam ao nível baixo para depois voltar ao nível alto, específico da literatura, no qual inseriam para fins expressivos os materiais coletados no *submundo* linguístico. Encontramos novamente as consequências dessa *descoberta* de Pasolini em uma acepção particular do discurso indireto livre, aplicada especificamente à literatura contemporânea a ele. Para ele, nas últimas décadas a literatura italiana criou a "condição estilística" do discurso indireto livre não com pretextos funcionais de participação sociológica ou psicológica na interioridade do personagem, mas pelo "gosto do estilo" em si. São os fins expressivos que levam os escritores a fazer "explodir com maior violência a língua média para cima"[584], relegando episodicamente, se bem que de maneira dramática e irreversível, a incursão para baixo.

Do mesmo modo, a presença de uma *consciência sociológica* nos autores também merece algum detalhamento. De fato, esta nem

---

[584] Esta e as citações anteriores em Ibidem, p. 1354.

sempre indica "simpatia"[585], participação na vida dos humildes, sob o ponto de vista ideológico marxista, socialista ou cristão-social. O discurso indireto livre também pode ser expressão de uma mimese caricatural, de ironia que manifesta a antipatia do autor para com um personagem, come Gadda faz em alguns casos, mostrando "por dentro, os elementos odiosos e antissociais" de uma figura que não lhe agrada.[586] Os efeitos explicitamente políticos desse uso "escandaloso" do discurso indireto livre estão, por exemplo, nos "ricos de ascendência em Bertold Brecht ou Georg Grosz". Neste ponto, Pasolini aproveita para atacar novamente a burguesia, através dos escritores que criam uma relação de simpatia e identificação com um personagem, "como se suas experiências de vida fossem as mesmas", e o faz criticando Herczeg e todos os estudiosos que consideram o discurso indireto livre passível de reproduzir os pensamentos de um personagem e não suas palavras (exemplificando com Manzoni). Para Pasolini, como escritores, só podemos reviver os pensamentos e não as palavras de um personagem que pertença à nossa mesma realidade social e ideológica. O monólogo interior desprovido das palavras do personagem pode ser ou um modo do autor de apresentar um si mesmo objetivo, ou, é isto que para Pasolini é muito grave, uma forma de atribuição a personagens diferentes dele, de outra classe social, de sua língua e moral, "inconsciente e sectária identificação de todo o mundo com o mundo burguês".[587]

> A coisa mais odiosa e intolerável, mesmo no mais inocente dos burgueses, é não saber reconhecer outras experiências de vida além da sua: e de reduzir todas as outras experiências de vida a uma substancial analogia com a sua. (...) Um escritor burguês, mesmo nobre, mesmo alto, que não saiba reconhecer as características máximas da diversidade psicológica de um homem com experiência de vida diferente da sua – e que acredite se apossar dela procurando

---

585 Ibidem, p. 1355.
586 Ibidem, p. 1356.
587 Esta e as citações anteriores em Ibidem, p. 1358.

substanciais analogias, como se outras experiências que não a sua não fossem concebíveis – executa uma ação que é o primeiro passo para formas de defesa dos privilégios e até mesmo do racismo: nesse sentido ele não é mais livre, mas pertence determinadamente à sua classe: não há solução de continuidade entre ele e um comissário de polícia ou um carrasco dos Lager.[588]

A literatura ainda pode oferecer algo mais do que uma simples abordagem sociológica ou científica, quando revive pensamentos e palavras de seus personagens, que são diferentes do autor. Dando assim a conhecer sua "realidade real, inalienável e irrepetível em outras situações, tampouco análogas", sua experiência de vida, seu sentimento das coisas.[589]

A situação literária europeia e italiana dos anos 1960 é para Pasolini ainda permeada por essa sua concepção não gramatical do discurso indireto livre, mesmo se as novas formas de *escrita*, que negam "os vários procedimentos fragmentando-os em uma contínua e contemporânea consciência, que se torna coexistência, projetam a "confusão da vida em seu momento monstruosamente sintético que, porém, não tem o poder da síntese: é síntese como pura pluralidade e contemporaneidade de técnicas possíveis"[590], ocultando a presença do discurso indireto livre e o personagem através do qual o autor fala, sobretudo nos casos extremos das técnicas de vanguarda. Todavia, entre os escritores que se formaram no clima anterior, Pasolini recorda novamente os amigos Alberto Moravia e Elsa Morante, para definir seu uso particular do discurso indireto livre. Moravia é um típico escritor que adapta "toda a psicologia à psicologia burguesa", mas se salva da degeneração lembrada acima porque consegue exprimir um sentido mítico, uma nostalgia "em direção a uma inatingível graça ou alegria dos personagens pertencentes ao povo, que dá a estes personagens uma perspectiva que implica em outra experiência de

---

588 Ibidem, pp. 1356-57.
589 Ibidem, p. 1357.
590 Ibidem, p. 1360.

vida".[591] No livro *A Ciociara*, mesmo sendo a protagonista que narra, "o *eu* é um *ele* mais cômodo do Livre Indireto, uma graça ou leveza de Ariosto".[592] Enquanto em *A ilha de Arturo*, de Elsa Morante "o *ele* não é mais do que um *eu*, que se torna *ele* para reviver mais objetivamente seus pensamentos", realizando a aspiração da escritora em ser um rapaz.[593] Em síntese, eis como se apresenta o discurso indireto livre na literatura contemporânea para Pasolini:

> Romances inteiros são só inteiros Livres Indiretos, enquanto, ou haja uma total identificação do autor com um personagem, ou os personagens sejam uma pseudo-objetivação do autor, ou os personagens sejam mecanismos para exprimir, em linguagem substancialmente paritário, as teses do autor, ou por fim, inconscientemente, os personagens vivam perfeitamente do mesmo modo o mundo social e ideológico do autor (que com isto comete frequentemente uma arbitrariedade que lhe é consentida por sua 'superioridade' social).[594]

Só que agora tudo isto é colocado em discussão pela revolução neocapitalista. Como exemplificado pela pintura, que insere elementos *pop* de modo dessacralizante e indiferente (uma forma de discurso indireto livre *contaminador* para Pasolini), em obras que são uma nova "revolta antiburguesa burguesa" que hoje é fortemente apocalíptica, a língua não é mais a dos personagens, mas dos destinatários, e é voltada para o futuro. Enquanto "as massas 'inocentes', enquanto desprovidas de laços críticos com o passado, aceitam este futuro sem defesas" prefigurando-o em seu modo de vida; o intelectual *mimético* ligado criticamente ao passado humanista, capta "o angustioso e o ridículo", o "nu sintagma, objeto *pop*, inequivocável e terrível"[595], a brutalidade de um pedaço de realidade falada pequeno burguesa

---

591 Ibidem, pp. 1360-61.
592 Ibidem, p. 1361.
593 Ibidem.
594 Ibidem, pp. 1361-62.
595 Ibidem, p. 1364.

ou popular jogado ao acaso no meio de um "discurso complexo e refinado".[596]

O intelectual, mesmo o intelectual vanguardista, só pode ser tradicionalista, porque é impensável hoje uma mimese, a não ser em forma apocalipticamente irônica, em "*quem está mais à frente do que ele na história*: ou seja, por exemplo, as massas inocentes e padronizadas da sociedade em avançada fase neocapitalista".[597] Não mais estupendas mimeses nos pais burgueses ou nos *pré-históricos* dialetais!

O discurso indireto livre das neovanguardas adquire uma "forma anormal" na maior parte de seus textos "desprovidos de superfícies internas"[598], semelhantes aos neoclássicos. Os autores deste movimento falam por meio da voz de um "mítico 'homo tecnologicus'", um herói ao contrário baseado "na negação de tudo o que é passado e presente, e ao mesmo tempo oferece a possibilidade de novas loucas polissemias, substituindo a história por uma previsão sub-reptícia e sacra da história".[599] A proposta, a provocação neovanguardista é para Pasolini totalmente fictícia, porque esses artistas ficticiamente destroem e reconstroem a língua. Sua exaltação da ciência não é a mesma do início do século XX, época em que esta era vista e exaltada como produto da sociedade burguesa, mas uma mitização da ciência aplicada, que age sobre a sociedade em sentido palingenético. Nas obras se percebe "como elemento unitário as mimeses do falado de um próximo homem 'redimido' da ciência aplicada".[600]

Este ensaio termina voltando a refletir sobre o futuro da língua. Aceitando a decadência já próxima de uma língua tradicional A, testemunhada pela já arcaica referência à burguesia *dos pais* e ao mundo sub-proletário que ele mesmo havia descrito em seus romances, Pasolini não aceita uma língua B postulada pelos neovanguardistas, porque ninguém pode assegurar qual ela será na verdade e o

---

596 Ibidem, p. 1362.
597 Ibidem, p. 1364.
598 Ibidem, p. 1367.
599 Ibidem.
600 Ibidem, p. 1368.

seu *momento zero* se baseia em fórmulas já prontas que testemunham uma insinceridade. A verdadeira língua que se afirmará será uma língua X, ou seja, "a língua A no ato de se transformar *realmente* em uma língua B"[601], em um momento caótico, de rápidas transformações que fogem às observações. Talvez apenas os sociólogos, com suas estatísticas, consigam entender este momento zero, mas seu limite é o de não conseguir alcançar "a concretude que é complicação".[602] Portanto, diante desta evolução rápida e fugaz da sociedade e de sua língua, a postura científica seja imprescindível. Eis como Pasolini, unindo abordagem crítico e postura literária à altura dos tempos, tenta ilustrar, falando antes de tudo de si mesmo, qual deve ser a direção a seguir em um contexto radicalmente alterado.

> Ora, apesar de se poder colocar em dúvida que o escritor seja um cientista, e se possa, ao contrário, afirmar que, no fim das contas, prevalecem nele as forças da angústia sobre as forças da razão – não se pode negar que a unidade ideológica de um escritor italiano nos primórdios dos anos 1960 seja assegurada pela fundamental cientificidade que consiste em sua análise marxista da realidade. Assim, é exatamente no âmbito dessa análise marxista – em evolução em relação às óbvias, mas muito poéticas análises dos anos 1950 – que se perfila a presença de outro tipo de Livre Indireto: a tentativa de fazer entrar na língua do escritor, a linguagem tecnológica do novo tipo de operários e de patrões.[603]

É uma postura incerta e difícil de realizar, tanto que, para encontrar exemplos úteis ao escritor marxista, é preciso apelar, segundo Pasolini, para o cinema, a *Tempos modernos* de Charles Chaplin, em que se desmitiza o homem tecnológico inexpressivo contrapondo a ele o personagem Carlitos como sobrevivente expressivo de uma humanidade pré-industrial. Hoje, se deveria olhar para esta contradição

---

601 Ibidem, p. 1372.
602 Ibidem.
603 Ibidem, p. 1373.

como uma possível evolução e não simples sobrevivência, justamente porque já foi o ponto de vista do operário, filtrado pelo escritor, o que desmistificou a industrialização capitalista do mundo, e também pode fazer o mesmo com a tecnicização neocapitalista. Pasolini, entretanto, não tem muitas ilusões sobre a possibilidade de representar a linguagem dos operários modernos, porque a força dessa tecnicização não mais permite a sobrevivência de níveis linguísticos diferentes que ainda se podiam encontrar nas formas capitalistas anteriores. O escritor poderia, portanto, estar fora de qualquer possibilidade de representação desta língua do operário de fábrica, porque "a língua e a cultura do tecnocrata já tendem a ser a língua e a cultura do operário".[604] Bem além dos problemas do mundo literário, surgem situações linguísticas decididamente mais graves do futuro, que têm a ver com a liberdade de representar uma língua despersonalizada e homologada pela tecnologia de fábrica.

4. PASOLINI E O *SUMO* POETA: À REDESCOBERTA DO POÉTICO DANTESCO

Enquanto uma parte de Pasolini estava voltada para o futuro, de maneira um pouco angustiada, mas ainda operacional e propositiva, aparentemente ainda confiante na possibilidade de ação da teoria marxista, outra parte continuava voltada para a amada e odiada *tradição* literária, talvez buscando nela novos caminhos e novos estímulos em meio à confusão e às rápidas mudanças dos anos 1960. De modo que Dante, que do final dos anos 1950 até a metade dos anos 1960, se torna objeto não só de reflexões críticas, mas também de reescrita literária, modelo para obras de fato incompletas, mas que dão uma imagem mais nítida da complexidade autoral de um poeta que abriu amplamente o seu leque de possibilidades e de experiências artísticas no início da década. Para Marco Antonio Bazzocchi, seu

---

604 Ibidem, p. 1374.

cinema sofre fortemente a influência da presença dantesca, tanto que esta parece "constituir a base e quase a justificativa cultural de sua concepção de cinema".[605]

As contribuições de Pasolini para o hepta-centenário de Dante em 1965, são de fato o indício crítico de um trabalho artístico que está tomando forma e que, depois das experiências dos romances de *borgata* [arrabaldes] dos anos 1950, também pensa em uma abertura para outras classes e linguagens, por meio da atualização do inferno de Dante. Vemos alguns indícios no uso da terça rima na poesia civil de *As cinzas de Gramsci* (1957); no fragmento "La mortaccia" [A morta-viva], composto em 1959 e depois incluído em *Alì dos olhos azuis* em 1965[606]; na composição, entre 1963 e 1967, da mais volumosa *Divina Mimesis* [A divina mimesis], publicada apenas em 1975, incompleta, poucos dias depois da morte do poeta, que pretendia publicá-la como "documento" e com a lógica de fazer "'poesia visual'".[607] *Petrolio* e *Salò* também ocultam em suas páginas e fotogramas, reminiscências e adaptações de Dante. Um interesse por Dante que em Pasolini, como também testemunham os escritos reunidos na coleção Meridiani Mondadori de sua obra, não é absolutamente episódico, de citações banais ou de homenagem escolar a um *monstro sagrado* da literatura italiana, como parte da crítica considerou por alguns anos. A própria ensaística sobre Dante, de 1965-66, o díptico do qual estamos falando, foi de fato redimensionada pelas polêmicas daquele tempo sobre os usos desinibido que Pasolini fazia dos conceitos, sobretudo do discurso indireto livre. Cesare Segre, na época, havia escrito que Pasolini se apropriara de modo "anárquico e mistificador da terminologia técnica" da crítica especializada, principalmente

---

605 BAZZOCCHI, Marco Antonio. *I burattini filosofi. Pasolini dalla letteratura al cinema* [As marionetes filósofas. Pasolini da literatura ao cinema]. Milano: Bruno Mondadori, 2007, p. 37. Bazzocchi sintetiza a polêmica com Segre e Garboli antes de reconstruir a presença de Dante no cinema de Pasolini. Cfr. pp. 37-45.
606 PASOLINI, Pier Paolo. *Alì dos olhos azuis*. Trad.: Andréia Guerini, Bruno Berlendis de Carvalho e Renata Lucia Bottini, com apresentação de Maria Cristina Pompa. São Paulo: Berlendis & Vertecchia, 2006.
607 PASOLINI, Pier Paolo. *La Divina Mimesis*. Torino: Einaudi, 1993 (I ed. 1975), p. XI.

no uso do conceito de discurso indireto livre e de *plurilinguismo* e *monolinguismo*. Para ele, não havia sentido que Pasolini contrapusesse, no início do ensaio sobre Dante, crítica militante e acadêmica, porque a primeira, como havia sido esboçada pelo poeta, podia facilmente parecer "uma dança abstrata sobre a superfície de alguma 'auctoritas'"[608]. Como dizíamos, apresentando os dois volumes de *Saggi sulla lettetura e sull'arte*, Segre redimensiona e articula melhor seu discurso e, mesmo recordando o uso aproximativo de termos técnicos por Pasolini, admite não ter notado que naquelas páginas já estava *in nuce* o que Mikhail Bakhtin chamaria de "plurivocidade: presentificação da linguagem de várias classes mediante a momentânea e alternada adoção de termos dessas linguagens pelo escritor, à medida em que se refere a discursos ou obsessões dos personagens que pertencem a essas classes".[609]

Mais genericamente, hoje podemos dizer que

> O ensinamento literário e de cinema de Pasolini, ligados a uma práxis política entendida como alta consciência civil, empenho direto do escritor na sociedade e obra intransigente de moralização, remetem propositalmente a Alighieri, identificado sem preâmbulos pelo escritor friulano como intelectual militante e poeta necessário do inferno de uma civilização burguesa 'capitalista', votada para o fim da História. Um Dante recuperado na acepção ressurgimental de 'poeta de uma poesia forte, viril, profética, política, civil' (...), 'Dante poeta exilado, nunca inclinado ao compromisso', para ser lido 'em chave completamente ideológica'.[610]

Mas vejamos agora o ensaio, publicado originalmente na revista

---

608 SEGRE, Cesare. "La volontà di Pasolini 'a' essere dantista" [A vontade de Pasolini 'em' ser dantista]. IN: "Paragone", dezembro de 1965, p. 80.
609 SEGRE, Cesare. "Vitalità, passione, ideologia" [Vitalidade, paixão, ideologia]. IN: PASOLINI, Pier Paolo. *Saggi sulla letteratura e sull'arte*. Op. Cit., p. XXXIX.
610 DINI, Andrea. "Una Commedia di borgata. Pasolini, Dante e La mortaccia" [Uma Comédia de arrabalde. Pasolini, Dante e La mortaccia]. IN: "Paragone", agosto-dezembro de 2005, p. 140.

"Paragone", em dezembro de 1965. O título retoma, invertendo-a, a afirmação de Cesare Garboli, ensaísta ao qual Pasolini se sentia solidário pelo mesmo "fracasso" crítico[611], que havia escrito no ensaio Come leggere Dante [Como ler Dante], publicado na mesma revista em junho, "também é preciso estar atentos para não chamá-lo de poeta (...) é um fato que na Comédia, e nunca será o bastante destacar, o desejo de Dante de não ser poeta é justamente uma obsessão técnica".[612]

Como dissemos, Pasolini mais uma vez toma precauções, especificando que sua contribuição é "apenas momentânea e italianista"[613], dedicada à recente fortuna de Dante sob um ponto de vista não acadêmico e especializado. A lição de Contini é citada várias vezes no ensaio, como ponto de partida imprescindível quando se trata de clássicos da literatura italiana. O discurso retoma e aprofunda as considerações desenvolvidas no ensaio anterior sobre o discurso indireto livre, concentrando-se especificamente no poeta florentino, sem ser um escrito de circunstância, comemorativo, mas realmente apropriado à sua polemica literária e político-cultural da época. O ensaio é de fácil leitura, porque está dividido em duas partes: a primeira, dedicada a evidenciar uma "série de dicotomias"[614] ligadas à *dupla natureza* da *Comédia* de Dante; a segunda, dedicada à questão do *se* e do *onde*, na obra, Dante manifesta essa vontade de ser poeta.

---

611 PASOLINI, Pier Paolo. *Saggi sulla letteratura e sull'arte*. Op. Cit., p. 2949. Cito de uma carta para Anna Banti. Escreve Pasolini: "Nunca teria pensado em mandar para "Paragone" esta nota se não tivesse saído no número de julho [junho] o ensaio de Garboli, e se eu não tivesse percebido que os temas são surpreendentemente os mesmos: digo surpreendentemente porque não acompanhei os estudos sobre Dante dos últimos tempos. Garboli acrescenta em nota que seu ensaio é de alguns anos atrás: era o momento em que a crítica 'empenhada' sobre Dante (que partira de um ensaio de Contini – publicado há uns dez anos também em "Paragone"), estava se transferindo das celas dos 'rígidos ideológicos' dos quais falo em meu escrito, para as casas dos dantistas. Considero, portanto, Garboli envolvido, comigo, no fracasso da crítica militante italiana. Sua acirrada polêmica contra a 'poeticidade' de Dante, faz parte, nobremente, da ilusão racionalista dos anos 1950".
612 GARBOLI, Cesare, apud, Santato, Guido. *Pier Paolo Pasolini. L'opera poetica, narrativa, cinematografica, teatrale e saggistica. Ricostruzione critica*. Op. Cit., p. 487.
613 PASOLINI, Pier Paolo. *Saggi sulla letteratura e sull'arte*. Op. Cit., p. 1376.
614 Idem, p. 1382.

Pasolini elenca cinco dicotomias no poema: "'ponto de vista teológico' e 'ponto de observação sociológico'; 'registro rápido' e 'registro lento'; 'realidade figurativa' e 'realidade alegórica'; 'Dante narrador' e 'Dante personagem'; 'língua da prosa' e 'língua da poesia'".[615] Talvez aqui tenhamos o exemplo mais nítido do procedimento de Pasolini por meio de elementos contraditórios, antitéticos, em tensão entre eles, perceptível como base de sua melhor poesia. Mas que talvez se baseie, no pano estritamente crítico, no arquétipo do esquema bipolar Dante-Petrarca de "Preliminari della lingua del Petrarca" [Preliminares da língua de Petrarca], de 1951.[616] Devemos acrescentar a isto o posterior "Dante come personaggio-poeta della 'Commedia'" [Dante como personagem-poeta da "Comédia"], de 1958 e a antecipação epistolar que Contini faz a Pasolini, em 1964, poucos meses antes de uma conferência sobre Dante, como veremos a seguir.

A primeira dicotomia é aquela em que ele mais se demora, e que apresenta sua concepção particular do discurso indireto livre, que teria em Dante um precursor. Porque é "a presença ou a possibilidade" do discurso indireto livre que torna possível em uma obra uma mesmo que vaga *consciência sociológica*, "se é inconcebível reviver um discurso alheio, linguisticamente, sem havê-lo objetivado, além da psicologia, também a particular condição social: aquela que produz as diversidades linguísticas".[617] O potencial, não-gramatical do discurso indireto livre de Dante vê-se, no discurso direto, como "solução lexical de passado revivido"[618], porque os personagens não falam como Dante, mas ele, usando uma linguagem do contexto histórico-social em que viveram, contamina sua língua com a deles,

---

615 Ibidem.
616 Cfr. Santato, Guido. *Pier Paolo Pasolini. L'opera poetica, narrativa, cinematografica, teatrale e saggistica. Ricostruzione critica*. Op. Cit., pp. 237-39. A partir de uma leitura sobre a impostação pedagógica de Pasolini, é interessante o livro de GOLINO, Enzo. *Pasolini il sogno di una cosa* [Pasolini o sonho de uma coisa]. Milano: Bompiani, 2013, Ed. dig. (1992). RINALDI, Rinaldo. *L'irriconoscibile Pasolini* [O irreconhecível Pasolini]. Rovito: Marra editore, 1990, examina a obra de Pasolini a partir do conceito de *contradição*.
617 PASOLINI, Pier Paolo. *Saggi sulla letteratura e sull'arte*. Op. Cit., p. 1376.
618 Idem, pp. 1376-77.

criando um discurso indireto livre "simbólico ou metafórico"[619], perceptível se transformamos os discursos diretos em orações subordinadas, colocando e tirando o *que*. A linguagem do mundo elegante e aristocrático de Francesca da Rimini, o mundo vulgar e marginal das periferias e da plebe mal-afamada, são expressões "miméticas, usadas por Dante para esboçar rapidamente um possível Livre Indireto"[620], que lhe dá a possibilidade de reviver psicológica e socialmente a realidade de personagens muito diferentes entre si. Esta descoberta dantesca *"das línguas"*[621] relega, segundo Pasolini, a segundo plano seu uso do vulgar florentino "como entidade histórico-linguística a contrapor em bloco ao latim", com relação às muito mais interessantes "escolhas que Dante executou dentro do próprio vulgar".[622] Neste ponto, Pasolini encontra na postura de Dante um elo com o contemporâneo, valorizando sobretudo os elementos que em Dante fazem referência ao mundo real em que vivia, mais do que à dimensão escatológica da viagem ao outro mundo.

> Provavelmente a vontade de usar o vulgar surgiu de sua consciência corporativista no âmbito da comuna florentina; e a vontade de usar as várias sublínguas do vulgar, surgiu dos arquétipos de sua participação direta e ativa nas complicadas lutas político-sociais de sua cidade. Ou seja, ele não estava imerso em um mundo monolítico como fora em toda a Idade Média o universalismo teológico-clerical (ou seja, o latim) que nivelava tudo etc. etc. Mas, o que se pode chamar de lei da homologia de Goldmann, fazia com que o mundo projetado em Dante pelo seu mundo social particular fosse um mundo analítico, dividido por várias características sócio-políticas, e portanto linguísticas, contraditórias (situação que se repete também hoje na sociedade italiana).[623]

---

619 Ibidem, p. 1378.
620 Ibidem, p. 1376.
621 Ibidem.
622 Ibidem., p. 1378.
623 Ibidem., pp. 1378-79.

O livro de Lucien Goldmann, *A sociologia do romance*, saíra na França em 1964 (na Itália em 1967, no Brasil em 1976)[624], e nele o estudioso francês de origem romena havia delineado o conceito de *homologia*, como hipotética correspondência entre a estrutura do romance e a estrutura da economia burguesa capitalista, aceitando em princípio a ideia marxista do romance como forma literária típica da sociedade burguesa. Pasolini, como em outras ocasiões, expande a reflexão de um estudioso aplicando seus conceitos em contextos diferentes, buscando, neste caso, um apoio teórico para sua atualização dos problemas dantescos.

Atualização que deseja integrar a abordagem ao plurilinguismo de Dante de Contini, que magistralmente, condicionando uma parte da crítica engajada dos anos 1950, o havia enquadrado como "deslocamento tomístico e transcendente do 'ponto de vista' para cima, de modo a alargar o horizonte lexical, em uma coexistência panorâmica de seus casos limite", da língua cultíssima para a mais trivial; com uma abordagem sempre consciente da presença de "uma sociedade que já requeria impetuosamente, a chi a vivesse, uma 'consciência social', sem a qual o alargamento plurilinguístico não teria sido meramente numérico, ou meramente expressivo".[625] Em Dante, o ponto de vista permanece duplo, contraditório, ou seja, "ao ponto de vista do alto, correspondia um ponto de observação de baixo, a nível da mais contingente e menos transcendente qualidade terrena das coisas".[626] Pasolini não sabe bem, e isto pode ser interessante se pensarmos na difícil elaboração de sua *Divina mimesis*, se o seu Dante é aquele que "do alto de um céu tomístico oferece a seus leitores um olhar imenso e compreensivo ao mundo, ou é aquele que, pelas vielas das comunas e pelas ravinas dos Apeninos, observa analiticamente o mundo caso por caso".[627]

A segunda dicotomia, entre os dois registros *rápido* e *lento*, é

---

624 Goldmann, Lucien. *A sociologia do romance*. Trad.: Álvaro Cabral. São Paulo: Paz e Terra, 1976.
625 PASOLINI, Pier Paolo. *Saggi sulla letteratura e sull'arte*. Op. Cit., p. 1379.
626 Idem.
627 Ibidem, pp. 1379-80.

também continiana, na verdade, antecipada a Pasolini pelo estudioso piemontês em uma carta de 6 de dezembro de 1964, na qual os termos usados são um pouco diferentes, emprestados da linguagem cinematográfica, e nos quais Contini associa Dante e Pasolini com base do código cinematográfico. Aqui se fala especificamente de dois *estados* presentes na *Comédia*: "um lento, de fotogramas sublimes, o melhor que a linguagem jamais produziu, e um veloz, um libreto implausível e alheio, salvo pela continuidade do estímulo à tomada de realidade".[628] Para Pasolini, os dois registros são, exemplificando-os pela leitura do trecho de Pia dei Tolomei por meio de uma metáfora retirada do cinema e da ópera, "um veloz, quase inexpressivamente apressado, quase brutalmente factual (...), que mais sugere os sentimentos e os fato do que os narra, com aproximação exaltada", de maneira libretista; um outro dado pela releitura do trecho, que evoca um "ritmo lentíssimo, atemporal, que se inscreve em um tempo que não é nem o da leitura, nem o dos fatos, mas o tempo meta-histórico da poesia: o seu *lento* de epígrafe sublime, o seu casto e quase murmurado dó de peito sem fim".[629]

As outras três dicotomias dependem de questões mais técnicas: enquanto alegoria, há na obra de Dante a coexistência da narração figurativa e da narração simbólica; enquanto escritor e protagonista do próprio poema, Dante mostra a dimensão metafísica e a dimensão vivida em primeira pessoa na viagem entre os mortos; o poema dantesco se nos apresenta como "uma mistura de romance e poesia", ou seja, coexistem nela a língua racional e descritiva da prosa, nos personagens grandes e pequenos que ali aparecem, e a língua da poesia, senão em termos de "imediatez alucinatória"[630], muito mais em formas cantadas, que abrem a racionalidade a "indefiníveis ambiguidades irracionais".[631]

---

[628] Santato, Guido. *Pier Paolo Pasolini. L'opera poetica, narrativa, cinematografica, teatrale e saggistica. Ricostruzione critica.* Op. Cit., p. 487.
[629] PASOLINI, Pier Paolo. *Saggi sulla letteratura e sull'arte.* Op. Cit., p. 1380.
[630] Idem, p. 1381.
[631] Ibidem, p. 1382.

Tentemos representar a série pasoliniana, novamente de gosto crociano pela escolha de usar *teses* e *antíteses* como base de um discurso crítico:

Série de dicotomias

Teses	Antíteses
Ponto de vista teológico	Ponto de observação sociológico
Registro rápido	Registro lento
Realidade figurativa	Realidade alegórica
Dante narrador	Dante personagem
Língua da prosa	Língua da poesia

Sintetizando a primeira série, o ponto de vista teológico baseia-se em uma funcionalidade "a-estética", em que é o registro rápido que permite ir diretamente ao objetivo em um conjunto bem ordenado e que não pode ser desobedecido, em que o narrador projeta racionalmente as figuras do poema, sem abandoná-las à imediatez da inspiração, mas inscrevendo o todo sob o signo "mágico-universal da alegoria", grave, oficial e solene.[632]

A segunda, entretanto, parte da observação interna do mundo público florentino, que oferece "aquele congestionamento irracional" com base "nas altíssimas e misteriosas 'fixações poéticas'", do que deriva o registro lento da língua propriamente poética: "e é a própria experiência imediata e humana, que fornece à alegoria a natureza da realidade figurativa" que Dante-personagem vive existencialmente.[633]

Neste ponto, entra-se na segunda parte do ensaio, isto é, Pasolini tenta verificar se há e onde se esconde a vontade poética dantesca. A primeira questão é na verdade resolvida rapidamente, com uma autocrítica e a constatação de algo que talvez seja indemonstrável. Pasolini está consciente de vir de uma recente tradição de leitura

---

[632] Ibidem.
[633] Ibidem., pp. 1382-83.

dantesca (de Contini e, em parte, de Auerbach[634]) que unia a interpretação plurilinguística "como garantia de realismo" e de "inspiração ideológica, de escrita concebida fora de qualquer estrita vontade poética".[635] De fato, em Dante existe uma "inconsciente vontade de dar poesia enquanto poesia", que beira formas de loucura. E isto, visto a "espantosa unidade" da língua de Dante[636], é um problema que a crítica não consegue resolver, se pensarmos na dupla natureza do poema, que deveria se opor a qualquer possível unidade linguística. É uma questão que Pasolini compara com a "coexistência da natureza humana e da natureza divina em Cristo" para os exegetas do Evangelho[637]. Nisto há quem tenha visto se revelar "a concepção que Pasolini tinha do poeta como convivência de um *deus ex machina*, que domina e organiza a realidade e de um *corpo*, que participa e vive essa realidade passionalmente".[638]

Dada por consolidada – em formas misteriosas, terríveis, por "seu fascínio sublime, de inconsumível e de adverso"[639] – a presença de poesia em Dante, Pasolini tenta verificar onde ela está.

Uma primeira "hipótese mágica", a presença de poesia *"ao longo da sutura"* em que as séries por ele identificadas "se conjugam ou se chocam"[640], é descartada uma vez que em Dante encontramos a coexistência de diferentes séries sócio-lexicais, mas estas não se contaminam, não são usadas arbitrariamente em forma expressiva. Cada uma delas permanece em seu lugar, nos limites de uma condição

---

634 Além de *Mimesis*, que saiu na Itália em 1956, lembramos que *Studi su Dante* [Estudos sobre Dante] do fillogo álemão foi publicado na Itália em 1963. No Brasil saiu, parcialmente, pela editora Topbooks do Rio de Janeiro em 1997 (cfr. Bibliografia).
635 PASOLINI, Pier Paolo. *Saggi sulla letteratura e sull'arte*. Op. Cit., p. 1383.
636 Ibidem.
637 PATTI, Emanuela. *Mimesis. Figure di realismo e postrealismo dantesco nell'opera di Pier Paolo Pasolini* [Mimesis. Figuras de realismo e pós-realismo dantesco na obra de Pier Paolo Pasolini]. Tese de Doutorado, Department of Italian School of Modern Languages of the University of Birmingham October 2008, p. 170.
638 Idem.
639 PASOLINI, Pier Paolo. *Saggi sulla letteratura e sull'arte*. Op. Cit., p. 1384. Este "incosumível" é algo fortemente pasoliniano, se pensarmos na produção artística da segunda metade dos anos 1960 e naquela imediatamente anterior à sua morte.
640 Idem, p. 1384.

estilística ideal, "para reviver emblematicamente a linguagem particular de um personagem particular" ou ambiente.[641]

Outra hipótese de Pasolini é a ideia de buscar "os pontos de fricção, de indignação, de instabilidade expressiva"[642] próprios de uma vontade poética, em que acontece o salto de qualidade dos dois registros, o ritmo veloz do ponto de vista teológico e o ritmo lento do ponto de vista terreno. Há contradições entre os dois registros que geram poesia: a linguística e a "político-teologal", porque em Dante encontramos poesia, expressividade, também onde não deveria haver (no momento alto, teológico, racional): "O real momento sacro de Dante não consistiria em sua consciência racional teológica, mas se manifestaria em termos poéticos, fazendo-se, assim, laico, e, de algum modo, literário".[643] Não conhecemos o princípio real da "irracionalidade poética" dantesca, mas "a característica mais certa que podemos predicar é a unidade obsessiva de tom do poema".[644]

Esta unidade também se lê sob o ponto de vista, crucial para Pasolini, da *"equidistância rigorosamente mantida entre o autor e os infinitos aspectos particulares de seu mundo"*.[645]

Equidistante para com os fatos e personagens, e para consigo mesmo como personagem protagonista, cujas invectivas, por exemplo, não são mais do que exemplos de discurso indireto livre do Dante personagem.

Em conclusão, Pasolini volta ao tema da fortuna de Dante no segundo pós-guerra, para completar as considerações sobre a finalidade da experiência interpretativa e encontrando a dimensão do poético dantesco que havia sido deixada de lado ou redimensionada.

> A recente fortuna de Dante, baseada na inspiração heterônoma e racionalista, e na visão realista da sociedade – que produz o

---

641 Ibidem, p. 1385.
642 Ibidem, p. 1386.
643 Ibidem, p. 1387.
644 Ibidem.
645 Ibidem, p. 1388.

plurilinguismo – revela-se devido a um exame um tanto parcial. Na verdade, todos os versos de Dante (...), são, no fundo, feitos de um material infinitamente puro: muito mais 'elevados' do que os de Petrarca (...); aliás, tão elevados, a ponto de não consentir compreensão senão, no fundo, infinitamente requintada, o que implica na soma dos mais altos sentimentos de cada um de nós.[646]

Descobrimos assim que a integração sugerida nas páginas anteriores ao conceito de plurilinguismo dantesco continiano, se revela uma autêntica retificação, também em relação à crítica marxista, que deveria recomeçar do início a sua análise. Não se pode mais falar de plurilinguismo em Dante e monolinguismo em Petrarca, mas é preciso reconhecer a presença de dois monolinguismos:

> um monolinguismo elevado e seletivo (Petrarca) e um monolinguismo tonal (Dante); um monolinguismo devido à interação infinita da própria postura interior e da própria relação com uma realidade cristalizada (Petrarca) e um monolinguismo devido à uma equidistância perfeitamente invariável da própria postura interior e da própria relação com a realidade, por mais variada que esta seja (Dante).[647]

A mudança na leitura de Dante, que se torna *pós-realista*, parece indicar, no que diz respeito ao empenho crítico literário, uma mudança talvez mais profunda em Pasolini, do ponto de vista intelectual, mas também humano e civil, das outras análises centradas de maneira mais evidente em questões extra-literárias que encontramos analisando os ensaios de *Empirismo eretico*.

---

646 Ibidem, p. 1389.
647 Ibidem, p. 1390.

CONCLUSÃO

A fratura evidente entre a crítica pasoliniana reunida em *Passione e ideologia* e a crítica reunida em *Empirismo eretico* leva a um fenômeno não isolado, a uma postura que tende a agrupar outros críticos diante das grandes mudanças políticas, econômicas, sociais e, como vimos no capítulo 3, linguísticas, que atuaram na Itália nos anos 1960, inserindo-a em uma dinâmica de internacionalização que se tornou a globalização em que estamos imersos hoje.

Como sintetizei no capítulo 1, entre os outros escritores, poetas e estudiosos que, de pontos de vista diferentes, registravam as mudanças estigmatizando-as ou prevenindo de seus efeitos, encontramos Eugenio Montale, Cesare Cases, Franco Fortini, Giacomo Debenedetti. Gerações diferentes, mas aliados pela dúvida da efetividade dos *magnifiche sorti e progressive* [destinos magníficos e progressivos[648]] da nova sociedade capitalista e tecnocrática, em que o estudo da literatura também se torna *Ciência*, levando – para alguns

---

648 Esse é o verso 51 do poema *La ginestra, o il fiore del deserto* [A giesta, ou a flor do deserto] de Giacomo Leopardi, aqui na tradução de Affonso Félix de Sousa, IN: LEOPARDI, Giacomo. *Giacomo Leopardi: Poesia e prosa*. Organizado por Marco Lucchesi. Trad.: Affonso Félix de Sousa et al. São Paulo: Nova Aguiar, 1996.

positivamente – a uma perda de subjetividade do autor e do crítico que interpreta, avalia e divulga a obra.[649]

Pasolini, nos anos 1950, como procurei mostrar no capítulo 2, trabalha em um projeto de renovação da literatura que concilie a experimentação de formas, temas e gêneros com a alusão a uma tradição em língua italiana e em dialeto, com a finalidade de alargar os horizontes de uma literatura italiana ainda isolada pelo próprio *culto da Palavra* pós-hermético. O próprio neorrealismo, que trouxe uma perspectiva progressiva, mas que foi muitas vezes usado de maneira esquemática por políticos e intelectuais marxistas, não parece capaz de ler os fenômenos da vida e da cultura populares a partir do que eles realmente são. Pasolini reconhece na poesia dialetal das várias regiões italianas muitos limites regionais, às vezes deteriorados por um filtro literário mal digerido, e assinala também muitas *ocasiões perdidas* diante dos grandes acontecimentos da história, como a fase da unificação nacional no século XIX e a resistência política e moral ao fascismo no século XX, que teriam podido estimular autênticas epopeias de reconhecido valor artístico na literatura popular. Apesar desses limites, Pasolini considera importante tentar a sistematização dessa tradição dentro da história literária italiana e, ao mesmo tempo, promover em seu trabalho e no de outros poetas, a valorização do dialeto como língua que possa exprimir valores e sentimentos que a poesia em italiano tem dificuldade de comunicar naquele momento histórico. Aceitando, pela contemporaneidade, um dialeto

---

[649] Alguns aspectos dessas mudanças no campo crítico são assim sintetizados por Paolo Febbraro (FEBBRARO, Paolo. *Premessa* [Premissa]. IN: *La critica militante*. Op. Cit., pp. 43-44): "a partir dos anos 1960 a crítica italiana se demonstra cada vez mais inclinada a reconhecer não tanto as obras literárias individualmente, travando com elas um confronto aberto, mas do horizonte sociocultural de sua produção e recepção. Em maior medida do que no passado, as gerações se tornaram mais do que um recipiente neutro e cadastralmente automático: foram o verdadeiro interlocutor da crítica. Assim, enquanto por um lado a crítica acadêmica começava a se obstinar na teorização e na prática da crítica estruturalista – como se fosse a última fronteira possível, o ponto de confluência do positivismo científico e do platonismo estético –, certa crítica militante reagiu ao surgimento do leitor de massa, e à consequência lógica da *escrita* de massa, com uma espécie de presbiopia proposital, tentando deduzir um quadro geral, a tendência comum a muitos autores".

como língua literária refinada e não mais como manifestação de simples e cotidianos gestos e sentimentos populares.

Esta linha de pesquisa mostra-se rapidamente anacrônica por causa das mudanças da época entre as duas décadas, e sai substancialmente derrotada em relação à mais difundida e estruturada batalha cultural empreendida pela *Neovanguarda*. A nova situação o leva a mudar de rota, a abandonar temas e problemas anteriormente importantes em seu pensamento e em sua própria poética[650], a aumentar a taxa de dureza ideológica de suas reflexões, a dirigir ataques e sarcasmos contra um mundo (literário ou não) e seus protagonistas cada vez mais, em sua opinião, forjados à imagem do neocapitalismo triunfante o culpadamente presos a esquemas literários já anacrônicos; realidade à qual o marxismo não tem naquele momento instrumentos teóricos suficientemente sólidos a opor para percorrer a via da hegemonia cultural, pelo menos na Europa, apesar das várias tentativas contraditórias e cada vez menos ortodoxas – entre as quais a do próprio Pasolini – de ainda salvar o valor de orientação ideológica e cognoscitivo, como mostro no capítulo 3.

O terreno da reflexão de Pasolini, ampliando-se da dimensão nacional para a dimensão internacional, também graças às viagens para fora da Europa e às leituras de estudiosos estrangeiros que orbitam em torno do estruturalismo ou de um marxismo heterodoxo, não pode mais se manter nas fronteiras literárias, que já nos anos 1950 pareciam-lhe um pouco estreitas, sobretudo no final da década. Ao mesmo tempo, a ideia de reler um clássico como Dante no clima cultural dos anos 1960, pode restituir ao literário e, especificamente, ao *poético*, uma nova função cultural, que pode ser exprimida de maneira mais vigorosa pela linguagem cinematográfica, *língua escrita da realidade*.

---

650 O *canto do cisne* da crítica literária pasoliniana dos anos 1950 é talvez a colaboração na antologia *Scrittori della realtà dall'VIII al XIX secolo* [Escritores da realidade do século VIII ao século XIX]. Introdução de Alberto Moravia, comentários aos textos de Pier Paolo Pasolini, comentários às ilustrações de Attilio Bertolucci. Milano: Garzanti, 1961.

A nível mais profundo, Pasolini sente que os recintos tradicionais da crítica e da literatura, da arte em geral, não podem dar conta de sua luta sempre mais direta (mesmo se publicamente, me parece, sem ainda chegar aos níveis de *dramaticidade* dos anos 1970) contra as formas do poder da época. A disposição em *constelações* de *Empirismo eretico* é forte testemunho desta busca de ruptura e de colocação em discussão do que Carla Benedetti chamou de "*espaço privilegiado* para alteridade", o *teatro* "dos mediadores, dos críticos militantes, dos jornalistas, dos jurados de prêmios, dos juízes do gosto"[651], que catalogam e normatizam o que é artístico e literário, esterilizando sua possibilidade de ação em um *corpo a corpo* com o poder. Podemos sugerir que este confronto serrado com o poder se reflita na crítica literária militante dos anos 1970, testemunhada pelo póstumo *Descrizioni di descrizioni* (1979), que une à agilidade de escritos pensados a partir de leituras, tanto pesquisadas, quanto ocasionais, e que atualizam autores às vezes não contemporâneos, à abertura da literatura mundial, em que a literatura italiana é uma seção importante, mas não prioritária.

O "sarcasmo apaixonado" (expressão de Gramsci adequada, em minha opinião, para definir a nova forma assumida pelo *empenho* de Pasolini)[652] contra a pequena burguesia, e contra os próprios estudiosos burgueses que lê e dos quais usa conceitos novos ou moderna e intrepidamente readaptados, é, nos anos 1960, o indício do tipo de intelectual que Pasolini está se tornando – e quer se tornar – nessa fase de sua vida, em que a crise da ideologia tradicional (não só marxista) faz com que ele busque em outro lugar geográfico (em suas numerosas viagens, entre o terceiro mundo e Nova Iorque), nas

---

651 BENEDETTI, Carla. *Il tradimento dei critici*. Op. Cit., p. 77.
652 O "sarcasmo apaixonado" tem para Gramsci um valor positivo, pedagógico e empático com relação-às crenças e sentimentos daqueles que quer corrigir ou esclarecer, e é exemplificado emblematicamente pela vida intelectual de Marx e Engels. Uma vez que "também existe um sarcasmo de 'direita', que raramente é apaixonado, mas é sempre 'negativo', cético e destruidor não só da 'forma' contingente, mas do conteúdo 'humano' daqueles sentimentos e crenças". Cfr. GRAMSCI, Antonio. *Cadernos do cárcere. Vol. 4.* Trad.: Carlos Nelson Coutinho e Luiz Sérgio Henriques. Rio de Janeiro: Civilização Brasileira, 2001, p. 84.

experimentações e hibridações de outros gêneros artísticos (cinema, teatro) e na tradição histórico-literária (por exemplo a já lembrada revisitação de Dante na gestação de *La Divina Mimesis* e a adaptação de *La vita è sogno* [A vida é sonho] de Pedro Calderón de la Barca no drama teatral *Calderón*) novas razões para trabalhar e novos entusiasmos para compartilhar e divulgar.

É a reflexão linguística, cada vez mais dotada de uma força autônoma, em seu pensamento, com respeito ao dado literário, que conduz Pasolini a uma dimensão total da crítica, da qual nada pode escapar, pois tudo pode ser conectado, se bem que empiricamente, às reflexões gerais sobra a vida e sobre o mundo. A nova crítica pasoliniana será uma parte indivisível da mais ampla "constelação" de sua obra, porque sempre mais interligada com seu trabalho diretamente artístico, narrativo, poético e cinematográfico.

BIBLIOGRAFIA

OBRAS DE PIER PAOLO PASOLINI EM ITALIANO

Passione e ideologia [Paixão e ideologia]. Prefácio de Alberto Asor Rosa. Milano: Garzanti, 2009 (I ed. 1960).
Empirismo eretico [Empirismo herético]. Prefácio de Guido Fink. Milano: Garzanti, 1981 (I ed. 1972).
La Divina Mimesis [A divina mimesis]. Torino: Einaudi, 1993 (I ed. 1975).
Le belle bandiere [As belas bandeiras]. Prefácio de Tullio De Mauro. Roma: Editrice l'Unità, 1991 (I ed. 1977).
Descrizioni di descrizioni [Descrições de descrições]. Graziella Chiarcossi (org.). Milano: Garzanti, 2006 (I ed. Einaudi, 1979).
Lettere [Cartas]. Nico Naldini (org.). 2 vol. Torino: Einaudi, 1988.
Antologia della lirica pascoliana. Introduzione e commenti [Antologia da lírica pascoliana. Introdução e comentários]. Marco Antonio Bazzocchi e Ezio Raimondi (orgs.). Torino: Einaudi, 1993.
Saggi sulla letteratura e sull'arte [Ensaios sobre literatura e arte]. Walter Siti e Silvia De Laude (orgs.), com um ensaio de Cesare Segre. 2 vol. Milano: Mondadori, 2008 (I ed. 1999).
Saggi sulla politica e sulla società [Ensaios sobre política e sociedade]. Walter Siti e Silvia De Laude (orgs.), com um ensaio de Piergiorgio Bellocchio. Milano: Mondadori, 1999.
Tutte le poesie [Todas as poesias]. Com um escrito de Walter Siti (org.). Ensaio introdutório de Fernando Bandini. 2 vol. Milano: Mondadori, 2003.

OBRAS DE PIER PAOLO PASOLINI EM PORTUGUÊS

Alì dos olhos azuis. Trad. de Andreia Guerini, Bruno Berlendis de Carvalho e Renata Lucia Bottini, apresentação de Maria Cristina Pompa. São Paulo: Berlendis & Vertecchia, 2006
Empirismo hereje. Trad. de Miguel Serras Pereira, Lisboa: Assírio e Alvim, 1982.

Meninos da vida. Trad. de Rosa Artini Petraitis e Luiz Nazário. São Paulo: Brasiliense, 1985.

Os jovens infelizes. Antologia de ensaios corsários. LAHUD, Michel (org.). Trad.: Michel Lahud e Maria Betânia Amoroso. São Paulo: Brasiliense, 1990.

Escritos Corsários – Cartas Luteranas. Uma antologia. Lisboa: Assírio & Alvim, 2006.

Poemas. Alfonso Berardinelli e Maurício Santana Dias (orgs). Trad.: Maurício Santana Dias, com um ensaio de Maria Betânia Amoroso. São Paulo: Cosac Naify, 2015.

BIBLIOGRAFIA GERAL

AJELLO, Nello. *Intellettuali e PCI* Intelectuais e PCI]. *1944-1958.* Roma-Bari: Laterza, 1997 (I ed. 1979).

AMOROSO, Maria Betânia. *A paixão pelo real. Pasolini e a crítica literária.* São Paulo: EDUSP, 1997.

Anceschi, Luciano. *Autonomia ed eteronomia dell'arte. Saggio di fenomenologia delle poetiche* [Autonomia e heteronomia da arte. Ensaio de fenomenologia das poéticas]. Milano: Garzanti, 1992 (I ed. 1936).

ASOR ROSA, Alberto. *Scrittori e popolo. Saggio sulla letteratura populista in Italia* [Escritores e povo. Ensaio sobre literatura populista na Itália]. Roma: Samonà e Savelli, 1965.

AUERBACH, Erich. *Mimesis.* São Paulo: Perspectiva, 2001.

–––. *Studi su Dante* [Estudos sobre Dante]. Milano: Feltrinelli, 1963. (Parcialmente em *Dante poeta do mundo secular.* Trad. de Raul de Sá Barbosa. Rio de Janeiro: Topbooks, 1997).

AA. VV. *Scrittori della realtà dall'VIII al XIX secolo* [Escritores da realidade do século VIII ao século XIX]. Introdução de Alberto Moravia, comentários aos textos de Pier Paolo Pasolini, comentários às ilustrações de Attilio Bertolucci. Milano: Garzanti, 1961.

BAZZOCCHI, Marco Antonio. *I burattini filosofi. Pasolini dalla letteratura al cinema* [As marionetes filósofas. Pasolini da literatura ao cinema].

Milano: Bruno Mondadori, 2007.

BENEDETTI, Carla. *Il tradimento dei critici* [A traição dos críticos]. Torino: Bollati Boringhieri, 2002.

BENETAZZO, Nordana; FERRETTI, Gian Carlo (orgs.). *Diálogo com Pier Paolo Pasolini. Escritos (1957-1984)*. São Paulo: Nova Stella/Instituto Cultural Ítalo-Brasileiro, 1986.

BERARDINELLI, Alfonso. *Da poesia à prosa*. Trad.: Maurício Santana Dias. São Paulo: Cosac Nayfi, 2007, p. 98.

———. "Letterati e letteratura negli anni sessanta" [Literatos e literatura nos anos 1960]. IN: BARBAGALLO, Francesco (org.). *Storia dell'Italia repubblicana* [História da Itália republicana], vol. II, *La trasformazione dell'Italia: sviluppi e squilibri* [A transformação da Itália: desenvolvimentos e desequilíbrios], tomo 2. Torino: Einaudi, 1995, pp. 479-552.

———. "La forma del saggio" [A forma do ensaio]. IN: BRIOSCHI, Franco; DI GIROLAMO, Costanzo. *Manuale di letteratura italiana. Storia per generi e problemi. IV. Dall'Unità d'Italia alla fine del Novecento* [Manual de literatura italiana. História por gêneros e problemas. IV. Da Unificação da Itália ao fim do século XX]. Torino: Bollati Boringhieri, 1996.

BERTELLI, Pino. *Il cinema in corpo. Atti impuri di un eretico* [O cinema no corpo. Atos impuros de um herético]. Roma: Edizioni Libreria Croce, 2001.

BONIFACINO, Giuseppe. "Il gatto e l'usignolo. La 'funzione Gadda' in Pasolini" [O gato e o rouxinol. A 'função Gadda' em Pasolini].IN: *Allegorie malinconiche. Studi su Pirandello e Gadda* [Alegorias melancólicas. Estudos sobre Pirandello e Gadda]. Bari: Palomar, 2006, pp. 109-62.

BREVINI, Franco (org.). *La poesia in dialetto. Storia e testi dalle origini al Novecento* [A poesia emn dialeto. História e textos das origens ao século XX], 3 vol. Milano: Mondadori, 1999.

———. *La letteratura degli italiani. Perché molti la celebrano e pochi la amano* [A literatura dos italianos. Porque muitos a celebram e poucos a amam]. Milano: Feltrinelli, 2010, Edição digital.

BRONZINI Giovanni Battista. *Cultura popolare. Dialettica e contestualità* [Cultura popular. Dialética e contextualidade]. Bari: Dedalo, 1980.

BRUNETTA, Gian Piero. "Il cinema legge la società italiana" [O cinema lê a sociedade italiana]. IN: BARBAGALLO, Francesco (org.). *Storia dell'Italia repubblicana* [História da Itália republicana], vol. II, *La trasformazione dell'Italia: sviluppi e squilibri* [A transformação da Itália: desenvolvimentos e desequilíbrios], tomo 2. Torino: Einaudi, 1995, pp. 779-844.

BUAES, Aline Greff. *Protegido pelas contradições – Coletânea de crônicas jornalisticas de Pier Paolo Pasolini (1960 a 1965)*. Dissertação de mestrado. Orientador Maurício Santana Dias. São Paulo: FFLCH-USP, 2009.

CALVINO, Italo. *Fabulas italianas*. Trad.: Nilson Moulin. São Paulo: Cia das Letras, 2006).

———. *Assunto encerrado*. Trad.: Roberta Barni. São Paulo: Companhia das Letras, 2009.

CAVAZZA, Stefano. "La folkloristica italiana e il fascismo. Il Comitato Nazionale per le Arti Popolari" [A folclorística italiana e o fascismo. Comitê Nacional para as Artes Populares]. IN: "La Ricerca Folklorica", n. 15, aprile 1987, pp. 109-122.

CECCHETTO, Fabio. "Pasolini ai Tropici. Presenza e fortuna critica di Pasolini in Brasile" [Pasolini nos Trópicoa. Presença e fortuna critica de Pasolini no Brasil]. IN: "Studi Pasoliniani. Rivista Internazionale", n. 6, 2012, pp. 145-161.

CHIAROTTO, Francesca. *Operazione Gramsci. Alla conquista degli intellettuali nell'Italia del dopoguerra* [Operação Gramsci. À conquista dos intelectuais na Itália do pós-guerra]. Milano: Bruno Mondadori, 2011.

CONTINI, Gianfranco. *Varianti e altra linguistica. Una raccolta di saggi (1938-1968)* [Variantes e outra linguística. Uma coletânea de ensaios (1938-1968)]. Torino: Einaudi, 1979 (I. ed. 1970).

CRAINZ, Guido. *Storia del miracolo italiano. Culture, identità, trasformazioni fra anni cinquanta e sessanta* [História do milagre italiano. Culturas, identidades, transformações entre os anos 1950 e1960]. Roma: Donzelli, 1998.

CROCE, Benedetto. *Poesia popolare e poesia d'arte. Studi sulla poesia italiana dal Tre al Cinquecento* [Poesia popular e poesia de arte. Estudos sobre a poesia italiana do século Iii ao século XVI]. Bari: Laterza, 1933.

———. *La poesia. Introduzione alla critica e storia della poesia e della letteratura* [A poesia. Introdução à crítica e história da poesia e da literatura]. Milano: Adelphi, 1994.

DEI, Fabio. "L'antropologia italiana e il destino della lettera" [A antropologia italiana e o destino da letra D]. IN: "L'Uomo", nn. 1-2, pp. 97-114.

DINI, Andrea. "Una Commedia di borgata. Pasolini, Dante e La mortaccia" [Uma Comédia de arrabalde. Pasolini, Dante e La mortaccia]. IN: "Paragone", agosto-dezembro de 2005, pp. 140-59.

D'ORSI, Angelo. "Gramsci, Virgilio di Pasolini?" [Gramsci, Virgílio de Pasolini?]. IN: "Movimento-revista de educação", n. 6, 2017, pp. 202-24.

FEBBRARO, Paolo (org.). *La critica militante* [A crítica militante]. Roma: Istituto Poligrafico e Zecca dello Stato, 2000.

FERRETTI, Gian Carlo. *Letteratura e ideologia. Bassani, Cassola, Pasolini* [Literatura e ideologia. Bassani, Cassola, Pasolini]. Roma: Editori Riuniti, 1976 (1ª ed. 1964).

FERRI, Francesco. *Linguaggio, passione e ideologia. Pier Paolo Pasolini tra Gramsci, Gadda e Contini* [Linguagem, paixão e ideologia. Pier Paolo Pasolini entre Gramsci, Gadda e Contini]. Roma: Progetti Museali Editore, 1996.

GARBOLI, Cesare. *Falbalas. Immagini del Novecento* [Falbalas. Imagens do século XX]. Milano: Garzanti, 1990.

———. *La stanza separata* [A sala separada]. Milano: Scheiwiller, 2008 (I ed. 1969).

Goldmann, Lucien. *A sociologia do romance*. Trad.: Álvaro Cabral. São Paulo: Paz e Terra, 1976.

GOLINO, Enzo. *Pasolini il sogno di una cosa* [Pasolini o sonho de uma coisa]. Milano: Bompiani, 2013, Ed. dig. (I ed. 1985).

GRAMSCI, Antonio. *Literatura e vida nacional*. Trad.: Carlos Nelson Coutinho. Rio de Janeiro: Civilização Brasileira, 1978.

———. *Cartas do cárcere*. Trad.: Luiz Sérgio Henriques. Rio de Janeiro: Civilização Brasileira, 2005.

———. *Cadernos do cárcere*. Vol. 4. Trad. de Carlos Nelson Coutinho e Luiz Sérgio Henriques. Rio de Janeiro: Civilização Brasileira, 2001.

HERCZEG, Gyula. *Lo stile indiretto libero in italiano* [O estilo indireto livre em italiano]. Firenze: Sansoni, 1963.

KACTUZ, Flávio (org.). *Pasolini ou quando o cinema se faz poesia e política de seu tempo*. Rio de Janeiro: Banco do Brasil, 2014.

LA PORTA, Filippo. *Pasolini*, Bologna: il Mulino, 2012.

LA PORTA, Filippo; LEONELLI, Giuseppe. *Dizionario della critica militante. Letteratura e mondo contemporaneo* [Dicionário da crítica militante. Literatura e mundo contemporâneo]. Milano: Bompiani, 2007.

LACORTE, Rocco. *Alcune note sul rapporto tra critica letteraria e il concetto di "traducibilità". La prospettiva di Antonio Gramsci tra Francesco De Sanctis e Pier Paolo Pasolini* [Algumas notas sobre a relação entre crítica literária e o conceito de "traduzibilidade". A perspectiva de Antonio Gramsci entre Francesco De Sanctis e Pier Paolo Pasolini]. Tese de doutorado, Faculty of the division of the humanities, The University of Chicago, 2011.

LAHUD, Michel. *A vida clara: linguagens e realidade segundo Pasolini*. São Paulo/Campinas: Cia das Letras/Editora Unicamp, 1993.

LIGUORI, Guido. *Gramsci conteso. Interpretazioni, dibattiti e polemiche. 1922-2012* [Gramsci preso. Interpretações, debates e polêmicas. 1922-2012]. Roma: Ed. Riuniti University Press, 2012 (I ed. 1996).

LISA, Tommaso. *Le poetiche dell'oggetto da Luciano Anceschi ai Novissimi* [As poéticas do objeto de Luciano Anceschi aos Novíssimos]. Firenze: Firenze University Press, 2007.

LONGHI, Roberto. *Da Cimabue a Morandi*. Gianfranco Contini (org.). Milano: Mondadori, 2004 (I ed. 1973).

MAFFIA, Gesualdo. *Gramsci nazionale-popolare. La presenza del rivoluzionario sardo nella stampa a rotocalco italiana (1947-1967)* [Gramsci nacional-popular. A presença do revolucionário sardo nas revistas ilustradas italianas (1947-1967)]. Tese de doutorado. Orientadores Giacomo Casarino e Angelo d'Orsi. Genova: Università degli Studi. Facoltà di Lettere e Filosofia ciclo XXI, 2009.

MECOZZI, Lorenzo. *"Funzione Gadda". Storia di una categoria critica* ["Função Gadda". História de uma categoria crítica]. Siena: Università degli Studi. Facoltà di Lettere e Filosofia. Relatore: Prof. Guido Mazzoni. A. A. 2010-11.

MENGALDO, Pier Vincenzo. *Profili di critici del Novecento* [Perfis de críticos do século XX]. Torino: Bollati Boringhieri, 1998.

MONTALE, Eugenio. "La musa dialettale" [A musa dialetal]. IN: *Il secondo mestiere. Prose 1920-1979* [O seguondo ofício. Prosas 1920-1979]. Tomo 1. Milano: Mondadori, 1996, pp. 1494-499.

NAZÁRIO, Luiz. *Todos os corpos de Pasolini.* São Paulo: Perspectiva, 2007.

NOVELLO, Neil. *Pier Paolo Pasolini.* Napoli: Liguori, 2007.

ONOFRI, Massimo. *La ragione in contumacia. La critica militante ai tempi del fondamentalismo* [A razão em contumácia. A crítica militante nos tempos do fundamentalismo]. Roma: Donzelli, 2007.

Parlangèli, Oronzo (org.). *La nuova questione della lingua* [A nova questão da língua]. Brescia: Paideia, 1971.

PASCOLI, Giovanni. *O menininho. Pensamentos sobre a arte.* Prefácio de Raúl Antelo, posfácio e trad. Patrícia Peterle. São Paulo: Rafael Copetti Editor, 2015.

PATTI, Emanuela. *Mimesis. Figure di realismo e postrealismo dantesco nell'opera di Pier Paolo Pasolini [Mimesis. Figuras de realismo e pós--realismo dantesco na obra de Pier Paolo Pasolini].* Tese de Doutorado, Department of Italian School of Modern Languages The University of Birmingham October 2008.

PAUTASSO, Sergio. "Pasolini: passione e ideologia" [Pasolini: paixão e ideologia]. IN: *Le frontiere della critica* [As fronteiras da crítica]. Milano: Rizzoli, 1972, pp. 165-68.

PESSOA CARNEIRO, DAVI. "Pasolini, vulgo Plauto: traduzibilidades". IN: "Revista Diálogos Mediterrânicos", n. 9, 2015, pp. 89-98.

PICCONI, Gian Luca "La 'sopravvivenza' di Pasolini: modernità delle tradizioni popolari" [A 'sobrevivência' de Pasolini: modernidade das tradições populares]. IN: EL GHAOUI, Lisa; TUMMILLO, Federica (orgs.). *Le tradizioni popolari nelle opere di Pier Paolo Pasolini e Dario Fo* [As tradições populares nas obras de Pier Paolo Pasolini e Dario Fo]. Pisa-Roma: Fabrizio Serra Editore, 2014, pp. 69-78.

RABONI, Giovanni. "Pasolini. Fu vera gloria?" [Pasolini. Foi verdadeira glória?]. IN: "L'Espresso", 22 de outubro de 1995, p. 25.

RAUTY, Raffaele. *Cultura popolare e marxismo* [Cultura popular e marxismo]. Roma: Editori Riuniti, 1976.

RINALDI, Rinaldo. *L'irriconoscibile Pasolini* [O irreconhecível Pasolini].

Rovito: Marra editore, 1990.

"Revista de italianística", a. 1, n. 1, jul. 1993 (Número monográfico sobre Pasolini).

RUSSO, Luigi. *Salvatore Di Giacomo*. IN:*Scrittori-poeti e scrittori-letterati*. *Salvatore Di Giacomo e Giuseppe Cesare Abba* [Escritores-poetas e escritores-literatos. Salvatore Di Giacomo e Giuseppe Cesare Abba]. Bari: Laterza, 1945, pp. 7-202.

Sanguineti, Edoardo. *Ideologia e linguaggio* [Ideologia e linguagem]. Milano: Feltrinelli, 1965.

SANTATO, Guido. *Pier Paolo Pasolini. L'opera poetica, narrativa, cinematografica, teatrale e saggistica. Ricostruzione critica* [Pier Paolo Pasolini. Obra poética, narrativa, cinematográfica, teatral e ensaística. Reconstrução crítica]. Roma: Carocci, 2012.

SANTOLI, Guido. "Tre osservazioni su Gramsci e il folklore" [Três observações sobre Gramsci e o folclore]. IN: "Società", n. 7, 1951, pp. 389-97.

SARTORE, Serena. "Poesia in forma breve. Gli epigrammi di Pier Palo Pasolini" [Poesia em forma breve. Os epigramas de Pier Palo Pasolini]. IN: BORGOGNI, Daniele; CAPRETTINI, Gian Paolo; VAGLIO MARENGO, Carla (orgrs.). *Forma breve,*. Torino: Accademia University Press, 2016, pp. 277-85.

SEGRE, Cesare. "La tradizione macaronica da Folengo a Gadda (e oltre)" [A tradição macarrônica de Folengo a Gadda (e além)]. IN: *Opera critica* [Obra crítica]. Milano: Mondadori, 2014, pp. 838-855.

SICILIANO, Enzo. *Vita di Pasolini* [Vida de Pasolini]. Milano: Giunti, 1995 (I ed. 1978).

SUBINI, Tomaso. *La necessità di morire. Il cinema di Pier Paolo Pasolini e il sacro* [A necessidade de morrer. O cinema de Pier Paolo Pasolini e o sagrado]. Roma: EdS, 2007, pp. 26-34.

TABUCCHI, Antonio. *Controtempo*. IN: *Di tutto resta un poco. Letteratura e cinema* [De tudo resta um pouco. Literatura e cinema]. Milano: Feltrinelli, 2013, pp. 20-36.

TESTA, Enrico. *Cinzas do século XX: três lições sobre a poesia italiana*. PETERLE, Patrícia; DE GASPARI, Silvana (orgs.). Prefácio de Lucia Wataghin. Rio de Janeiro, 7letras, 2016.

TRICOMI, Antonio. *Pasolini: gesto e maniera* [Pasolini: gesto e maneira]. Soveria Mannelli: Rubbettino, 2005.

Vitale, Maurizio. *La questione della lingua* [A questão da língua]. Palermo: Palumbo, 1978.

VOZA, Pasquale. *Gramsci e la "continua crisi"* [Gramsci e a "contínua crise"]. Roma: Carocci, 2008.

———. *La meta-scrittura dell'ultimo Pasolini. Tra crisi cosmica e bio-potere* [A meta-escrita do último Pasolini. Entre crise cósmica e biopoder]. Napoli: Liguori, 2011.

ZINATO, Emanuele. *Le idee e le forme. La critica letteraria in Italia dal 1900 ai nostri giorni* [As ideias e as formas. A crítica literária na Itália do século XX aos nossos dias]. Roma: Carocci, 2010.

© *Copyright*, 2019 – Nova Alexandria
Todos os direitos reservados.

Editora Nova Alexandria
Rua Engenheiro Sampaio Coelho, 111
04261-080 – São Paulo – SP
Fone/fax: (11)2215.6252
Site: www.novaalexandria.com.br

Coordenação editorial: Francisco Degani
Tradução: Francisco Degani
Capa e editoração eletrônica: R. Degani

ISBN: 978-85-7492-448-9

Dados Internacionais de Catalogação na Publicação (CIP)
Angélica Ilacqua CRB-8/7057

Maffia, Gesualdo
    Pasolini crítico militante: de Passione e Ideologia a Empirismo Eretico / Gesualdo Maffia ; tradução de Francisco Degani. -- São Paulo: Nova Alexandria, 2019.
    240 p. (Estudos italianos; Séries teses e dissertações / coordenação de Francisco Degani)

Bibliografia
ISBN: 978-85-7492-448-9

1. Crítica 2. Pasolini, Pier Paolo, 1922-1975 - Crítica e interpretação 3. Literatura italiana – Crítica e interpretação 4. Hermetismo 5. Marxismo I. Título II. Degani, Francisco III. Série

19-1116   CDD 801.95

Índices para catálogo sistemático:
1. Literatura italiana – Crítica e interpretação

Todos os direitos reservados. Nenhuma parte deste livro pode ser reproduzida sem a expressa autorização da editora.

COLEÇÃO ESTUDOS ITALIANOS

Série Ensaios

Não incentivem o romance e outros ensaios
Alfonso Berardinelli

Escrever também é outra coisa: Ensaios sobre Italo Calvino
Adriana Iozzi Klein e Maria Elisa Rodrigues Moreira (orgs.)

Série Teses e Dissertações

Pirandello "novellaro": da forma à dissolução
Francisco Degani

A cozinha futurista
E. T. Marinetti e Fillìa
Introdução, adaptação e notas de Maria Lucia Mancinelli

O maravilhoso no relato de Marco Polo
Márcia Busanello

Machado de Assis: presença italiana na obra de um escritor brasileiro
Francesca Barraco

Pirandello e a máscara animal
Francisco Degani

Antonio Tabucchi contista: entre a incerteza do sentido e os equívocos da experiência
Erica Salatini

História, Mentira e Apocalipse: a ficção de Umberto Eco
Maria Gloria Vinci

Série Didática

Giocando s'impara
Paola G. Baccin

O uso de materiais autênticos nas aulas de italiano como língua estrangeira: teorias e práticas
Daniela Vieira